高等院校电子商务专业"互联网+"创新规划教材

全国高等院校电子商务系列实用规划教材

网络营销：创业导向

樊建锋　编　著

北京大学出版社

PEKING UNIVERSITY PRESS

内 容 简 介

本教材坚持创业导向，主要依据"项目分析—构建模式—搭建平台—推广引流—促进转化—提高客单价与重购率—构建团队"的思路组织教材内容。

全书共分 6 篇 12 章，第 1 篇基础篇（第 1 章）主要是网络营销概述；第 2 篇分析篇（第 2~3 章）主要介绍了网络创业项目分析及网络营销调研；第 3 篇战略篇（第 4~5 章）主要介绍了商业模式构建与创新及网络营销平台构建；第 4 篇推广引流篇（第 6~9 章）主要介绍了营销推广理论和主要网络营销工具；第 5 篇提升篇（第 10~11 章）介绍了提高客单价、转化率与重购率的基本策略与方法；第 6 篇管理篇（第 12 章）介绍了创业团队构建与管理。

本书可作为高等院校相关专业的教材，也可作为成人高等学校学生的自学用书，还可作为企业管理人员、网络营销岗位工作人员和网络创业者的学习培训用书。

图书在版编目(CIP)数据

网络营销：创业导向/樊建锋编著. —北京：北京大学出版社，2016.9
（高等院校电子商务专业"互联网+"创新规划教材）
ISBN 978-7-301-27516-0

Ⅰ.①网… Ⅱ.①樊… Ⅲ.①网络营销—高等学校—教材 Ⅳ.①F713.365.2

中国版本图书馆 CIP 数据核字（2016）第 212414 号

书　　名	网络营销：创业导向 WANGLUO YINGXIAO: CHUANGYE DAOXIANG
著作责任者	樊建锋　编著
策划编辑	刘国明
责任编辑	翟　源
标准书号	ISBN 978-7-301-27516-0
出版发行	北京大学出版社
地　　址	北京市海淀区成府路 205 号　100871
网　　址	http://www.pup.cn　新浪微博：@北京大学出版社
电子信箱	pup_6@163.com
电　　话	邮购部 62752015　发行部 62750672　编辑部 62750667
印 刷 者	北京富生印刷厂
经 销 者	新华书店
	787 毫米×1092 毫米　16 开本　17.25 印张　390 千字 2016 年 9 月第 1 版　2018 年 1 月第 2 次印刷
定　　价	36.00 元

未经许可，不得以任何方式复制或抄袭本书之部分或全部内容。

版权所有，侵权必究
举报电话：010-62752024　电子信箱：fd@pup.pku.edu.cn
图书如有印装质量问题，请与出版部联系，电话：010-62756370

谨以此书献给 Miya

前　言

"大众创业，万众创新"已经成为我们这个时代最鲜明的特征。在新一届中央政府的强力推动下，"互联网+"正在席卷和改造着社会的各行各业。千千万万青年学子正在以其父辈羡慕的身份——创业者——站在互联网的"风口"上，希望逆风飞翔。应该说，这是我们这个时代最美的画面，也是最令人感动的画面。从这个意义上讲，我们正处于"最好的时代"。

网络营销是在过去十多年互联网飞速发展背景下诞生的一门新兴学科。网络营销的"新兴"既是因为其诞生时间较短，又是因为其具备了一些传统营销不具备的新理念、新特征、新规律。例如，个性化营销、一对一营销是传统营销追求的目标，但在传统营销环境下是难以实现的，而借助于互联网技术，个性化营销就不仅仅是一种营销理念，更是一种实实在在的营销实践。这些营销实践具备了互联网背景下的一些新思维、新特征和新规律，网络营销教材应该反映这些新思维、新特征和新规律。

除了上述原因外，还有几点感触促使我编写这本教材。

第一，我所主讲的网络营销课程的教学对象"五花八门"，既有具备了一定营销基础理论的市场营销专业学生，也有具备了一定计算机和互联网技术的电子商务专业的学生，还有营销与计算机、网络技术基础都比较薄弱的其他专业学生。现有的网络营销教材无法完全覆盖这些教学对象。

第二，现有的网络营销教材虽各有千秋，但总显不足。目前常见的网络营销教材大致沿用三种编写思路：一是借助传统市场营销学的内容框架来组织网络营销内容。这种编写思路"将网络营销作为传统营销理论与方法的延伸"。[1]这是最常见的一种编写思路，属于"传统营销派"。在"传统营销派"的编写思路中，网络营销特有的思维与规律被打散分配到各部分，这类教材对于市场营销专业的学生来讲，有点"老瓶装新酒，总觉得还是老酒"的感觉。二是网络技术的实现及其营销运用。这种思路属于"技术派"。在"技术派"的编写思路中看得更多的是技术实现，营销思维、理念和思路体现较少，失去了网络营销的营销本质。这类教材对于已经具备相当计算机和网络技术的电子商务、信息管理专业的学生来讲，似乎有重复学习之感。三是以网络营销职能为统领，强调各种网络工具的营销运用。这种思路属于"营销工具派"。尽管这类教材强调了需要在营销思维的指导下运用网络工具，但更多地将网络工具当作信息传递的工具。从今天企业网络营销的实践来看，互联网已经远远不仅仅是信息传递的工具。

第三，在教学过程中常常有学生拿着准备参加各类创业比赛的创业计划书找到我，希望能给予他们指导，这让我很感动。感动的是他们身上所迸发出来的活力、积极性和创造力，但也发现了许许多多的问题。最突出的问题表现在学生的创业计划书的内容偏于空洞，有大而无当之感。尽管造成这种现象的原因很多，但其中一个很重要的原因就是现有教材

---

[1] 冯英健. 网络营销基础与实践[M]. 4版. 北京：清华大学出版社，2013.

给予学生的知识框架过于宏大。对于学生来讲,实现从课本知识到实践运用的跨度太大,学生有无力运用之感。

基于以上这些观察和思考,我就萌发了编写一本尽可能让学生学了就可以用的网络营销教材的想法。

与大多数网络营销教材的编写思路不同,本教材依据"项目分析—构建模式—搭建平台—推广引流—促进转化—提高客单价与重购率—构建团队"的思路组织教材内容。个人认为这种编写思路最大的好处在于:第一,内容框架思路清晰,易于理解,切近实践。对于创业者来讲,需要从网络营销分析入手,以确定网络创业项目的切入点和可行性;然后在分析的基础上,为网络创业项目构建商业模式;进而选择网络技术,搭建网络营销平台;接下来,根据网络营销公式:销售收入=流量×转化率×客单价×重购率,分别完成引流、转化、客单价、重购率的提升策略设计;最后,组建与管理创业团队。第二,内容框架"大小适中",方便指导网络营销实践,尤其是大学生网络创业,尽量缩小了学生从知识学习到知识运用的跨度。以构思创业计划书为例,对于网络创业者来讲,既要通过项目分析实现精准切入,又要为后续网络营销操作提供决策依据;同时还要选择和构建恰当的商业模式和网络平台,以及设计所有网络策略与创业团队管理,这些都是创业计划书的核心内容,也是本教材的基本思路和核心内容。第三,内容框架将"顶天"与"立地"相结合,既包含了思维与战略层面的内容,又有网络营销技术、手段与工具的实践运用。第四,该内容框架既是一个有机整体,各部分又相对独立,读者可以按需选择章节进行学习。

与现有的网络营销教材相比,本教材有以下几个特点。

1. 在网络营销战略层面纳入商业模式创新的相关知识

无论如何,网络营销说到底还是营销。对于营销来讲,首要是"营",其次才是"销";"营"是前提,"销"是结果。"营"旨在营造产品或服务销售的条件、环境或氛围,以达到产品的"自我销售"。[1]产品或服务销售的条件、环境或氛围的营造既是针对外部顾客,也需要针对内部的员工和合作伙伴。因此,不仅需要在"研发—生产—营销"价值链的末端——营销环节进行营销手段和工具的创新,更需要重组和再造企业流程,进行营销模式,乃至商业模式的创新。例如,当企业内部所有员工参与营销,开展全员营销,当消费者参与产品研发和创新时,企业需要创新的不仅是营销工具或营销手段,而是商业模式。这就是我们常常看到许多传统企业希望通过涉足电子商务实现企业转型升级却难以成功的重要原因之一。传统企业常常将互联网当作一种营销渠道、推广手段,忽视或者根本就未意识到需要对从观念到企业运营模式做根本性变革。因此,与其他网络营销教材不同,本教材在战略篇中引入商业模式的相关内容不仅是可行的,也是必须的。

2. 教材内容体现创业导向

本教材的创业导向体现在以下几个方面。

第一,创业首先需要解决的问题是选择创业项目的切入点,即创业项目从哪个价值环

---

[1] 菲利普·科特勒. 营销管理(新千年版·第十版)[M]. 梅汝和,梅清豪,周安柱,译. 北京:中国人民大学出版社,2001.

节切入市场。在我看来,创业项目应该是"小而美"的。所谓"小"就是在构思创业项目时要选择一个"点",切入市场,不能什么都想做,而这个"点"应该是企业(产业)价值链的某个环节;所谓"美"是指创业项目有很好的增长潜力和前景。这涉及的不仅是创业项目的绩效目标,更重要的是成长路径(发展战略)。因此,本教材在分析篇重点介绍了价值链分析模型,通过价值链的分析找到网络创业项目的切入点,以及创业项目沿价值链的成长路径。除此之外,还有竞争结构、竞争对手、消费者、项目现有规模与市场前景等分析。

第二,如前所述,互联网背景下的企业营销需要从"根本"商业模式上进行创新,因此在本教材战略篇引入商业模式的内容,这也是网络创业项目的核心内容。

第三,网络创业既要有"顶天"的战略思考,也需要"立地"的实践操作,因此本教材在推广引流篇介绍了主要的网络推广工具,在提升篇则介绍了提升转化、提高客单价、重购率的工具与方法。

第四,与传统的营销管理内容不同,本教材在管理篇重点介绍了创业团队的构建与管理。因为策划再好的创业项目最终都需要有一个团结、有战斗力的创业团队来操作。创业团队也是创业项目策划的核心内容之一。

综上所述,本教材将创业导向的思想贯穿于各个部分,希望能直接服务于读者的创业学习。

3. 通过系列型案例构建问题导向的学习情境

以问题为导向的教学方法(Problem-Based Learning,PBL),是基于现实世界的以学生为中心的教育方式,目前已成为国际上较流行的一种教学方法。PBL 将学习与更大的任务或问题挂钩,使学习者投入问题中;它设计真实性任务,强调把学习设置到复杂的、有意义的问题情景中,通过学习者的自主探究和合作来解决问题,从而学习隐含在问题背后的科学知识,形成解决问题的技能和自主学习的能力。[1]在工商管理学科,案例是构建学习问题常用的教学手段。因此,本教材在每章开篇以案例为先导,构建问题情景,引导学生带着问题学习各章节的内容。与大多数教材的导入案例不同,本教材的导入案例有如下两个鲜明特点。

第一,导入案例来源于学生的网络创业项目。目前,大多数教材所使用的导入案例都有"远离"学生之嫌。如前所述,本教材的编写初衷及编写内容均来自于作者在从事网络营销教学过程中对学生学习状态与现实的观察,以及与学生互动交流的结果。这种案例至少有两个方面的优势:首先,案例源于学生身边的人与事,让案例更接近学生,毕竟发生在"身边的事"比发生在"天边的事"对当事人来讲更有冲击力和说服力;其次,除了创业项目本身构成案例外,学生的创业活动乃至撰写创业计划书也都构成案例的一部分,从而使案例本身显得更加立体和丰满。

第二,与大多数教材采用单独案例不同,本教材采用的是系列型教学案例(以一个案例贯穿于教材各章节)。之所以如此安排,其目的无外乎是通过系列型案例为学生构建一个相对完整的学习任务,从而通过问题解决或任务完成的方式,帮助学生构建课程的知识与能力体系。

---

[1] 胡万钟. PBL 教学法、历史渊源与目前存在的局限[J]. 中国高等医学教育,2012(8):19—20.

4. 教材内容注重思路构建和方法运用

今天的学生就是"明天"商场的战士和"后天"的商业领袖。因此，课程的教学与教材编写既要为学生的"明天"考虑，使他们能通过教材的阅读和课程的学习掌握"明天"工作所需的知识、能力和素质，也要为学生的"后天"考虑，使他们掌握思考与分析问题、解决问题的思路。基于这种思考，本教材在编写中特别注意在两个层面构建各章节内容：一是思考和解决问题的思路；二是解决问题思路中各个环节(或步骤)涉及的技术、方法。这种编写思路在本教材的推广引流篇和提升篇体现得最为清晰。

5. 教材内容注重学生知识链条的构建

任何一门课程的知识学习都是以其前置知识的掌握为前提，同时也有其相关的后续知识。本教材的一个特点就是通过链接为学生构建知识链，主要有两种链接形式：一是如果在各章节相应部分涉及相关的前置知识点，都以"学习链接"或二维码的形式，为学生提供搜索和温习此前置知识点的线索，方便学生能及时查阅相关资料，了解相关前置知识点，从而为本章节内容的学习奠定基础，此为"外部链接"(链接其他课程或参考资料)；二是"内部链接"(链接本教材其他章节)，即在教材相关内容中以括号的形式列出与此知识点相关的本教材的其他章节的知识点，方便学生快速建立起各章节知识点间的联系。

6. 教材内容注重学生学习目标的构建

明确的学习目标是学习驱动力的重要来源之一。一方面，从管理的角度来看，课程教与学目标的设计需要符合 SMART 原则，但在实际教学过程中，很少关注于教与学目标的明确性(Specific)、可衡量性(Measurable)、可达成性(Attainable)、相关性(Relevant)和时间性(Time-bound)。其中，教与学目标的可达成性(A)、相关性(R)和时间性(T)主要在课程的教学设计中进行策划和设计。例如，可达成性(A)需要关注教与学得以进行和完成的配套条件；相关性(R)需要考虑此教学目标、教学活动与其他教学目标和活动的相关性；时间性(T)可以理解为完成教与学活动的时间安排。而教与学目标的明确性(S)和可衡量性(M)则可以在教材的各章节开始之前直接列出，尤其是可衡量性需要给予特别的重视。因为一个无法衡量的教与学目标不论是对教师的教，还是对学生的学都不具备指导意义，但大多数教材各章节的教与学目标的设计并未给予重视。

另一方面，从学生学习的角度来看，其学习目标无外乎有三：知识获取、能力习得与素质养成，也有学者概括为知识、技能和态度。不论哪种类型的学习，学习都应该是一个导致学习者的倾向与性能发生变化的过程，而这一变化可以反映在行为上。[1]而这些行为上的变化——学习目标——就是教材在各章开篇之前需要明确告诉学生在学习之后应该知道什么、应当会做什么和应当体会到什么。因为行为是确切的、可观察的，所以就具备了可衡量性(M)和明确性(S)。符合 SMART 原则的学习目标可传递对学生学习的期望，可以指导学生实现自主学习。当前的大多数教材在教学目标上有两个突出的缺陷：一是将教学目的与教学目标混淆。"目的一般被理解成是对预期结果的宽泛的陈述"，[1]是模糊的，而

---

[1] [美]R. M. 加涅, W. W. 韦杰, K. C. 戈勒斯, J. M. 凯勒. 教学设计原理[M]. 5 版. 王小明, 庞维国, 陈保华, 汪亚利, 译. 皮边生审校. 上海：华东师范大学出版社, 2014：5.

前言

目标必须是明确和具体的。因此,大多数教材将教学目标表述为"了解""熟悉""理解""掌握"等是不恰当的,这些表述确切地讲应该是教学目的。二是在教学目标中主要关注了知识目标,而能力习得与素质养成被忽略了。基于以上的分析,本教材在各章开篇,借用加涅等提出的目标陈述五成分模式来表述学习目标。

本教材适用于应用型普通高等本科类及高职院校的市场营销专业、电子商务专业及其他经管类专业学生使用。其他从事网络营销实践和准备创业的人士也可以从本教材中得到启发。

本教材得以问世,得到了许多人的大力支持和帮助。如前所述,在与学生的沟通和交流过程中,我得到许多启发和灵感,这些启发和灵感对于本教材编写思路的形成有重要的影响,感谢他们。感谢五邑大学费明胜教授的鼓励和支持,在他的鼓励和催促下,我才将编写本教材的事情付诸行动。感谢五邑大学艺术设计学院的单贺飞老师为本书绘制了部分概念图;感谢我的学生郑恒峰等所提供的网络创业项目案例;感谢我的太太和家人,在本教材的编写过程中,太太为我带来了一个可爱健康的小公主,正是她的勇于分担才使得我在工作之余有时间完成本书;感谢北京大学出版社莫愚老师给予的许多有价值的建议,以及为本教材的出版所做的大量沟通协调工作。感谢本书所有引用文献的作者,他们的智慧与独特见解为本教材增色不少。

由于能力与水平有限,书中肯定存在不足,欢迎大家不吝赐教,批评指正。邮箱地址:fjf1009@sohu.com。

樊建锋
于五邑大学
2016 年 6 月 15 日

目 录

第1篇 基础篇

第1章 网络营销概述 ... 3
- 1.1 网络营销的概念与职能 ... 5
  - 1.1.1 网络营销的概念 ... 5
  - 1.1.2 网络营销的职能 ... 7
- 1.2 网络营销的发展、网络营销思维与网络创业 ... 8
  - 1.2.1 网络营销的发展 ... 8
  - 1.2.2 网络营销的发展趋势 ... 9
  - 1.2.3 网络营销思维 ... 10
  - 1.2.4 网络创业 ... 14
- 1.3 网络营销书籍常见的内容体系和本书的内容体系 ... 16
  - 1.3.1 当前网络营销书籍常见的内容体系 ... 16
  - 1.3.2 本书的内容体系 ... 17
- 本章小结 ... 18
- 习题 ... 19
- 本章参考文献 ... 19

第2篇 分析篇

第2章 网络创业项目分析 ... 23
- 2.1 营销环境分析 ... 24
  - 2.1.1 宏观环境分析 ... 24
  - 2.1.2 网络创业项目的市场规模预测 ... 28
- 2.2 网络创业项目的价值链分析 ... 31
  - 2.2.1 价值链理论的主要内容 ... 31
  - 2.2.2 价值链理论的解读 ... 32
  - 2.2.3 价值链理论的应用思路 ... 33
- 2.3 网络创业项目的竞争结构分析 ... 35
  - 2.3.1 市场竞争格局的分析 ... 35
  - 2.3.2 竞争对手分析 ... 37
- 2.4 网络创业项目的消费者分析 ... 42
  - 2.4.1 消费者分析思路 ... 42
  - 2.4.2 消费者分析内容 ... 42
- 本章小结 ... 47
- 习题 ... 47
- 本章参考文献 ... 48

第3章 网络营销调研 ... 49
- 3.1 网络营销调研概述 ... 50
  - 3.1.1 网络营销调研的概念 ... 50
  - 3.1.2 网络营销调研的目的与用途 ... 51
- 3.2 网络营销调研过程 ... 52
  - 3.2.1 定义问题 ... 53
  - 3.2.2 确定调研目标 ... 56
  - 3.2.3 设计调研方案 ... 57
  - 3.2.4 收集资料 ... 59
  - 3.2.5 资料整理与分析 ... 60
  - 3.2.6 撰写调研报告 ... 60
- 3.3 网络营销调查方法 ... 62
  - 3.3.1 直接调查方法 ... 62
  - 3.3.2 网络间接调查 ... 64
- 本章小结 ... 65
- 习题 ... 65
- 本章参考文献 ... 66

第3篇 战略篇

第4章 网络创业项目的商业模式构建与创新 ... 69
- 4.1 商业模式概述 ... 70
  - 4.1.1 商业模式的概念 ... 70
  - 4.1.2 商业模式的构成要素 ... 71
- 4.2 常见的商业模式类型 ... 77
  - 4.2.1 基于价值链层面的商业模式 ... 77

4.2.2 基于公司层面的资源
    衍生模式 86
  4.2.3 基于产品或服务层面的
    商业模式 87
 4.3 商业模式创新的路径 90
  4.3.1 商业模式创新的前提 90
  4.3.2 商业模式创新的路径 90
 本章小结 92
 习题 93
 本章参考文献 93

第 5 章 网络营销平台构建 95

 5.1 企业网络营销平台建设的一般过程 96
  5.1.1 确定平台职能定位 97
  5.1.2 明确平台受众 98
  5.1.3 明确平台营销目标 98
  5.1.4 确定平台主题 98
  5.1.5 策划平台内容与功能 99
  5.1.6 设计平台脚本 100
  5.1.7 平台运营、维护与推广 100
 5.2 企业网络营销平台建设的
  基本内容 101
  5.2.1 企业网络平台的结构 101
  5.2.2 企业网络平台的内容 105
  5.2.3 企业网络平台的技术功能 106
  5.2.4 企业网络平台的服务 106
 5.3 企业网络营销平台的推广 107
  5.3.1 直接登录 108
  5.3.2 搜索引擎 108
  5.3.3 网址导航页 108
  5.3.4 合作伙伴网站 108
  5.3.5 网络广告 109
  5.3.6 电子邮件 109
  5.3.7 二维码 109
  5.3.8 社会化网络媒体 109
 5.4 企业网络营销平台的诊断 110
  5.4.1 网络营销职能定位的分析
    与诊断 110
  5.4.2 受众的分析与诊断 110

  5.4.3 营销目标的分析与诊断 111
  5.4.4 主题、内容、功能与服务的
    分析与诊断 111
  5.4.5 技术的分析与诊断 111
 本章小结 111
 习题 112
 本章参考文献 112

第 4 篇　推广引流篇

第 6 章 网络营销推广的基础理论 115

 6.1 直复营销、软营销与关系营销 116
  6.1.1 直复营销 116
  6.1.2 软营销 117
  6.1.3 关系营销 117
 6.2 整合营销传播理论 118
  6.2.1 整合营销传播理论的内涵 118
  6.2.2 网络整合营销传播 120
 6.3 经典信息传递模型 121
  6.3.1 经典信息传递模型 121
  6.3.2 经典信息传播模型与
    网络营销 123
 本章小结 123
 习题 124
 本章参考文献 125

第 7 章 搜索引擎营销 126

 7.1 搜索引擎营销的基础知识 127
  7.1.1 搜索引擎的工作原理 127
  7.1.2 搜索引擎的分类 129
  7.1.3 搜索引擎营销的概念
    与特点 130
 7.2 搜索引擎营销的基本方式 133
  7.2.1 免费登录搜索引擎 133
  7.2.2 付费登录分类目录 133
  7.2.3 搜索引擎优化 133
  7.2.4 关键词广告 133
 7.3 搜索引擎营销的用户行为研究 135
  7.3.1 用户的搜索行为研究 135

目 录

    7.3.2 用户的搜索结果浏览行为研究 135
    7.3.3 长尾理论 138
7.4 搜索引擎营销的步骤与任务 140
    7.4.1 明确搜索引擎营销的对象 141
    7.4.2 理解用户的搜索动机 141
    7.4.3 提炼关键词 141
    7.4.4 构建搜索结果 147
    7.4.5 优化内容着陆页 151
    7.4.6 构建搜索引擎传播渠道 152
    7.4.7 启动用户的搜索行为 154
7.5 搜索引擎营销的效果分析 154
    7.5.1 搜索引擎营销的目标层次 154
    7.5.2 搜索引擎营销的绩效指标 155
    7.5.3 提高搜索引擎营销的分析管理工具 156
本章小结 156
习题 157
本章参考文献 157

第 8 章 电子邮件营销 159

8.1 电子邮件营销的基础知识 160
    8.1.1 电子邮件营销的概念与现状 160
    8.1.2 电子邮件营销的许可方式 161
    8.1.3 电子邮件营销的三大基础条件 162
8.2 电子邮件营销的步骤与任务 163
    8.2.1 明确电子邮件的营销功能 163
    8.2.2 确定电子邮件营销的目标受众 163
    8.2.3 明确电子邮件营销的目标 163
    8.2.4 选择电子邮件列表 165
    8.2.5 策划与设计邮件内容 167
    8.2.6 按计划发送邮件 169
    8.2.7 定期开展电子邮件营销效果评估 170
8.3 电子邮件营销的绩效考评 170
    8.3.1 电子邮件营销绩效评估的指标 170
    8.3.2 重视用户多元化阅读终端对电子邮件营销的影响 171
本章小结 172
习题 173
本章参考文献 174

第 9 章 社会化网络营销 175

9.1 社会化网络营销的概念与基础 176
    9.1.1 社会化网络营销的概念 176
    9.1.2 社会化网络营销的基础 177
    9.1.3 社会化网络环境下的信息传播 178
9.2 社会化网络营销的营销理论：病毒营销 179
    9.2.1 病毒营销的概念 179
    9.2.2 病毒营销的基本要素 180
9.3 社会化网络营销的过程 181
    9.3.1 确定营销目标 181
    9.3.2 分析传播受众、产品(品牌)和企业 181
    9.3.3 确定传播主题 182
    9.3.4 选择传播媒体 182
    9.3.5 积累用户资源 183
    9.3.6 策划内容与设计形式 185
    9.3.7 确定传播时间 188
    9.3.8 社会化网络营销效果评估 188
本章小结 189
习题 190
本章参考文献 191

第 5 篇 提升篇

第 10 章 网络营销转化率提升策略 195

10.1 网络营销转化率概述 196
    10.1.1 转化率的概念与界定 196
    10.1.2 提升转化率的基本策略 198

XI

10.2 企业网络营销平台优化 199
 10.2.1 企业网络营销平台优化的
   概述 199
 10.2.2 企业网络营销平台优化的
   目的 200
 10.2.3 企业网络营销平台优化的
   流程与内容 202
10.3 顾客咨询服务策略 212
 10.3.1 客服人员的基本
   服务态度 212
 10.3.2 客服人员的基本
   服务策略 213
本章小结 215
习题 216
本章参考文献 217

第 11 章 网络营销客单价与重购率提升策略 219

11.1 客单价与重购率的概述 220
 11.1.1 客单价的概述 220
 11.1.2 重购率的概述 221
11.2 提高客单价的策略 222
 11.2.1 向上营销 222
 11.2.2 对比营销 223
 11.2.3 交叉销售 224
 11.2.4 提高客单价的促销手段 229

11.3 提升重购率的策略 231
 11.3.1 基于顾客生命周期的重购率
   提升策略 232
 11.3.2 基于顾客分类管理的重购率
   提升策略 233
本章小结 235
习题 235
本章参考文献 236

第 6 篇 管理篇

第 12 章 创业管理团队的构建与管理 241

12.1 创业团队的基本问题 243
 12.1.1 创业、创新与创业团队 243
 12.1.2 创业精神 245
12.2 创业团队的角色分工与构建 246
 12.2.1 创业团队的角色分工与
   结构 247
 12.2.2 创业团队的构建 248
12.3 创业团队的管理 249
 12.3.1 目标管理 249
 12.3.2 过程管理 252
 12.3.3 绩效管理 255
本章小结 255
习题 256
本章参考文献 257

第 1 篇 基 础 篇

这是最好的时代，也是最坏的时代。

——查尔斯·狄更斯

第1章 网络营销概述

第1章 网络营销概述

学习目标

- ◇ 用简洁的口头语言陈述网络营销的概念;
- ◇ 举例解释各种网络营销思维的内涵;
- ◇ 给予一份网络创业计划书,学生以书面或口头陈述方式,指出该计划书在撰写规范性方面存在的问题。

网络营销：创业导向

导入案例

成立于1988年的广东万事泰集团有限公司(以下简称万事泰)，总部位于中国广东新兴县，是中国乃至全球最大的高端不锈钢餐厨炊具生产企业之一。经过近30年的发展，以对产品技术创新和品质的重视，全球10大餐厨炊具奢侈品牌销售商中的7家落户在万事泰集团生产，其高端餐厨炊具产品和小家电产品已经覆盖欧洲、北美、大洋洲、亚洲、南美和非洲等市场。即使在2008年全球金融危机和2011年欧洲债务危机的负面影响下，仍保持不低于15%的增长。目前万事泰通过自建和收购，建立了自有品牌：Eleture(小家电品牌)和Momscook(厨具品牌)，同时建立了万事泰天猫旗舰店、万事泰天猫专卖店和万事泰京东旗舰店。

与万事泰相似的是江门市丽明珠箱包皮具有限公司(以下简称丽明珠)，公司成立于1992年，经过近30年的代工生产模式，公司已经拥有先进的生产工艺和技术。2005年，丽明珠与知名箱包品牌新秀丽合作，为其代工生产箱包产品。2009年，公司在国内市场启动自主品牌丽明珠(Lapeal)建设计划，在各大商场设立品牌专柜，并于2011年成立了自己的电子商务销售公司——高峰实业有限公司，通过天猫、京东等电子商务平台销售自主品牌产品。

在珠三角地区，类似于万事泰和丽明珠的企业还有成千上万家，尤其是大量的区域产业集群的中小企业。它们共同的特征就是以代工起家，并经过多年代工实践，积累了强大的生产能力及较高甚至是很强的研发能力和品质保障能力，但面临的困境也是类似的，即自主品牌在国内知名度较低，市场份额微乎其微，同时又面临着互联网与电子商务市场的冲击。

问题：

1. 以代工起家的传统制造企业，面对国际市场需求疲软和电子商务市场的冲击，如何实现转型升级？转型升级的路径是什么？

2. 以代工起家的传统制造企业开展网络营销，对企业的要求是什么？请以自己的理解和认识，以书面形式罗列关键词。

 点评

观念、勇气和人一样都不能少

今天，面对市场剧烈变迁以及互联网的冲击，对于传统制造企业，尤其是那些过去30多年小有成就的以代工起家的传统加工制造企业来讲，要实现企业的"基业长青"，除了变革别无他途。许多企业家在谈及变革时都非常清楚企业需要变革，但身边一个个因变革而倒下的同行，使得"变革成了找死"，而"不变又是等死"。面对如此困境，企业家要有背水一战的决心和勇气，但决心和勇气是以战略可行为前提的，否则就成了匹夫之勇。战略可行的前提又是观念正确，传统制造业的企业家必须意识到"互联网+"绝不仅仅是"+互联网"。前者，互联网是基础，是观念；后者则把互联网看成传统企业某个环节的延伸，带有工具性色彩。因此，开展"互联网+"或网络营销首先需要转变观念，树立互联网思维，用互联网思维重新思考企业的经营模式。任何好的观念、战略最终都要靠人来执行。因此，对于传统制造企业来讲，要找的人有两类：一是外人，可以用来完成观念更新和战略制订；二是自己人，用来完善企业高管团队和企业整体人力资源结构，打造自己的研发和营销团队。

第1章 网络营销概述

今天,互联网的迅猛发展已经全方位地渗透和改变着人类的经济与社会形态。与前几年互联网更多的是"独立"的自我发展不同,如今的互联网经济已经全面与传统经济相融合,尤其是2015年中国政府提出"互联网+"行动计划之后,互联网融合和改造传统产业的趋势一发不可收。互联网"风口论"成为对这种趋势最鲜明和形象的说明。

营销,对于任何企业来讲都是"关键的一跳"。对于今天的中国企业尤其是传统制造企业来讲,打造企业的营销能力已经成为企业转型升级的必由之路。在"互联网+"之风以不可抵挡之势扫荡传统经济时,如何开展营销,如何开展网络营销,已经成为许多传统企业和新创企业必须要面对的"两步并成一步走"的现实。而对于今天正在校园里学习的大学生而言,互联网绝不仅仅是"网络冲浪""网络游戏""网络购物"等娱乐、休闲和消费的"风口",更是未来就业、创业的"风口"。

网络营销是一门新兴且实践性很强的学科,与所有学科一样,通常是实践先行,在实践的基础上不断地总结和提炼,才会形成具有普遍指导意义的理论。因此,学习网络营销必须"两条腿走路"——既要亲身实践且紧跟发展前沿,又要善于总结和提炼。作为开篇,本章简要说明网络营销、网络创业和网络营销发展的基本知识。

1.1 网络营销的概念与职能

营销是企业运营的核心环节之一。网络技术的发展使得企业开展网络营销的物质基础更加多元化。尽管企业可以用来开展营销的网络技术与工具越来越先进和多样化,但说到底网络营销还是营销,对网络营销的理解还得回归到营销的本源。传统的营销学理论在网络世界上还有其"用武之地"。

1.1.1 网络营销的概念

关于网络营销的概念并没有统一的界定。不同专业和学科的学者会从不同的角度去认识和研究网络营销,因此形成了众多关于网络营销的理解。这从国外关于网络营销的众多不同名称的表述可窥一斑。例如,网络营销在国外被称为E-Marketing、Cyber Marketing、Web Marketing、Internet Marketing、Network Marketing、Digital Marketing、Online Marketing等。尽管这些不同的外文名称都可翻译成网络营销,但其内涵各有侧重。例如,Cyber Marketing强调的是在虚拟空间进行的营销;Web Marketing强调基于网站开展营销;Internet Marketing是基于互联网开展营销,而Network Marketing中所指的网络则不仅仅限于互联网;Digital Marketing是指通过数字传播渠道来推广产品和服务的实践活动;Online Marketing强调的线上营销,是相对于线下营销而言的。

国外学者斯特劳斯等认为,所谓的"网络营销是指利用信息技术去创造、宣传、传递客户价值,并对客户关系进行管理,目的是为企业和各种相关利益者创造收益,简单地讲,就是将信息技术应用到传统的营销活动中。"[1]国内学者冯英健将网络营销定义为"企业整体营销战略的一个组成部分,是为实现企业总体经营目标所进行的、以互联网为基本手段营造网上经营环境的各种活动。"[2]杨学成等认为,网络营销就是"企业为了满足消费者需求,以互联网为基础,以现代信息技术为传播手段,实施的一系列营销活动的过程,即通过数字技术的运用来实现企业的营销目的。"[3]姜旭平认为,网络营销是"企业利用当代网络技术来整合多种媒体,实现营销传播的方法、策略和过程,是传统市场营销活动在网络等电子新媒体环境下的延伸和发展。"[4]荆浩等认为,"网络营销是以现代信息技术为传播手段,通过对市场的互动营销传播,从而达到满足消费者需求和商家诉求(赢利目的)的过程,简单地讲,就是利用先进的电子信息手段进行的营销活动。"[5]

从以上学者关于网络营销的定义中,可以看出:

1. 网络营销归根结底还是营销

网络营销离不开传统营销学理论的指导。学习网络营销首先要树立基本的营销思维和掌握基本的营销理论。离开了营销学理论的指导,网络营销就成了无源之水,无本之木。不能仅仅从网络技术层面来理解网络营销。

2. 网络营销的目的是实现企业的营销目标

企业营销目标是多元的,这种多元性体现在两个方面:一是利益主体是多元的,不但包含企业本身,还包含企业的利益相关者。二是目标本身是多元的,既有品牌层面的目标,也有产品层次的目标,还有客户层面的目标等;既有过程目标,也包含着结果目标。在企业营销目标的认识上,国内外学者的认识并不统一,如国外学者斯特劳斯等认为企业营销目标包含着企业及其利益相关者的目标,而国内学者普遍只从企业角度界定其营销目标。

3. 互联网对于网络营销的工具性和基础性

在国内外学者关于网络营销的定义中,普遍强调网络营销是以网络工具和网络技术为基础的,这些网络工具和网络技术扮演的是工具性角色——企业传播营销信息的工具。但其他一些学者同时还强调网络工具和网络技术在塑造网络经营环境中的基础性作用。[2]

4. 网络营销不是"单兵作战"

网络营销不是"单兵作战",而是"多兵种联合作战",需要进行整合营销传播,这种整合至少需要在两个层面上展开:一是各种网络营销工具的整合营销传播;二是网络营销手段与传统营销手段的整合。既有线上整合,也有线下整合,更需要线上线下整合,尤其是在今天"互联网+"和"O2O"(Online to Offline)已经成为大势所趋的环境下,更需要对包括网络在内的一切营销工具的立体式整合。

综上所述,本书认为作为企业整体营销战略的一部分,网络营销是指企业基于互联网技术和工具,开展客户价值创造、传递和获取的整合营销传播过程。与其他学者关于网络营销概念的根本区别在于,本书认为网络工具与技术不仅仅是一种信息传递手段,更是一种重构企业营销体系的技术基础。换言之,不能仅仅从信息传递的角度来理解网络营销,而应该从价值创造、价值传递和价值获取的角度去重新认识网络营销。

1.1.2 网络营销的职能

不同的学者对网络营销职能的认识是不一致的,这既与网络技术的快速更新与发展有关,也与网络营销的实践性强和理论总结跟不上企业实践的现实有关。但是学者们关于以下几个网络营销职能是达成共识的,即市场调研、信息发布、网站推广、产品销售、销售促进、网络品牌、顾客关系与顾客服务。[2~5]除此之外,还有学者认为应该包括销售渠道、个性化营销,[3] 特色及增值服务、整合多种营销传播媒体、在线购物或交易撮合等。[7]

实践中网络已渗透到企业营销活动的各个环节,因此也有学者从传统营销过程总结网络营销的职能,包括网上市场调查、网络消费者行为分析、网络营销策略的制定、网络产品和服务策略、网络价格营销策略、网络渠道选择与直销、网络促销与网络广告,以及网络营销管理与控制。[6]

到底如何界定网络营销职能?需要回归到网络营销的内涵与网络营销职能的本质上去重新认识和理解。所谓的网络营销职能就是指网络营销在企业营销战略中的价值,换言之,就是企业通过开展网络营销到底能做些什么?结合本书关于网络营销的定义可知,网络营销的职能(图1.1)包括网络调研、顾客服务、网络品牌、信息传递、网络渠道、产品/服务销售、顾客关系管理。

图 1.1 网络营销的职能

1. 顾客价值创造

1) 网络调研

网络调研是实现顾客价值创造的前提,通过网络调研不仅需要完成网络营销项目的价值分析,还需要通过对消费者需求与欲望的调查,完成顾客价值创造。互联网为企业开展网络调研提供了强大的多样化的工具与技术支持。

2) 顾客服务

顾客服务是企业通过网络营销能够给顾客提供的服务总和,这种顾客服务不仅关系到无形服务,而且还包括实体产品。这些顾客服务涉及企业营销过程的各个环节,包括售前服务、售中服务与售后服务。互联网也为企业开展顾客服务提供了许多工具与技术,如常见问题解答(FAQ)、电子邮件、在线论坛、即时通信工具等。

3) 网络品牌

网络品牌是企业顾客价值创造的最集中体现,也是企业网络营销差异化手段与结果的集中体现,反映了企业进行顾客价值创造的基本定位。当然,网络品牌也是许多企业开展网络营销的重要任务之一。消费者对企业网络品牌的认知和认可也是衡量网络营销效果的重要维度。网络品牌的创造有两种基本思路:一是线下品牌向网络迁移;二是线上打造全新品牌。

2. 顾客价值传递

1) 信息传递

顾客价值传递首先表现为企业网络营销信息的传递。信息传递是网络营销最重要也是最基本的职能之一。互联网为企业开展网络营销信息传递提供了多样化的工具与技术支持，包括企业网站、电子邮件、社会化网络媒体、网络广告、搜索引擎等。这些工具与技术不仅使企业网络营销的信息传递拥有了比传统媒体更高的传播效率，而且比传统媒体更易于实现传播的精准化。

几乎所有的网络营销活动都可以归结为信息传递，如产品推广、网络品牌、顾客服务，这些企业顾客价值创造活动与结果最终能否实现，都必须首先归结为信息传递。因此，本书对这些网络工具的介绍主要是从网络信息传递的角度展开的。

2) 网络渠道

顾客价值传递首先表现为信息传递，但最终则必须体现为产品/服务传递。因此，当完成信息传递后，即需要通过网络渠道实现企业产品/服务的传递，因此构建网络渠道就是网络营销的重要职能。对于传统的线下企业，网络渠道是企业销售渠道在网络上的延伸，而对于新兴的网络企业，网络渠道就是企业必然的选择。互联网技术及互联网企业的发展都为企业提供了多样的网络渠道选择。例如，一个具备交易功能的企业网站本身就是一个重要的销售渠道，而第三方交易平台也是企业构建网络渠道的重要选择。当然，随着线上线下的融合，许多网络企业也开始将线上渠道向线下延伸。

3. 顾客价值获取

1) 产品/服务销售

产品/服务销售既是企业顾客价值传递的终点，也是企业顾客价值获取的起点，更是企业开展网络营销的终极目的。这种终极目的既表现为产品在网络上直接销售，也表现为网络营销对线下产品销售的促进作用。

2) 顾客关系管理

虽然企业网络营销的终极目的是通过产品/服务销售获取利益，但是大量的实践证明，相比于获利，顾客才是企业的重要资产，关乎着企业的发展。因此获取、维持和提升顾客忠诚度也是企业网络营销的重要职能。

1.2 网络营销的发展、网络营销思维与网络创业

1.2.1 网络营销的发展

网络营销的产生基于互联网的诞生。20 世纪 60 年代末 70 年代初的美国军方的阿帕网 (ARPANET)，是互联网的雏形，以后逐渐发展演变为今天的互联网并对人类社会产生深远影响。

贾森·米列茨基在《网络营销实务：工具与方法》一书中对 2001 年以前与 2001—2007 年的美国互联网和网络营销的发展历程有着详细的描述。[7] 朱迪·斯特劳斯、雷蒙·德弗

罗斯特在《网络营销》中对网络营销的发展历程也有详细描述。[8]冯英健在《网络营销基础与实践》中对我国网络营销的发展也有详细描述。[1]在此,本书不再做过多的介绍,有兴趣的同学可以参阅以上书籍进行了解。

1.2.2 网络营销的发展趋势

从目前国内外网络营销的发展来看,未来的网络营销有以下六个鲜明特点。

1. 多屏互动是必然

今天,我们坐在家里看电视时,可以通过微信"摇一摇"功能实现与电视节目的互动。在不久的将来,当你在乘坐地铁看到地铁视频广告中正在播放的一个电影宣传片时,你的智能手机就会收到一则关于这个电影的电影票促销信息,然后你可以点击直接购买。这些生活场景将越来越普遍。智能手机、掌上电脑等移动设备的普及,加之未来的可穿戴设备和车载设计,以及数字电视和个人电脑的拥有量,多屏互动必将成为移动互联网时代不可或缺的生活场景,而这其中必定蕴藏着巨大的商业机会。

2. 技术推动网络营销革命

网络营销的创新,正是得益于网络技术的迅猛发展。Infoworld在其网站公布了可能影响未来十年的互联网技术,包括:私有云技术、软件定义的网络、高级同步、Apache的Hadoop(分布式系统基础架构)、分布式存储分层、JavaScript的替代品、一个值得信任芯片、持续构建工具、客户端管理程序、HTML5。[9]另一则报告则披露了"未来五年移动互联网的十大技术",分别是HTML5、多平台/多架构应用开发工具、可穿戴设备、高精确度移动定位技术、新的Wi-Fi标准、高级移动用户体验设计、企业移动管理、智能对象、测量与监视工具、LTE和LTE-A(提高频谱效率的蜂窝技术)。[10]

3. 大数据支撑营销决策

大数据已经成为支持企业网络营销决策的重要基础。所谓的"大数据"是在新的数据处理方式下具有更强的决策力、洞察发现力和流程优化能力的海量、高增长率和多样化的信息资产。[11]其核心就是通过对海量数据直接处理获取有价值的信息。在互联网上通过特有的数据收集技术和工具,企业可以收集到关于用户行为的海量数据,然后通过对这些海量数据进行分析和挖掘,找到数据背后的用户兴趣和行为,以此对企业的产品和服务进行针对性的调整和优化,从而为用户提供更加个性化的产品或服务。今天的国内外互联网巨头都积极参与布局大数据业务。例如,百度、腾讯、阿里巴巴、京东,以及包括国外的EMC、惠普、IBM、微软在内的全球IT巨头纷纷通过收购"大数据"相关厂商来实现技术整合。

4. 个性化营销渐成现实

依靠大数据的支撑,为用户提供个性化的服务已经不是难事。个性化营销就是要破除"千人一面",实现"千人千面"。例如,国内电商巨头京东正在积极推进基于大数据的"用户画像"技术,通过设立300多个覆盖用户基本属性、购买能力、行为特征、社交特征、心理特征、兴趣偏好等多个方面的标签,定义用户的特征。基于这些用户特征数据,京东采取更加精准化的营销投放策略,提高用户转化率和重购率,提升广告主的广告投放效果。[12]

5. 全网营销成趋势

上述互联网技术与设备的快速发展，使得人们的触网行为呈现越来越明显的分众趋势，加之人们对个性的追求和企业的迎合与培养，这种分众趋势在未来只会越来越明显。对全网营销至少有两个层次的理解：一是集合传统网络、移动互联网、PC互联网、电视网络、车载网络等为一体进行营销。二是指将产品规划、产品开发、网站建设、网店运营、品牌推广、产品分销等一系列电子商务内容集成于一体的新型营销模式。

6. 线下线上要融合

在"互联网+"与"O2O"的迅猛发展下，线上线下融合已经成为不可阻挡的趋势，加之如二维码技术、定位服务(Location Based Service，LBS)、移动支付等技术的发展与普及，线上与线下的交易瓶颈和樊篱已经逐渐被打破。在未来，今天所谓的"互联网公司"将不复存在，所有的传统企业都必须"触网"，而现在所谓的互联网公司也必须"落地"，否则将无法生存。

1.2.3 网络营销思维

网络营销思维主要由两大类构成：一是营销思维，二是互联网思维。

1. 营销思维

关于营销思维，在经典的市场营销学教材中都有介绍，其主要包括：生产者观念、产品观念、推销观念、市场营销观念和社会营销观念。在这里，特别强调：一是要从其诞生的历史背景和市场环境(尤其是供求关系)去理解各种营销思维的产生。二是要理解各类营销思维的内涵与实质。例如，以美国为例，生产者观念诞生的历史背景大致在19世纪末到20世纪初期；以中国为例，其所处的历史背景大致在20世纪70年代末到90年代中期。中美两国在当时的市场环境的最大特点就是供小于求，市场处于短缺状态，在这种市场背景下，企业面临的最大任务就是提高生产效率，生产出市场需要的产品。因此，生产观念的内涵与实质就是如何能低成本高效率地生产和分销市场所需的产品，其实质是生产问题。三是各种营销思维无落后与先进之分，它们能否指导企业的营销实践关键在于其与企业所面临的社会、市场环境的匹配程度。

  学习链接

关于营销思维更详细和全面的内容，请查阅相关的市场营销学教材中的"营销观念"相关内容。菲利普·科特勒教授在《营销管理》(新千年版·第十版)的"第一章 21世纪的营销"中有所论述。该教材由梅汝和、梅清豪、周安柱译，由中国人民大学出版社于2001年出版。

2. 互联网思维

互联网思维近一两年为学者和企业界所津津乐道，但对于什么是互联网思维却并无统一界定。其实，对于"互联网思维"这样一个开放性的法则，明确的定义似乎并没有那么重要。互联网思维对于每个行业、每个企业来讲都成为一种必须和专属。"必须"指的是企业必须要有互联网思维，"专属"指的是企业有自己专属的"互联网思维"，这种"互联网思维"适应企业自身的需要。

转变传统思维、树立新互联网思维，对于今天许多传统制造企业是迫切需要解决的一件事。在日经2013年全球ICT论坛上，时任华为公司轮值CEO的胡厚崑说道："在互联网时代，传统企业遇到的最大挑战是基于互联网的颠覆性挑战。为了应对这种挑战，传统企业首先要做的是改变思想观念和商业理念，要敢于以终为始地站在未来看现在，发现更多的机会，而不是用今天的思维想象未来，仅仅看到威胁。"[13]

在这里，我们不对互联网思维进行学术意义上的界定，只罗列一些被学者和企业界逐渐认可的互联网思维。

1) 观念：开放思维

互联网是一个"网"。网是由网中的节点以及节点间的连接构成。身处"网状"社会，一个个体或企业的价值就是由其连接的点的多少及厚度，以及点与点之间连接的紧密程度所决定。为了实现网的价值增值，就必须具备开放思维，愿意和善于接纳新的利益体进入网络，从而构建一个有利于企业生存和发展的生态系统。

首先，开放思维应该体现为企业以及企业中的人——尤其是企业高层——具备开放思维，愿意接纳包括互联网在内的一切新事物。这离不开企业或团队的学习。万向集团董事局主席鲁冠球2014年在一次内部讲话中坦承了自己对互联网的认识过程："就拿我自己来说，过去总觉得互联网仅仅是一种工具，企业里有人会用就可以了，没必要每个人都懂都用，总觉得鼠标点不出万向节。现在不同了，孙子、外孙回来都跟我讲互联网，互联网已经从一种工具变成一种思维、一种文化、一种工作和生活的状态，3D打印产品也已经近在眼前了。怎么办？只有下功夫学，善学者能，多能者成。"[14]

其次，将开放思维运用到企业运营的各个层面和环节，打造一个"无边界组织"。例如，在价值链层面，将企业打造成为一个开放的网状系统，改变以往企业价值链的"线"性思维(上游供应商—中间企业(研发—生产—营销)—下游用户)；再如，在产品或服务层面，打造一个开放系统的产品或服务；等等。

2) 用户：体验思维

简言之，用户体验就是用户对使用或期望使用的产品或服务的全部感受。这些感受包括生理的、心理的和行为，也可能是感观的、认知的或情感情绪方面。感受是一种客观存在，更是一种主观感觉，是两者的统一。感受的形成存在一个阈值，只有超过这个阈值，感受才会产生。例如，空气中一个尘埃落在我们皮肤上，我们是感觉不到的，因而没有感受，但当别人用针扎你一下，你就会尖叫，这时痛的感受就产生了。

体验的形成离不开三个基本要素：用户、产品或服务、环境(场景/情景)，即 f(用户体验)=f(用户、产品或服务、环境)。用户是体验的主观感受主体，产品或服务是体验的客观存在，而环境(场景/情景)则是主客观产生化学作用的氛围。因此，要形成体验，首先要了解用户需求，这种需求应该是精准、深刻(用户可能都无法说明、说清)的；其次，产品或服务要做到极致(详见"极致思维")；最后，体验的主客观都需要在一定的场景内发生相互作用，同样的主客观在不同的环境下会有不同的检验产生。所以，考虑用户的产品或服务使用场景常常也是打造用户体验的重要思路。

3) 产品：极致思维

做好产品是任何时代企业开展营销的基本前提。营销到最后一定是用产品说话。产品的营销除了产品本身之外，还取决于其他许多因素，如包装、推广、销售等。在互联网时代，尤其是移动互联网背景下，当企业将营销传播交给用户来完成时，产品就不能仅仅是合格，甚至不能仅仅是优秀的，而是要做到极致。所谓极致就是将产品做到让用户惊讶。换句话讲，在互联网背景下，当用户参与信息传播时(如 SNS 营销)，信息的传播不是依赖于企业的强推，而是依赖于用户自觉主动地乐于分享。那么，用户何以乐意自觉主动去分享你的产品或服务？只有一个原因，就是你的产品和服务做到了极致，做到了让用户尖叫，做到了让用户感动。360 公司董事长周鸿祎甚至说，"只有把一个东西做到极致，超出预期才叫体验。"

4) 研发：迭代思维

在数学领域，重复地与自身复合的过程被称为迭代。换言之，迭代是重复反馈过程的活动，其目的通常是逼近所需目标或结果。每一次对过程的重复被称为一次"迭代"，而每一次迭代得到的结果会作为下一次迭代的初始值。[15] "小步快走"是迭代思维的形象写照。

如何用迭代思维进行产品开发？大家可以想象这样一种产品开发情形：通常进行产品开发的流程是先定义需求，其次构建框架，接着写代码，然后测试，最后发布。在这个过程中，只有前一个环节做到了最优，才可能开启下一个环节的工作。如此这样，整个开发过程可能以月为单位，甚至是以年为单位计算。直到有一天产品发布时，用户才能看到产品。此时，开发工作面临着一个重大的考验就是当产品推向用户时，用户看到产品会是什么反应：惊喜？吃惊？还是失望？如果产品并不是用户所需要的，或者用户的需求已经发生改变，那么企业在此之前的一切开发工作都将付之东流。而迭代思维就是积小步成大步，不断反馈，实时调整。

迭代的核心是快、重复。在互联网背景下，产品研发强调快是因为这个世界变化太快。谁先推出新产品谁就可能是这个领域中的老大，"一步跟不上，步步跟不上"是互联网背景下研发和推出新产品的真实写照。通常情况下，在最短时间，用最小的成本率先推出产品的第一代或第一版本；然后在产品运行过程中，从市场和用户那儿收集反馈意见，改进提升后，快速推出第二代或第二个版本；如此重复不断，使产品完成蜕变，趋于完善，同时降低了研发风险和抢占了市场。这个重复的过程是一个不断积累、总结和升华的过程。

迭代的前提是选对原点。迭代过程的"快"是以选择了正确的原点为前提的。如果原点选择错误，快只会导致南辕北辙。原点选择正确了，迭代的方向其实已经交给了用户，即用户的反馈就是迭代的方向。

 学习链接

查阅资料，了解产品开发的瀑布模型理论的基本内容。

【相关链接】

5) 渠道：便利思维

便利是互联网提供给用户的另外一种福利。在 4C 理论中，将便利作为传统营销渠道的一种革命，即"忘记在什么地方为顾客提供产品，而是要思考如何为用户提供便利"。对于网络营销来讲，便利思维不仅仅体现在其对传统渠道的革命，而且还体现在其他许多环节。例如，通过 PC 端获取线上信息要比传统信息的获取更加便利，而以智能手机为代表的移动互联网将用户获取信息的便利程度又提升了一个层次。如何基于用户的(移动)互联网使用习惯，为其获取信息提供便利是网络营销需要思考的重要议题(更多的内容可以参考本教材第 10 章 10.2 节"企业网络营销平台优化"的内容)。再如，线下物流配送的便利，这也是现在各大电商平台正在发力介入的领域。

【相关链接】

 学习链接

查阅资料，了解 4C 和 4P 理论的基本内容及其互关系。

6) 赢利：免费思维

从没有一个时代能让用户享受到如此多的免费服务。免费是打开顾客交易大门的"敲门砖"。免费的不仅仅是服务、软件，未来硬件也将逐步进入免费时代。免费并不总是意味着零代价让顾客获取产品或服务，以成本价向顾客提供服务或产品也是一种免费(关于免费思维更多的内容可以参阅本教材第 4 章 4.2 节"常见的商业模式类型"之"免费模式")。

7) 传播：参与思维

与传统营销的"用户是上帝"的观念不同，在互联网思维中，用户的角色可以更加多元化，既是上帝，也可能是投资人，还可能是员工、设计师、口碑传播者、监督者。参与思维是指邀请用户参与到企业运营过程中，让用户从单纯的外部接受方，转变成为企业内部的利益创造方。

用户参与口碑传播有两个方面：

(1) 信息的转发与分享。其实每个人都有乐于分享的动机，但如何让用户主动乐于去通过分享和转发来实现信息传播则是需要研究的。

(2) 信息的表达。信息的表达意味着用户已经参与信息的创造，如果将分享与表达两者结合起来，很可能意味着信息经过用户的参与，其传播能量不减反增。

用户除了可以参与到传播环节，还可以参与到企业经营的其他环节。例如，用户参与产品研发和内容创造，如前述的迭代思维已经体现了用户参与思维，即用户通过反馈意见，参与产品的研发和升级。再如，用户作为员工参与线下物流配送，如京东的"京东众包"物流配送模式，凡是拥有一部智能手机、年满 18 周岁的用户经过一定培训之后都可以去做京东的兼职配送员，其实质就是"人人物流"。另外，用户成为投资人也是互联网时代重要的创新趋势，如网络众筹模式。随着未来技术的发展和商业模式的创新，用户参与到企业价值流程的环节会越来越多，深度也会越来越深。

8) 资产：数据思维

农耕时代的代表性资产是土地，工业时代的资产是资本、技术，而信息时代的最大资产是数据。随着大数据时代的到来，数据分析预测对于提升用户体验是非常重要的。对于企业来讲，首先，积累用户数据已经成为企业运营的重要内容；其次，进行数据挖掘和分析已经成为企业需要不断提升和积累的重要能力；最后，基于用户数据开展数据库营销、精准营销已经成为未来企业开展网络营销的重要方式。

从资产的数据思维推而广之，对于创业者来讲，在创业之初必须树立一种新型资产思维，即这种资产具有一定的积累性，它不会因为你的创业失败而消失。这种资产可能是数据，也可能是具有凝聚力的团队，也可能是某种技术，甚至可能是经验。有了这种资产，即使创业失败了，也有了东山再起的资本。

【相关图文】

1.2.4 网络创业

1. 网络创业的外部环境

1）政治环境

政治环境就是涉及创业政策、方针、法规、法令、政府办事效率等的正式或非正式的制度环境。2000年以来，我国政府出台了许多鼓励创业的法规、法令，鼓励青年人、学生进行创业。例如，青年创业引领计划公益扶持基金、中小微企业扶持基金等。在近年来大学生就业压力巨大的现实背景下，鼓励大学生自主创业已经成为政府缓解大学生就业难的重要举措，为此，各级政府相继出台了大量的相关政策法规。创业者了解这些政策环境对于创业成功具有重要意义。尤其2015年政府工作报告中提出"大众创业，万众创新"之后，创业已经成为年轻人实现个人人生价值的重要选择。在创业之前，创业者要了解所在城市的相关政策，积极寻求政策支持。

2）经济环境

我国一直持续高速增长的经济趋势，尤其是电子商务市场的迅猛发展，给个人提供了大量的创业机会。中国互联网信息中心发布的第36次《中国互联网络发展状况统计报告》的数据显示，截至2015年6月，我国网络购物用户规模达到3.74亿，较2014年底增加1249万人，半年度增长率为3.5%，较2014年上、下半年的增长率有所放缓。但我国手机网络购物用户规模增长迅速，达到2.70亿，半年度增长率为14.5%，手机购物市场用户规模增速是整体网络购物市场的4.1倍，手机网络购物的使用比例由42.4%提升至45.6%。[16]这些数据表明，网购已经成为国内日常生活的一部分，网络消费行为日趋成熟。

3）文化环境

电子商务在国内的快速发展带来的最显著变化就是网络消费已经成为大众的日常习惯，尤其是对于在网络环境下成长起来的80后和90后更是如此。网络已经在改变着大众的思想、观念和生活方式，并形成了独特的网络文化环境，这些都为网络创业提供了大量机会。第36次《中国互联网络发展状况统计报告》显示，截至2015年6月，我国网民规模达6.68亿，互联网普及率为48.8%。手机网民规模达5.94亿，较2014年12月增加3679万人，网民中使用手机上网的人群占比由2014年12月的85.8%提升至88.9%，随着手机终端的大屏化和手机应用体验的不断提升，手机作为网民主要上网终端的趋势进一步明显。[12]这些都会带来和促进新的消费文化，乃至社会文化的形成。

4) 科技环境

对于网络创业来讲,科技环境主要是指网络基础设施和网络技术的发展。尽管我国的互联网基础设施与发达国家相比,还存在相当的差距,突出的表现就是网速与上网资费,政府已经意识到问题的严重性,网速提升和资费下降已经成为趋势,而且相关部门也正在采取措施努力改善现状。这些网络硬件条件的改善必将促进我国网络创业的蓬勃发展。

2. 大学生创业现状

前程无忧网的一份网络问卷调查显示,有21.44%的大学生有可能选择自主创业,另有近5%的学生表示将创业作为主要的就业方式,两项数据之和超过26%。[17]腾讯教育与麦可思联合开展的"在校大学生创业动机"的调查显示,"理想就是成为创业者"是本科生(52%)、研究生(47%)和高职高专生(46%)选择创业和计划创业的首要原因,紧随其后的依次是收入好、有好的创业项目、受他人邀请加入创业团队、受社会创业氛围影响,以及其他。[18]目前为鼓励和引导大学生投身创业,国内也出现了许多创业大赛,其中以"'挑战杯'大学生创业大赛"最为权威。目前"挑战杯"等各类大学生创业大赛平台每年吸引成千上万的大学生投身到创业大潮中。当然,大学生创业也面临着经验、能力、资金等各方面的短板,今天全国各地不断涌现的"创客空间"已经成为大学生创业培训、交流、对接的重要平台。

3. 创业计划书

创业计划书(商业计划书)是创业者关于创业想法的清晰、有步骤和完整的书面表达。创业计划书不仅是创业者争取与投资商洽谈的敲门砖,也是创业者自我梳理创业想法的重要环节。因此,写一份规范、有吸引力的创业计划书对于创业成功具有重要意义。

网络上有许多关于创业计划书的规范模板,这里不再重复。下面结合作者对学生创业计划书写作的指导经验,重点说明一下创业计划书写作的几个突出问题。

1) 计划书写作要树立"营销思维"

在创业计划书的写作过程中,创业者一定要树立"营销思维",即将创业计划书当作自己开发的一款产品,用开发和营销产品的思维来写作和推销创业计划书。此时,评委或投资人就是你的"顾客",了解顾客的心理与需求就是写作创业计划书的基本要求。一般来讲,评委和投资人不会从头到尾详细阅读你的计划书,他们需要在最短时间内了解你的创业想法、思路和优劣势。因此,计划书的写作,要观点明确、直白,条理清楚,逻辑清晰,论证充分。

2) 重视计划书的形式规范性、整齐

许多学生认为"内容大于形式",因此往往忽视计划书写作的形式规范。殊不知,形式是"第一印象",是创业计划书这个"产品"的包装,也是创业者整体素质的体现,更反映了写作者对于计划书的阅读者(评委或投资人)的尊重。没几个人愿意花时间从一堆乱七八糟的文字、图表中寻找你的创业想法。

计划书的形式主要包括各级标题、正文、图表的字体、字号的统一;图表的美

【知识拓展】

观、规范，其序号与标题完整、位置规范；段落规范；行距统一；数据与文献出处规范；等等。

3) 分析要支撑决策，决策要依赖分析

一份创业计划书，其主体内容大致包括三部分：为什么要做这个项目(分析)、怎么做(思路与方法)、谁来做(创业团队)。之所以要在创业计划书的开头部分进行创业项目的宏、微观分析，其目的是为后续的项目操作提供决策依据，因此在"分析"环节的写作需要了解后续的决策需要哪些决策依据，而在"思路与方法"环节则必须紧紧依靠"分析"环节所提供的依据。但学生的创业计划书中"分析"和"思路与方法"常常是脱节的，是"两张皮"。分析仅是为了分析而分析，思路与方法也不依赖分析的支撑。

4) 分析要全面，更要有侧重

分析要全面是指分析应该包含创业项目的各个环节，从大方面来讲，至少包括宏观层面的分析和微观层面的分析。要有侧重是指创业项目的分析应该重视微观层面分析，因为宏观分析往往回答的是创业项目可做不可做、有多大机会的问题，这类问题对于创业计划书的阅读者(评委或投资人)来讲，有足够经验进行初步判断。而微观层面分析则涉及项目未来如何做的问题，对后续的创业决策有重要指导和支撑作用，也是挖掘创业项目"出奇"的需要。

5) 决策要思路与方法并重

决策主要涉及创业项目中的"怎么做"环节。创业计划书中的"思路与方法"环节要突出创业项目的操作思路，这个环节往往是创业项目创新性的集中体现。而方法要强调"落地"和具有操作性，很多同学在此部分的写作往往都过于理论化，内容往往是"是什么"，而不是"怎么做"。

1.3 网络营销书籍常见的内容体系和本书的内容体系

1.3.1 当前网络营销书籍常见的内容体系

一本书的内容体系反映了作者对相关问题的思考思路。网络营销是一门新兴的实践性强的学科。国内外并没有统一的网络营销内容体系，一方面是因为网络营销实践还在不断地探索过程中；另一方面，学界对网络营销的理论总结总是落后于企业的实践。作为一本教材，要组织庞大的内容还需要构建一个内容体系。国内外目前网络营销书籍，其内容体系构建大致沿以下三个思路展开。

1) 侧重于网络营销工具与方法背后的技术

例如，网站建设与网页设计的技术、搜索引擎及其优化技术等。

2) 侧重于网络营销的工具方法

这种思路虽然侧重于网络方法或工具的营销运用，但其并无严谨的组织思路。换言之，这类教材就是逐个介绍网络工具与方法。

3) 以传统的营销学框架来组织网络营销的内容

主要包括环境分析、网络调研、网络营销战略(STP)、网络营销组合策略(4Ps)和网络营销管理(计划、组织、控制和评估)等。这种内容体系的好处在于内容的组织符合传统营销学的思维逻辑,学生能比较快地理解和接受作者的网络营销思路,但存在的问题也比较明显。突出表现在两个方面:首先,传统营销学的框架比较宏大,网络营销内容被分散到这个框架上,逻辑上不够紧凑;其次,该内容框架与实践运用之间的跨度较大,不利于学生去实践网络营销知识和形成网络营销实战能力。以作者的观察和经验,以这种框架组织网络营销时,当学生修完网络营销课程后,并不能直接进行系统运用。因为不论学生的创业实践还是工作实践,所面对的网络营销问题都是比较小而具体的,宏大的理论框架并不能很好地指导他们的网络营销实践,他们需要进行二次消化。

1.3.2 本书的内容体系

本书的内容体系综合前述三种思路中的后两者,既强调网络营销工具与方法的运用,也尽量为学生提供一个"大小适中"的思考框架,同时为学生的网络创业实践提供基本的理论框架(图 1.2)。

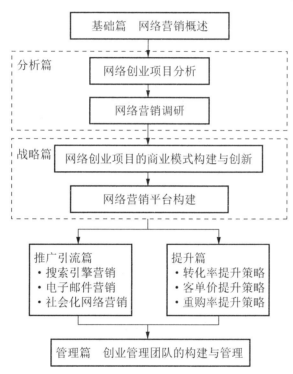

图 1.2 本书的内容体系

该内容体系的基本思路是在概述网络营销基本理论与知识的基础上(基础篇)首先进行网络创业项目的分析(分析篇);其次,在分析的基础上,构建网络创业项目的商业模式,并搭建网络营销平台(战略篇);再次,在完成商业模式构建与网络营销平台搭建之后,根据销售收入=流量×转化率×客单价×重购率的"网络营销公式",分别思考如何为网络营销平台进行引流(推广引流篇),进而思考如何提升转化率、客单价和重购率(提升篇);最后,就是创业团队的构建与管理等问题(管理篇)。

这种内容体系有三大优势:一是思路简洁、清晰,既涉及网络创业的战略问题,也涉及网络创业的策略与方法问题，但又不面面俱到。二是比较切合学生面对的网络创业问题，内容框架"大小适中"，可以直接用来指导学生的网络创业实践，学生不需要二次消化。三是该内容体系各部分既前后紧密联系、逻辑清晰，又各自自成一体。学生可以根据自己学习与实践的需要选择相关内容进行学习。

基础篇(第1篇，第1章)。主要介绍网络营销的概念与职能、网络营销的产生与发展、网络营销的发展趋势、网络营销思维、网络创业、创业计划书写作、本书的内容体系。通过这些内容希望读者了解网络营销是什么？网络营销能干什么？应该具备哪些网络营销思维？网络创业及如何推销网络创业项目(创业计划书的写作)。当然，也希望通过对本书内容体系的介绍，使读者了解本书的内容，更希望读者能通过学习本书来指导自己的网络创业项目的思考与实践。

分析篇(第2篇，第2～3章)。第2章主要是介绍如何进行网络创业项目分析，以判断创业项目的市场前景；如何进行价值链分析，寻找网络创业项目的切入点，规划创业项目未来的发展思路；如何进行竞争对手和消费者分析，以规划创业项目的未来竞争战略和操作思路，选择操作方法。第3章主要是介绍网络调研的流程与方法，指导创业者进行网络创业项目的网络调研。

战略篇(第3篇，第4～5章)。第4章主要介绍了商业模式的相关问题，这是本书不同于大多数网络营销教材的重要之处，通过商业模式相关知识的介绍，希望读者能用严谨的商业模式知识与方法思考自己网络创业项目的商业模式构建问题，这是任何(网络)创业项目都必须着重思考的核心问题。第5章主要介绍了网络营销平台构建的流程、推广与诊断等问题。

推广引流篇(第4篇，第6～9章)。第6章是网络营销引流的基本理论，主要包括信息传递模型、整合营销传播理论等。第7、8、9章分别介绍三种网络营销常见且常用的网络营销工具，分别是搜索引擎、电子邮件和社会化网络。三种网络营销工具的介绍主要是从两个层面开展的：一是在理论层面，介绍了这些网络营销工具的操作流程；二是在方法层面，介绍了这些网络营销工具的营销方法与技巧。

提升篇(第5篇，第10～11章)。主要包括转化率提升策略、客单价提升策略与重购率提升策略。

管理篇(第6篇，第12章)。主要介绍了创业团队构建与管理。毕竟再好的项目也需要好的人(团队)来执行。

本章小结

本章是本书的开篇之章，主要介绍了一些网络营销的基础知识，其目的是使学生建立对网络营销的基本认识。

首先，本书在综合了不同学者定义的基础上，从价值创造、价值传递和价值获取的角度分析，作为企业整体营销战略的一部分，网络营销是指企业基于互联网技术和工具，开展客户价值创造、传递和获取的整合营销传播过程。与其他学者关于网络营销概念的根本区别在于，本书认为网络工具与技术不仅仅是一种信息传递手段，更是一种重构企业营销体系的技术基础。网络营销的职能包括网络调研、顾客服务、网络品牌、信息传递、网络渠道、产品/服务销售、顾客关系管理，这些职能分属于顾客价值创造、价值传递和价值获取三个环节。

其次，介绍了网络营销的产生与发展、网络营销的发展趋势、网络营销思维和网络创业。对于网络营销的发展历程重点介绍了网络营销的发展趋势，这些趋势主要包括：多屏互动、技术推动、大数据、个性化、全网营销、线上线下互动等。本书从两个方面界定网络营销思维：一是营销思维，之所以在此强调营销思维是因为网络营销说到底还是营销，因此传统营销中强调的营销思维对于指导网络营销仍然具有重要意义；二是互联网思维，本书着重阐述了观念的开放思维、用户的体验思维、产品的极致思维、研发的迭代思维、渠道的便利思维、赢利的免费思维、传播的参与思维和资产的数据思维。

再次，创业计划书对于创业启动具有重要意义。本书强调了在撰写创业计划书的几个突出问题：一是树立营销思维；二是重视规范性；三是决策与分析的相互依赖；四是分析既要全面又要有侧重；五是决策上的思路与方法并重。

最后，介绍了本书的编写思路。

习　　题

一、名词解释

网络营销、网络营销职能、营销观念、互联网思维、开放思维、体验思维、极致思维、迭代思维、便利思维、免费思维、参与思维、数据思维

二、讨论题

阅读资料，了解更多业界人士和学者关于互联网思维的论述，重点探讨一下跨界思维、共享思维对于传统制造企业转型升级的意义。

本章参考文献

[1] [美]朱迪·斯特劳斯，阿德尔·埃尔-安萨瑞，雷蒙德·弗罗斯特. 网络营销[M]. 4版. 时启亮，金玲慧，译. 北京：中国人民大学出版社，2007：5.

[2] 冯英健. 网络营销基础与实践[M]. 4版. 北京：清华大学出版社，2013.

[3] 杨学成，等. 网络营销[M]. 北京：中国人民大学出版社，2011：5.

[4] 姜旭平. 网络营销[M]. 北京：中国人民大学出版社，2011：27.

[5] 荆浩，赵礼强，陈静，等. 网络营销基础与网上创业实践[M]. 北京：清华大学出版社，2011：22.

[6] 瞿彭志. 网络营销[M]. 3版. 北京：高等教育出版社，2009：40.

[7] [美]贾森·米列茨基. 网络营销实务：工具与方法[M]. 李东贤，译. 北京：中国人民大学出版社，2011：2—11.

[8] [美]朱迪·斯特劳斯，雷蒙·德弗罗斯特. 网络营销[M]. 7版. 时启亮，陈育君，译. 北京：中国人民大学出版社，2015.

[9] InfoWorld. 影响未来十年的10项互联网新技术. [EB/OL]. http://news.xinhuanet.com/tech/2011-12/02/c_122366968_4.htm[2011-12-2].

[10] 彭卓. 未来五年移动互联网 10 大热门技术[EB/OL]. http://www.qianzhan.com/indynews/detail/346/

140317-4afc7208.html[2014-3-17].

[11] Douglas, Laney. The importance of "Big Data": a definition[EB/OL]. http://www.gartner.com/resid=2057415. Retrieved 21 June 2012.

[12] 银昕. 京东破译"千人千面"[J]. 商学院,2015(4):76—77.

[13] 胡厚崑. 华为:以互联网为起点重构商业思维模式,拥抱数字社会下一波浪潮[EB/OL]. http://www.educity.cn/shenghuo/798693.html[2014-8-8].

[14] 鲁冠球. 学习是一切成功的必经之路[N]. 万向报,2014-7-5.

[15] 张波. O2O:移动互联网时代的商业革命[M]. 北京:机械工业出版社,2014:209.

[16] CNNIC. 第37次中国互联网络发展状况统计报告[EB/OL]. http://www.cnnic.net.cn/[2016-7-15].

[17] 苗旭. 大学生创业观现状及教育对策[EB/OL]. http://news.163.com/[2015-6-9].

[18] 腾讯教育,麦可思. 大学生为何想创业[EB/OL]. 麦可思研究微信公众号[2015-10-12].

第 2 篇 分析篇

发现问题比解决问题更重要!

——著名数学教育家 G. 波利亚

第 2 章　网络创业项目分析
第 3 章　网络营销调研

第 2 章

网络创业项目分析

学习目标

◆ **知识目标**
- 能以口头或书面语言分点陈述价值链理论的基本内涵;
- 在纸上画出五种竞争力模型的概念图,并列出各竞争力强弱的影响因素;
- 在纸上画出竞争对手分析工具(可以是已知的分析工具,也可以是自己构建的)的概念图。

◆ **能力目标**
- 给予一个网络创业项目,借用已知的分析模型或方法,分析出网络创业项目的市场规模与发展潜力,并形成一个是否推进该创业项目的基本决策;
- 给予一个网络创业项目,能够在纸上画出该项目的(产业)价值链,通过该(产业)价值链的分析,找到网络创业项目的市场切入点,并以概念图的形式,规划出项目后续发展路径;
- 给予一个网络创业项目,能够借用本章所介绍或其他的竞争结构分析工具,识别出网络创业项目可能面对的竞争压力及影响因素,并指出或标识出该项目所面对的最大的三个竞争压力及三个主要影响因素;
- 给予一个网络创业项目,能够用成熟的竞争对手分析模型或自建的竞争对手分析模型,在查阅收集资料的基础上,完成竞争对手相对于该网络创业项目的优劣势分析;
- 给予一个网络创业项目,首先识别出该项目在实施阶段所涉及的所有与消费者相关的决策;其次判断是否需要进行消费者分析,如需要则完成相应的消费者分析。

网络营销：创业导向

■ 导入案例

正如上一章导入案例所讲，在珠三角地区有大量代工起家而急需转型升级的传统制造企业。它们的转型升级路径之一就是打造自主品牌。在互联网和电子商务迅猛发展的环境下，网络营销已经成为这些企业必须面对和选择的重要路径。

广东省江门市电邦电子商务有限公司(以下简称电邦)是一个五邑大学的学生网络营销创业项目，"是一家为传统企业提供天猫整体代运营服务和微信整体代运营服务的专业电子商务代运营服务商，旨在帮助企业建立网络销售体系和品牌网络形象，提高企业竞争力。"公司定位于"专业电子商务整体代运营服务商"。

问题：如果你是此项目的创业带头人，

1. 在创业之初，你如何分析和估测该网络创业项目的现有市场规模与市场增长潜力？
2. 在创业之初，该网络创业项目需要从(产业)价值链的哪个环节切入市场？另外，在行业和企业众多的情形下，该企业需要首先从哪个行业切入市场，或与哪类企业首先展开合作？
3. 经过以上分析，如果项目找到了代理产品或公司，你如何分析所面对的市场竞争结构和竞争对手？如何结合代理产品进行消费者分析？

 点评

项目分析要"实在"

开展任何项目之前都需要进行项目分析，创业项目更是如此。项目分析着重需要为两个方面的决策提供决策依据：一是项目是否可行？二是项目怎么做？不论是哪个方面的分析，都要实在。实在的第一个体现就是能量化分析的一定要量化。例如，现有市场规模、未来增长潜力、现有行业的价值创造在价值链各环节的分布等。实在的第二个体现就是真正找到"真问题"。例如，行业或市场真正的"落后""过时"是什么？现有竞争对手真正的经营短板是什么？消费者的"痛点"或需求是什么？

2.1 营销环境分析

对于创业者来讲，当他(们)开始创业之时，思考的第一个问题就是这个项目到底有没有商业机会？未来的发展前景如何？回答这个问题需要从网络创业项目的环境分析入手。

简言之，网络营销环境是指影响企业网络营销项目生存与发展，以及具体网络营销活动运作与目标达成的各种外部因素及其发展动向的集合。对任何创业项目或企业来讲，保持对环境变化的敏锐感是创业项目取得成功或企业生存发展的关键所在。

2.1.1 宏观环境分析

1. 宏观环境分析的内容

对于宏观营销环境分析，传统的市场营销学已经提供了基本的分析框架，即 PEST 分析(P 即 Politics，政治环境；E 即 Economics，经济环境；S 即 Social，社会文化环境；T 即

Technology，技术环境)，见图 2.1。[1]

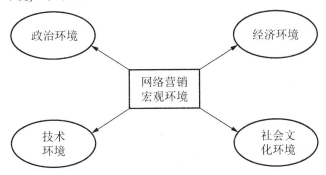

图 2.1　网络营销宏观环境

1) 政治环境

在政治环境中，要特别关注所在区域或国家的现有法律、法规，尤其是所在行业领域，以及与互联网和电子商务发展与规制相关的立法。法律、法规和政策既是创业者作为社会分子的行动底线，有时也经常扮演着创业壁垒的角色。因此，认清和理解政治环境对于任何创业者来讲都是一门必修课。

  网络营销视野

电商立法箭在弦上

根据商务部电子商务司测算，2015 年电子商务交易额已经达到约 18 万亿元，同比增长 36.5%。[①]另外国家统计局数据显示，2014 年网络零售保持高速增长，全年网上零售额同比增长 49.7%，达到 2.8 万亿元，已经占据了社会商品消费品零售总额的 10%，而且这一数据还是以 30%～40%的速度在增长。[②]与此同时，2014 年下半年网络交易商品定向监测结果显示，当前网络购物环境不容乐观，网购正品率不足六成，其中淘宝网正品率最低，仅为 37.25%。[③]除此之外，网络欺诈、价格战、虚假促销、售后服务不当、个人信息被泄露，以及电子商务引发的合同问题、知识产权问题、信息安全问题、纳税问题、互联网金融问题都伴随中国网购市场的高速发展，变得越来越突出。

从现实情况来看，未来几年中国电子商务亟待通过的立法主要包括：电子商务税收立法、电子认证及电子签名的配套立法、虚拟财产保护立法、电子商务知识产权立法、互联网金融立法、电子商务合同立法、互联网纠纷立法、网络欺诈立法、信息安全立法等。[②]

在此背景之下，2013 年 12 月 27 日，全国人大财经委召开电子商务法起草组成立暨第一次全体会议，首次划定中国电子商务立法的"时间表"：2013 年底至 2014 年 12 月，进行专题调研和课题研究并完成研究报告，形成立法大纲；2015 年 1 月至 2016 年 6 月，开展并完成法律草案起草。此举标志着中国电子商务法立法工作正式启动，同时也意味着 2014 年成为中国电子商务立法"元年"。

资料来源：

① 彭友. 2015 年中国电商交易额突破 18 万亿[EB/OL]. http://money.163.com/16/0517/17/BN9LOB5G00253B0H.html [2016-5-17].

② 屈丽丽. 电商立法首次明确时间表：2014 年将成其元年[EB/OL]. http://www.ce.cn/cysc/tech/gd2012/201401/13/t20140113_2105200.shtml[2014-1-13].

2) 经济环境

在经济环境中,重点关注社会经济结构、经济发展水平、宏观经济政策三个方面。其中,社会经济结构主要包括五个方面:产业结构、分配结构、交换结构、消费结构、技术结构。其中以产业结构与消费结构最为重要。经济发展水平反映一个国家或区域经济发展的规模、速度和所达到的水准,常用指标有国内生产总值、人均国内生产总值、经济增长速度。宏观经济政策主要包括全国经济发展规划、产业政策、收入分配政策、价格政策、金融政策、劳动工资政策和对外贸易政策等。经济政策反映了政府管制经济的趋势和期望。

 网络营销视野

90后与中国电子商务未来

作为中国互联网的"原住民",往昔的"小不点",今天的90后已经开始走入社会,成为支撑中国互联网发展的主力军。与70后和80后不同,互联网,尤其是移动互联网对他们来讲,已经不是一种工具,而是一种生活方式。与PC时代的网购不同,用户手机网购时呈现出个性化、碎片化、信息推送等典型特征。

2014年中国网络购物市场交易规模为28145.1亿元,较2013年同期增长49.8%,其中,中国移动购物市场交易规模为9297.1亿元,年增长率则高达239.3%。①来自淘宝的数据显示,25岁以下的年轻人更忠爱手机购物,其中年轻女性更是手机购物的忠实拥趸,2013年"双11"当天,25岁以下女性通过手机进行消费的占比达到46%以上,而35岁以上的用户在手机上消费占比最低,仅有20%左右。②另据阿里财报显示,2014年第三季度,阿里巴巴移动端的活跃用户达到2.17亿,其来自移动端的交易额高达1990.54亿元,占整体交易额的35.8%。而2014年"双11"阿里移动交易占比达到42.6%,达到243亿元。③乐于分享也是90后网购的重要特征,2013年"双11"结束后的一小时内,就有百万人扎堆分享自己的购物信息。②

资料来源:

① 艾瑞网. 2014年中国移动购物市场交易规模达9297.1亿元[EB/OL]. http://www.iresearch.com.cn/view/245969.html [2015-2-2].

② Justin Liu. 近半数90后用手机网购,未来移动电商必争之地[EB/OL]. http://www.199it.com/archives/170948.html [2013-11-15].

③ 2014年双11总成交额571亿 移动端成交243亿[EB/OL]. http://www.linkshop.com.cn/web/archives/2014/309176.shtml[2014-11-12].

3) 社会文化环境

关注社会文化环境中的价值观、思想意识、语言习惯、礼仪、习俗、消费文化等,不仅是因为这些因素会影响到人们的消费行为,同时这些社会文化环境也是营销人员从事营销策划的重要灵感来源。另外,随着网络的普及,也产生了一些独特的网络文化,作为网络营销从业者也需要关注这些亚文化的发展。另外,还需要关注区域市场的宏观人口结构、微观家庭人口结构,它们直接影响着市场的消费结构变化。

网络营销视野

80后、90后和00后的价值观

过去十多年社会经济的快速发展，一定程度上加速了社会财富分化和社会分层。由于集体成长的社会背景、家庭背景的差异，以及社会分层的不同生活经验阶段，中国的80后、90后和00后具有明显的不同的社会心理。

对于80后，在他们中小学时，同龄人的家庭背景差距较小，而在他们大学毕业或即将毕业时经历了社会的快速分层，由此导致80后更容易批判社会，同时比较早地，甚至在25岁时就进入怀旧的年纪。而怀旧在心理学上被认为是对现状略有不满的，或对过去略有怀念的。

与80后不同，中国90后在很小的年龄阶段就面对即使是同龄人也有不一样的家庭背景和社会机遇的现实，因而他们很小就形成不同的社会群体意识，承认不同人的机会选择与发展道路是不同的，由此导致90后压抑化的性格特质。例如，他们中的一部分变得更容易接受生活现状，表现得更宅，而有一部分则变得非常理想化和愿意改造现实。另外，90后生活在物质相对富裕的发展时期，没有物质匮乏之感，如来自家庭的责任和压力较小，拥有更好的教育背景，缺少集体回忆。在这些独特集体背景下，90后具有明显不同的社会心理特征，如更个性，更开放，更愿意表达，更自由，更物质，更愿意选择代表他们意见、情绪、表达和特征的事物。宅腐、高调、自由、八卦、时尚、乐观、善良、敏感、叛逆、神经质、感性、个性等已经成为社会认识和了解90后的标签。中国90后的个性化表现主要表现在：①分众娱乐，某几个明显一统娱乐江湖时代已经不再重现，90后的娱乐选择上越来越呈现明显的分众化倾向。②表达方式更加极化，极化就是怎样才能达到刺激或兴奋点的说话方式，如很多网络流行语都是90后在互联网的贴吧中"创造"出来的。③善于从纷乱的信息中寻找想要的东西。④更愿意消费带有情感属性的东西。⑤表现欲更强。①

一号店副总裁郭冬东认为，90后是非常乐观的，而且是轻松的一代，更重要的是互联网对90后拥有较其他年龄群体更高的渗透率，他们会宅在互联网上，不断地记录他们的心态，分享他们的心情，而且90后的人受到意见领袖、明星、朋友的影响非常大。②当今天的90后要做一个大决定的时候，66%的人会听朋友的意见，59%的人会听另一半的意见，只有37%的人会听父母的意见。由此可见，朋友的影响力、社交圈的影响力反而是最大的。另外，90后也会在很大程度上影响他们父辈的购物行为，今天的90后的父母在购买家用大宗消费品，如彩电、冰箱，甚至汽车时，会听取90后的意见。

国内知名的零点调查公司开展的一项针对中国00后的群体研究报告显示：①作为全面独生子女的一代，00后从小就有"我是唯一"的概念，初具自我意识，不论是00后还是其家长都开始意识到00后应该有自己的专属产品。报告显示，94.3%的00后有自己专属的数码产品，60.8%的00后中学生已经拥有自己专用的手机。②由于从小被家长以平等个体对待，以及受成人和媒体影响，00后已经呈现明显的"拟成人化"特征，如模仿大人的着装，向往使用成人的物品(如手表、手机)，不再只是看动画片，家庭剧、综艺节目已成为00后新的最爱。③00后在鼓励创新和自由的环境中长大，他们的创新能力将超越前辈。④00后虽然生活在物质丰富的时代，但消费仍富理性，已经开始参与家庭决策。⑤00后更加独立自主、有想法，有行动。⑥00后有天生的互联网基因，但触网广度不够，主要集中于娱乐休闲领域。③

资料来源：

① 李丰. 关于中国的90后，这些东西投资人应该知道[EB/OL]. http://tech.163.com/14/0919/12/A6GLPPGL00094ODU.html [2014-9-19].

② 郭冬东. 90后带动电子商务发展[EB/OL]. http://finance.sina.com.cn/hy/20150127/112921407779.shtml[2015-1-27].

③ 零点调查. 千禧一代——中国首份 00 后生活形态与消费方式报告[EB/OL]. http://www.horizon-china.com/page/4048[2015-3-20].

4) 技术环境

互联网行业的创业需要技术支撑，涉及互联网的技术也发展迅速。因此，对于网络营销创业者来讲，要时时关注技术发展趋势；同时，从技术应用角度理解技术对于网络创业的价值和意义。

2. 宏观环境分析的注意事项

市场营销学对 PEST 分析框架有完整系统的介绍，如果需要进一步熟悉或温习相关知识，请查阅相关教材来详细了解 PEST 分析框架的详细内容。这里，我们需要强调以下几点。

1) 择重点而分析

对于创业项目来讲，上述 PEST 四个环境要素的影响程度并不是等同的，有的影响大，有的影响小，有的甚至无足轻重。因此，创业者要结合创业项目全面分析 PEST 各因素对项目的影响，找到重点因素，然后做深入调查研究。

2) 分析重视可衡量性

在对重点因素进行深入分析时，要注意所选择的指标的可衡量性，以求尽量准确了解 PEST 各要素带来的影响。

3) 既要重视现有规模，又要重视未来趋势与机会

对于创业项目来讲，生存下去是创业成功的第一步，因此对现有市场规模的分析是创业项目环境分析的第一步；同时创业项目要赢得未来，也要重视未来的发展趋势，这也是创业项目能吸引风险投资者的重要原因之一。

4) 起步市场分析很重要

创业项目在做宏观环境分析时，往往比较关注于全国或全球环境分析，而忽视了起步市场分析。对于任何一个创业项目来讲，其起步时所在的市场是其生存，甚至是未来发展的重要奠基石。因此创业项目的宏观环境分析既要"抬头看天"，更要"低头看地"，重视对起步市场环境的分析。

2.1.2 网络创业项目的市场规模预测

对于网络创业项目来讲，进行项目宏观环境的分析目的在于认清各个因素对于创业项目的积极或消极影响，从而实现对创业项目市场规模与未来发展前景的了解。这对创业项目未来的生产计划、资金计划、采购计划等各类经营计划的制订都是非常有必要的。

1. 市场规模分析

市场规模分析就是了解在特定时间段内(如一年)、特定市场范围内，对相同或相近产品或服务的需求总量。

1) 市场规模的维度、阶段和层次

市场规模的维度主要包括产品市场、空间范围市场和时间范围市场。如果分析的对象是产品市场，则首先需要明确产品，然后才能以此为出发点衡量其潜在市场规模。产品市场规模的分析一般多用于采购、生产和短期融资计划。空间范围市场规模是指以哪个地理区域作为市场，分析其市场规模。空间范围市场分析多用于区域销售计划和业绩考核。而时间范围市场规模则指以哪个时间段(如 2015—2020 年)，或未来哪个时间点(如 2020 年)的市场作为分析对象，考察其市场规模，多用于战略规划和资源配置或长期融资。

市场规模的阶段则包含现有市场、未来市场(潜在市场)和有效市场。现有市场是指已经购买了相近或相同产品的用户。未来市场是指有需求但未购买的用户。有效市场是指企业的目标市场或所服务的细分市场用户。有效市场有赖于企业目标市场的选择。

市场规模的层次包括总体市场规模和企业市场规模。总体市场规模中又分为市场最低规模和市场潜量。最低规模是指不需要企业营销刺激即可实现的产品销量。而市场潜量是指如果营销费用能达到最大量时，通过企业营销刺激可以实现的市场规模。企业市场规模是指在总体市场规模中，企业可以满足的那部分市场需求。

2) 市场规模分析的步骤

(1) 确定市场规模的维度。市场规模的维度中首先确定空间市场范围。因为任何创业项目都是从小到大逐渐发展起来的。因此，明确起步市场是重要的。然后，确定产品市场范围。以可替代性作为选择标准，即未来创业项目所提供的产品或服务可以替代现有市场的存在的可能产品都属于相同或相近产品。最后，确定时间范围市场。对于创业项目来讲，生存下来是最重要的，因此时间范围不需要太长，通常以 1～3 年为佳。

(2) 确定市场规模的阶段。一般市场规模分析都是从现有市场开始，其次再是潜在市场，最后才是有效市场。从潜在市场到有效市场的过渡取决于企业的营销战略。例如，如果企业采取的全面营销战略，即整个市场都是企业的目标市场，即潜在市场代表了有效市场。如果企业采取的多目标市场或单一目标市场战略，则在潜在市场分析的基础上，进一步明确企业目标市场的潜量。

(3) 确定市场规模的层次。一般情况下是先总体市场规模，然后再是企业市场规模。由总体市场规模分析过渡到企业市场规模时，需要预估企业的市场占有率。企业市场占有率的预估可以采用类比法，即找一个参考对象，在考虑其营销预算和营销策略的基础上，以其市场占有率作为企业可能的市场占有率。

2. 市场潜力预测

市场潜力的预测工作可以分解为三个方面的工作：预测思路、指标选择和数据来源。

1) 预测思路

预测思路主要包括理解问题的构成关系。首先，明确最终需要预测的变量；其次，了解目前已知的相关变量；再次，确定已知变量与最终变量的逻辑关系；最后，确定还缺什么变量。

2) 指标选择

明确衡量每个变量的测量指标。选择测量指标的标准有二：一是指标是可以清晰衡量的；二是指标有确切的数据来源。

3) 数据来源

要完成最终市场规模的预测，必须给每个变量找到对应数据。因此在明确了各变量的指标后，要依次为这些变量找到相应的数据来源(表 2-1)。[2]

表 2-1 数据来源

信息分类	信息来源		适用性
人们说什么？	消费端	用户购买意图调查	下游市场比较单一 应用领域相对集中
	供应端	经销商、分销商、供应商和企业自身销售人员	下游应用领域较多 消费不集中 上游较为集中
	专家端	营销顾客、行业协会、第三方(零售和咨询公司等)	
	消费端与供应端、专家相结合		行业相对垄断 上下游都较为集中的行业
人们做什么？	市场试销法		新品测试或新渠道效果评估
人们已做了什么？	购买第三方监测数据 企业以往历史数据整合		电子商务、互联网等便于数据积累的行业，或下游市场比较单一，应用领域相对集中，便于第三方监测调查的传统行业

资料来源：陈哲. 数据分析：企业的贤内助[M]. 北京：机械工业出版社，2013.

3. 市场规模预测的注意事项

1) 对需求的再认识

营销上所讲的需求是既有购买意图，又有购买能力的需要。现有市场规模往往是没有考虑那些有购买意图却无力购买的需要。对于创业项目来讲，这类"需求"及其消费者要特别给予关注。因为创业项目的创新体现就是通过自己商业模式的设计与创新，从而达到能比现有企业以更高的效率或更低的价格来满足市场需求。

2) 预测思路构建在对企业(行业)业务的理解基础上

要对企业(行业)的业务流程或特点有一定的理解，这样才能梳理清楚上下游或企业内部的逻辑关系，在此基础上才能构建起预测思路。

3) 多预测思路的选择

如果有多个预测思路都可以完成市场规模预测的话，则预测思路的选择标准有二：一是模型本身的简洁性；二是模型中各变量指标数据来源的权威性。

4) 变量指标的数据来源

不能所有指标的数据来源都是推测的，基础指标或关键指标的数据来源要保证权威性。

5) 三角印证

当一个变量可以有多个指标同时完成测量，或同一指标有多个数据来源时，可以变换指标或数据来源进行预测。这样，不同的预测结果之间可以相互印证，从而保证预测结果的可靠性。

6) 定量与定性分析相结合

尽管强调市场规模预测的可衡量性(定量性)，但在定量预测的基础上，结合前述的宏观环境各因素的定性分析，对定量化分析预测结果进行调整，即使不能做到量化调整，也要对定性的环境因素对预测结果的倾向性做到心中有数。

2.2 网络创业项目的价值链分析

在通过分析网络创业项目的宏观与微观环境，回答了项目商业机会的现有规模与发展前景之后，如果准备进入这个市场，作为创业项目应该从哪个方面切入这个市场呢？回答此问题需要解构和分析网络创业项目所涉及的价值链。

2.2.1 价值链理论的主要内容

价值链分析法是由美国哈佛商学院教授迈克尔·波特提出来的，是一种寻求确定企业竞争优势的工具，即运用系统性方法来考察企业各项活动及其相互关系，从而找寻具有竞争优势的价值创造环节。企业的成本行为和现有的或潜在的差异化经营资源就取决于对企业内部具有相对独立性的各项活动及其相互关系的理解与认识。

价值活动主要包括基本活动与支持性活动(辅助活动)。基本活动主要包括生产、销售、进料后勤、发货后勤、售后服务。支持性活动主要包括人事、财务、计划、研究与开发、采购等。这两类活动构成了企业的价值链(图 2.2)。[3]

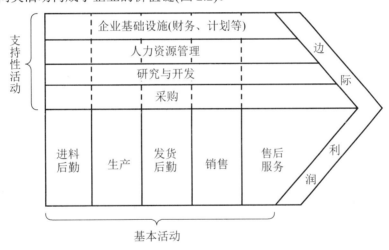

图 2.2 价值链理论模型

从对竞争优势所起作用的角度，可以将基本活动和支持性活动分为三个类型：一是直接活动，即直接涉及为买方创造价值的各种活动，如总装、零部件加工、销售业务、广告、设计等；二是间接活动，即确保那些直接活动可以持续进行的各类活动，如销售管理、科研管理等；三是质量保证活动，即确保其他活动可以高质量进行的各种活动，如监督、核查、检测等。

学习链接

关于价值链理论的更详细的内容，可以查阅迈克尔·波特的《竞争优势》进行了解。

2.2.2 价值链理论的解读

在简要回顾了价值链理论之后，需要理解价值链理论模型对于创业者理解创业项目的价值。此处从以下几个方面对价值链进行解读，以便更好地理解价值链理论的内涵与实践应用价值。

1. 企业是一个价值创造模块构建的"积木式"组织

企业是一个创造价值的系统，但波特教授认为如果将企业当作一个整体去理解，将无法认识其竞争优势来源。因此，不仅需要对企业的价值创造活动进行解剖，而且是必须的。因为企业内部的设计、生产、营销、交货等过程及辅助过程中所进行的活动是可以相互分离的。在企业价值链中，并不是每个环节都创造价值，实际上只有某些特定活动才真正创造价值，这些真正创造价值的经营活动，就是价值链上的"战略性活动"。企业要保持的竞争优势，实际上就是企业在价值链某些特定的战略环节上保持竞争优势。每个"战略性活动"和"非战略性活动"都好像一个积木模块。不同的企业由于各自的历史、战略和执行的成功之处各不相同，因而表面上看似由相同价值创造活动所构成的企业价值链其实是千差万别的，即使在同一产业内部的企业之间也是如此。企业价值链的差异既可能源于不同企业在价值链的各个"战略性活动"的优势各不相同，也可能源于不同企业的各个"战略性活动"之间联系的不同。企业价值链的这种特性决定了创业者可以通过价值链分析找到强势切入该市场的机会。

2. 价值链与价值系统

一般意义上的价值链是指企业内部的价值链(企业价值链)，但是在一个行业内，某个企业的价值链又是波特教授所说的"价值系统"的一个环节。这个"价值系统"有时也被称为行业价值链(图 2.3)。作为创业者，不仅要分析行业内现有企业的价值链，还需要站在行业层面，分析行业价值链，这样才可以跳出现有企业经营思路，找到通过互联网整合或重构行业价值创造活动的机会。

图 2.3 价值系统(行业价值链)

3. 价值链与竞争优势

企业进行战略管理的一个重要目的就是不断找寻和维持企业的竞争优势。波特教授认为企业的竞争优势主要来源有二：一是总成本领先优势；二是差异化优势。因此，对创业项目进行价值链分析的一个重要目的就是找寻创业项目的潜在优势：总成本领先优势，还是差异化优势，抑或两种优势的结合。

【知识拓展】

4. 竞争优势来源与价值链

企业的竞争优势既可以来源于价值活动所涉及的市场范围的调整，也可来源于企业间协调或合作价值链所带来的最优化效益。因此，企业可以通过拓展或缩小其业务范围或其所服务的市场的地理范围来获取或保持竞争优势，也可以通过打造企业内部各种活动的集成程度来获取或保持竞争优势。

5. 竞争优势的获取方式与价值链

波特教授认为企业可以通过两种方式在价值链上获取竞争优势：一是内部拓展。二是与其他企业联盟。这意味着创业项目在创业之初不仅要在价值链上选择开始切入的环节，还可以规划在价值链上的拓展路径，以及拓展方式。三是重构。对于互联网创业来讲，通过互联网改造传统产业的重要机会就是利用互联网的技术优势重构现有行业的价值链系统。平台型网络创业项目的最大优势就在于其对现有行业价值链的重构(关于平台型商业模式的内容详见第 4 章 4.2 节 "常见的商业模式类型" 之 "平台型商业模式")。

6. 竞争优势的变迁与价值链

企业价值链的"战略环节"并不是固定不变的，它们可能会随着企业经营环境的变化而变化，因此要密切关注企业经营环境变化(如技术、竞争对手、战略等)对企业价值链结构的影响；同时还需要保持对"战略环节"的资源投入。

2.2.3 价值链理论的应用思路

价值链模型是网络创业者认识与分析项目商业机会的重要理论工具。在理解了价值链理论之后，应用其进行网络创业项目分析时，大致遵循以下三个步骤。

1. 行业价值链分析

行业价值链分析是指企业应从行业角度，从战略的高度看待自己与行业内上下游企业之间的关系，寻求利用行业价值链来降低成本或增加差异化的方法。一般情况下，行业价值链通常包括研发设计、原料采购、订单处理、生产制造、仓储运输、批发经营、终端零售七个环节。对于利用互联网"转型升级"的传统企业来讲，行业价值链分析可以帮助企业理解如何用互联网技术找到转型升级的切入点与升级路径，改造与上下游企业的价值链对接关系。对于互联网初创企业来讲，行业价值链分析可以帮助创业者找到重构行业价值链的机会，或者找到通过互联网进入传统产业的切入点。

2. 竞争对手价值链分析

同处一个行业，即使是服务于同一目标市场的竞争对手，它们之间的价值链常常也有所不同。竞争者价值链之间的差异是竞争优势的一个关键来源。竞争对手价值链的差异主要是体现在利润(或成本)在不同企业价值链各环节的分布是不同的。

对于网络创业项目来讲，在完成了行业价值链分析，找到进入该行业的切入点(某个价值链环节)之后，接着需要明确在该价值链环节的现有企业(竞争对手)，然后再分析其企业价值链。对行业内现有企业(竞争对手)价值链进行分析的重要目的有二：一是快速实现对切入环节的价值链再分解，从而快速理解此价值链环节的价值创造过程，尤其是对于行业新进入者更是如此。二是理解对手价值链的结构是差异化地构建创业项目价值链和商业模式的前提。

3. 确定企业价值链

企业价值链活动包括基本活动和辅助活动。因此，确定企业价值链首先从基本价值链活动开始，然后分解辅助活动，最后构建价值链的内部联系。

1) 分解基本活动

每个基本活动都可以在技术上或经济效果上分解为一些相对独立的活动。分解基本活动有助于理解企业价值或成本在各个环节的构成。分解的适当程度有赖于这些活动的经济性和分析价值链的目的。一些活动分解后对于揭示企业竞争优势的作用很明显，对这些活动的分解就非常重要；一些活动被证明对竞争优势无足轻重或取决于相似的经济性，这些活动就没有必要分解，可以被组合起来。分离和分列的基本原则包括：①具有不同的经济性，②对产品差异化产生很大的潜在影响，③在成本中比例很大或所占比例在上升。

2) 归类基本活动

完成分解基本活动之后，需要对分解后的各个基本活动按照一定原则进行归类。归类原则可以将这些基本活动分别归到能最好地反映它们对企业竞争优势贡献的类别中。例如，订单处理过程既可以分列到外部后勤部分，也可以分列到市场营销部分。对于批发商而言，将订单处理分列到市场营销部分更合适。

3) 排列基本活动

一般来讲，价值活动的排序是按工艺流程或价值创造的过程来进行的，但排序也常常是一种主观判断，尤其是企业进行的一些平行活动，因此价值活动的顺序选择有赖于管理人员对价值链的直觉辨别力，也体现了管理人员的经营思路。

4) 分解辅助价值链

明确为支撑基本活动得以展开而需要进行的辅助活动类型。

5) 构建价值链的内部联系

企业竞争优势既来源于企业的价值活动，又来源于企业各价值活动之间的联系。对各种联系的管理是一项比管理各类价值活动本身更为复杂的任务。企业价值活动之间的联系可以通过两种方式实现：

(1) 最优化，即在实现企业总体目标的各活动之间进行权衡取舍。例如，成本高昂的产品设计及严格的材料规格和工艺检验也许会减少后续的服务成本。因此，企业必须在前后不同的价值活动之间进行权衡取舍，以求达到最大成本领先优势。

【相关链接】

(2) 协调一致，即企业内部各价值活动的协调一致，能够增强企业的成本优势或差异化优势。例如，发货及时不仅要求企业发货管理本身达到最优，同时也需要企业在订单管理、生产作业、外部后续服务(如安装)等活动方面的协调配合。以丰田汽车为代表的JIT(Just-In-Time)生产方式就是通过实现企业生产环节的协调一致，降低了生产物料在生产过程中各个环节的库存，构建企业的成本优势。

企业价值活动的联系不仅体现在基本活动之间，同时也反映在辅助活动与基本活动之间。因此，构建企业价值链的内部联系还需要明确各类辅助活动与各类基本活动的关系。企业价值活动的联系构建有赖于企业信息系统,信息系统对于从联系中获取竞争优势至关重要。例如,越来越多的制造企业通过信息系统重构自己与供应商和渠道商的联系,以实现原材料采购和产品库存的最优化管理。信息系统技术的发展,尤其是网络技术的发展正在创造一些新的联系,甚至是重构企业价值链各个活动之间的联系。信息系统对联系的创造或重构常常会跨越传统的组织界限。而这正是互联网创业项目常常选择切入某个行业的重要选择路径。例如,近几年由于O2O(Online to Offline)的迅猛发展,许多传统企业或新兴的O2O互联网企业正在借助于互联网重构行业的价值链。

2.3 网络创业项目的竞争结构分析

作为创业项目,在完成了项目切入市场的价值环节的确认之后,接下来需要解决的问题就是创业项目将会面对一个什么样的市场竞争格局?创业项目的主要竞争对手是谁?它们状况如何?它们如何思考与行动?

2.3.1 市场竞争格局的分析

1. 五种竞争力模型

迈克尔·波特教授认为企业在市场不仅面临着现有的生产相同或类似产品或服务的企业竞争,同时必须承受来自供应商、买方、替代品和潜在进入者的竞争压力。这就是著名的"五种竞争力模型"分析框架(图2.4)。[4]

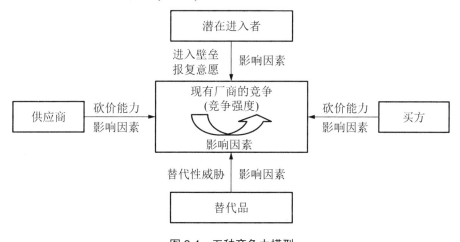

图 2.4 五种竞争力模型

根据五种竞争力模型,任何企业都会面对来自五个方面的竞争力,每种竞争压力的实质与影响各不相同。其中来自于供应商和买方的竞争压力的实质是双方砍价能力的竞争。潜在进入者的竞争压力实质就是进入壁垒的竞争和守成企业的预期报复。替代品的竞争实质主要体现在产品或服务的可替代性。而现有厂商之间的竞争主要是竞争强度。企业与五个方面的竞争都存在一系列的可能影响因素。这些影响因素会决定双方的竞争优势(表2-2)。[4]

表 2-2　企业面临的竞争对象、竞争实质与影响因素

竞争对象	竞争实质	影 响 因 素
现有厂商	竞争强度	存在多个、势均力敌的对手、产品增长缓慢、高固定成本或高库存成本、转换成本欠缺、大幅度增容、形形色色的竞争对手、高额战略利益、退出壁垒大(专用性资产、退出的固定成本、内部战略联系、感情障碍、政府与社会约束)
供应商	砍价能力	供方具有较强实力的情况： 供方产业集中度较高、供方产品的替代性弱、该产业并非供方的主要客户、供方产品是买方业务的主要投入品、供方产品歧异化程度或转换成本较高、供方有向前整合的现实倾向
买方	砍价能力	买方具有较强实力的情况： 相对于卖方的销量而言，买方是大批量集中采购；买方购买产品占其成本或购买数额的比例较高；购买产品是标准化的或歧异程度较小的；买方转换成本低；买方赢利低；买方存在向后整合的现实威胁；产品对买方产品的质量及服务无重大影响；买方掌握充分的信息
潜在进入者	进入壁垒报复意愿	构成进入壁垒的因素： 规模经济、产品歧异、资本需求、转换成本、获得分销渠道、与规模无关的成本劣势(如专有的产品技术、原材料来源优势、地点优势、政府补贴、学习或经验曲线等)、政府政策 标志着守成者的报复意愿的因素： 一种对进入者勇于报复的历史；守成者具有报复的充足资源与实力；守成者深陷该产业，且在该产业中使用流动性很低的资产；产业发展缓慢，对新公司的吸收能力受到限制
替代品	替代性	替代品企业的赢利能力、替代品企业的经营策略、购买者的转换成本

资料来源：迈克尔·波特. 竞争战略[M]. 陈小悦，译. 北京：华夏出版社，1997. 作者整理

2. 五种竞争力模型的应用

1) 明确五种竞争力的来源企业

对于任何一个创业项目来讲，明确五种竞争力来源的企业是开展竞争格局分析的基本前提。

2) 明确企业与每个竞争力来源之间的竞争本质

与上下游厂商的竞争本质就是讨价还价的竞争，与潜在进入者的竞争就是进入壁垒的竞争；与现有厂商间的竞争本质就是核心优势的竞争；与替代品的竞争本质就是产品或服务的可替代性。

3) 明确列示竞争优势的影响因素

战略制定的关键就是要深入到表面现象之后分析竞争压力的来源。创业者要逐一分析每个影响因素对双方竞争的影响，明确其对企业的机遇或挑战，为后续项目制订竞争战略或发展战略提供决策依据。

学习链接

如果需要详细了解迈克尔·波特教授的五种竞争力模型，建议阅读波特教授《竞争战略》一书的第一章"产业结构分析"。另外，《竞争战略》还介绍了另外一种有用的产业内部结构分析的工具——战略集团分布图(见第七章"产业内部结构分析")。

【相关链接】

3. 五种竞争力模型在网络营销竞争分析应用中的注意事项

互联网经济迅猛发展使得今天的社会经济形态已经进入了网络经济时代，尤其是"互联网+"经济在近几年的快速发展，使得网络经济所引发的网络效应受到了广泛关注。因此，网络效应使得在网络营销中应用五种竞争力模型时要特别注意以下三个方面的事项。

【相关链接】

1) 强调竞争，更应重视合作的重要性

五种竞争力模型过于强调企业与其他五种竞争力量之间的竞争，而忽视了它们之间存在合作的可能性。竞合关系是网络经济中的重要特征之一，尤其是互联网对传统产业的改造不仅是企业内部价值链的整合，更重要的是这种整合与重构已经超越了企业原有界限。这种合作不仅体现企业与上下游企业的合作，同时还体现在企业与现有竞争者之间也存在着合作的可能性和必要性。

2) 重视互补品的影响

五种竞争力模型忽视了互补品作为重要的竞争力量影响企业与其他竞争力的竞争关系。如果企业的产品在使用中需要互补品的配合，则互补品的生产能力以及市场对互补品接受程度都会直接影响企业的竞争优势。英特尔前总裁安迪格鲁夫认为互补品应该成为分析市场竞争格局的第六力量。

3) 谨慎识别五种竞争力

互联网背景下，技术融合和产业价值链重构已经成为一种趋势。在此背景下，行业或产业间界限越来越模糊。在识别五种竞争力，尤其是潜在进入者时要特别注意。因为以前一些看似不可能的潜在进入者现在看来进入某个行业都是一种理所当然。例如，当国外的谷歌和国内的乐视等传统意义上的互联网企业都开始涉及汽车行业时，汽车行业的界限到底在哪儿很难说清楚。

2.3.2 竞争对手分析

1. 竞争对手分析框架

分析竞争对手的主要目的包括：一是了解竞争对手所可能采取战略行动的实质和成功的希望；二是竞争对手对其他竞争者的战略行动所可能采取的反应；三是竞争对手对产业内发生的变迁和环境变化的可能反应等，从而为企业采取针对性的竞争战略提供决策依据。

迈克尔·波特教授为分析竞争对手提供了一个分析框架(图 2.5)。[4]这个分析框架从未来目标、现行战略、假设和能力四个方面来理解竞争对手的反应与行动。在此分析框架中，对现行战略和竞争对手的能力往往较易于识别与分析，而对于未来目标和假设的分析则相对被忽视。

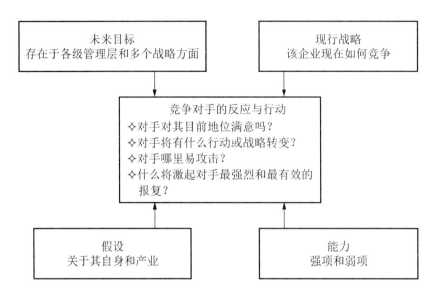

图 2.5　竞争对手分析框架

资料来源：迈克尔·波特，竞争战略[M]. 陈小悦，译. 北京：华夏出版社，1997. 作者整理

1) 目标

竞争对手目标的分析是竞争对手分析中较难且较易被忽视的内容。对竞争对手目标的了解有助于认识竞争对手是否满足现状，有助于预测竞争对手对战略变化的反应，也有助于了解竞争对手对初步行动的严肃性，以及有助于了解母公司是否会全力支持其下属公司所采取的行动。因为当竞争对手是其母公司的一个业务单元时，母公司会对竞争对手有所限制、要求和期望，通过分析母公司的业务单元组合可以识别竞争对手的目标。波特教授从业务单元目标，以及母公司与业务单元目标两个层次提出一系列可以识别竞争对手目标的问题线索。

2) 假设

对竞争对手假设的分析是竞争对手分析的第二个难点。对竞争对手假设的分析包括两个方面：一是竞争对手对自身的假设；二是竞争对手对产业及产业中其他公司的假设。这两个方面的假设可能会影响到竞争对手的战略决策与行动。可以通过了解竞争对手过往的历史、高层管理者的管理背景及其顾问关系来分析其假设。

3) 战略

公司战略是公司目标，以及为实现其目标而寻求的途径、方法或手段的集合体。竞争战略轮盘分析工具为分析竞争对手提供了有用的框架。

4) 能力

能力会影响到竞争对手发起攻击或反击战略的强度和意愿，也会影响到其处理环境变化压力的适应力。能力包括核心能力、成长能力、快速反应能力和适应变化能力。

【相关链接】

学习链接

如果需要详细了解迈克尔·波特教授的竞争对手分析框架，建议阅读波特教授的《竞争战略》

一书的第三章"竞争对手分析的框架"。在该章中,波特教授为分析竞争对手四个维度提供了一系列的问题线索,这些问题线索对于了解竞争对手四个维度的真实情况是非常有帮助的。

2. 网络创业项目的竞争对手分析框架

分析一个竞争对手的目的在于认清竞争对手。上述波特教授的竞争对手分析框架给予创业者分析竞争对手的最大启示就是首先要找到一个可以认清竞争对手的框架,即从哪几个方面来分析竞争对手。从投资人的角度来看,评价网络创业项目主要是评判其商业模式。因此,创业者在进行竞争对手分析时,可以尝试将自己想象成为一名投资人,通过考察和分析竞争对手项目的商业模式的构成要素,实现对竞争对手的分析。

不同的学者对商业模式的构成要素有不同的理解。[5] Chesbrough 等认为商业模式可以分解为若干构成要素,具体包括价值主张、目标市场、内部价值链、价值网络、成本和目标利润(收入产生机制)、竞争战略(表 2-3)[6]。

表 2-3 Chesbrough 等的商业模式构成要素

构成要素	描述
价值主张	基于技术的产品或服务为顾客创造的价值
目标市场	技术对其有价值的顾客,以及使用该技术的用途
内部价值链	企业价值链结构,用于创造和传递企业的产出,决定支持企业在价值链定位的互补资产
价值网络	描述企业在供应商和客户连接成的网络中的位置,包括识别潜在的互补竞争型企业
成本和目标利润(收入产生机制)	在既定的价值主张和价值链的情况下,确定企业的收入产生机制,估计产出的成本结构和目标利润
竞争战略	形成可以获得竞争优势的竞争战略

资料来源: Christensen, C. M. The Innovators Dilemma: When New Technologies Cause Great Firms to Fail [M]. M A: Harvard Business School Press, 2000: 188-215.

亚历山大·奥斯特瓦德等认为商业模式由九个构造要素构成,主要包括客户细分、价值主张、渠道通路、客户关系、收入来源、核心资源、关键业务、重要合作、成本结构(表 2-4)。[7]

表 2-4 Osterwalder 等的商业模式基本框架

构造要素	描述
客户细分	用来描绘一个企业想要接触和服务的不同人群或组织
价值主张	用来描绘为特定客户细分创造价值的系列产品和服务(源于需求或问题)
渠道通路	用来描绘公司是如何沟通、接触其客户细分而传递其价值主张
客户关系	用来描述公司与特定客户细分群体建立的关系类型
收入来源	用来描述公司从每个客户群体中获取的现金收入
核心资源	用来描绘商业模式有效运转所必需的最重要因素
关键业务	用来描绘为了确保其商业模式可行,企业必须做的最重要的事情

续表

构 造 要 素	描 述
重要合作	用来描绘商业模式有效运作所需的供应商与合作伙伴的网络
成本结构	用来描绘运营一个商业模式所引发的所有成本

资料来源：[瑞士]亚历山大·奥斯特瓦德，[比利时]伊夫·皮尼厄. 商业模式新生代[M]. 王帅，毛心宇，严威，译. 北京：机械工业出版社，2014.

因为学者们对商业模式构成要素的认识并不统一，没有统一的框架供创业者拿来使用。因此，创业者(团队)可以在分析创业项目的基础上，梳理出创业项目的关键环节，然后以此为分析框架，逐一考察竞争对手。

基于对商业模式构成要素的文献回顾，本书从四个维度来考察创业项目的竞争对手(图 2.6)。

图 2.6　网络创业项目的竞争对手分析框架

1) 利益相关者

利益相关者是指进入创业项目商业系统中的各个群体，主要包括两个方面：顾客和合作伙伴。

(1) 传统经济下，顾客是企业通过产品或服务帮助其解决生活或工作中存在的问题的群体。顾客群体的分析主要关注两个方面的问题：一是目标顾客是谁？目标顾客群体定位要精准。二是顾客的需求是什么？痛点、痒点和兴奋点是什么？找到目标顾客的"三点"中的某一点是策划产品或服务的前提。

 学习链接

何谓痛点、痒点和兴奋点？

【知识拓展】

痛点，顾名思义，就是顾客在日常生活、工作中的困扰、麻烦、痛苦之处，难言之隐。痛点常常对应的是顾客的刚性需求，这些刚性需求是一种"保健因素"，当其无法得到满足之后，就会产生生理、心理方面的痛苦之感。痒点即工作上有些扭的因素，有种乏力感，需要有人帮挠痒痒，痒点常常对应的是顾客的隐秘性需求，抓住顾客的痒点就是为顾客打造更舒适的消费条件，产生用户黏性。兴奋点即能给客户带来"wow"效应的刺激，使其立即产生快感！

(2) 合作伙伴则是企业需要与之合作才能实现向客户提供产品或服务的群体或组织。合作伙伴的分析主要关注三个方面的问题：一是重要的合作伙伴是谁；二是他们为项目提供的重要资源是什么；三是合作伙伴的获取方式。创业项目通过何种方式将所设计的项目"生态圈"中的各个对象快速、低成本、高黏性地进入"生态圈"。投资人是创业项目重要的合作伙伴。今天的各类投资人除了能为创业项目注入资金，还能以其商业经验和"商脉"为创业项目提供商业规划指导及其他所需要的重要资源。对于网络创业项目来讲，可以依据以下思路进行分析：为使项目运营下去，需要什么资源？自己拥有什么资源？需要别人注入什么资源？能提供这些资源的潜在合作伙伴是谁？如何"获取"他们(即如何与他们建立合作关系)？

在互联网情境下，传统意义上的客户与合作伙伴的界限已经模糊了，进入网络创业项目中的各个群体可能既是企业需要"伺候"的对象，也是企业需要与之合作共同"伺候"别人的群体或组织。

2) 价值主张

价值主张就是创业项目能为服务对象所解决的问题或满足的需求以及与之相关的产品或服务。价值主张反映了创业项目对服务对象问题或需求的认识与挖掘深度，决定了公司未来的业务努力方向。服务对象的问题或需求应该从两个层面上来挖掘：一是获取的收益，即产品或服务解决问题或满足需求的程度或契合度；二是获取的成本，即获取这些产品或服务的成本(包括便利性)。简言之，任何人都有不(少)花钱办好事的动机。当无法比竞争对手在产品使用价值方面有更多优势时，可以从顾客成本的角度思考产品或服务设计。例如，对于电脑用户来讲，都希望杀毒软件真正起到对电脑的保护作用(收益)，同时也隐藏着希望免费杀毒的需求。360杀毒软件正是从第二个层次上突破，改写了杀毒软件市场的格局。

3) 交易结构

简言之，交易结构就是利益相关方最终利益关系的一系列安排。在这一系列安排中包括：一是资源的投入方式。例如，资金是借贷，还是股权投资；连锁经营中需要的商铺是直接购买，还是选择加盟；人员是取得当下工资，还是获利未来期权；等等。二是赢利模式。例如，利益相关方基于什么获得收益(赢利基础)，收益分配的比例，当一方面投入的资源是必需又难以赢利时，如何从其他利益相关方获利补贴。三是风险的分配与控制机制。创业风险可能来源于资金缺口、市场判断失误、团队信任、管理能力缺失等，而风险控制机构就是创业者通过什么机制来预防和化解这些风险。四是退出机制。五是交易的组织结构，包括企业的法律组织形式、内部控制方式和股权结构。内部控制方式和股权结构主要涉及创业公司的今天，尤其是未来的控制权归属问题。例如，马云通过其所谓的"合伙人制度"实现对阿里的控制。据媒体报道，该制度将允许包括马云在内的合伙人在上市后提名半数以上的董事，以保证对公司的控制权。

4) 管理团队

对于创业项目来讲，在进行竞争对手分析时，不能只看创业项目本身，还要看创业项目由一群什么样的人来操作。毕竟最终所有的事情都有赖于人的执行。因此，考察竞争对手的管理团队的构成及团队成员的个人背景(包括个人成长的背景、管理背景、个性，甚至核心成员的社会网络关系等)是创业项目竞争对手分析的重要内容。

2.4 网络创业项目的消费者分析

消费者分析是营销分析的重要内容。通过消费者分析,需要明确创业项目的目标顾客是谁?他们在哪里?他们对产品或服务的需求点是什么?可以通过什么渠道向他们分销产品或服务?又如何让他们知道和了解创业项目所提供的产品和服务?

传统市场营销学的消费者分析主要包括消费者的需求与动机、购买行为、购买决策过程、购买角色等内容。这些内容都是消费者分析的重要内容,也是消费者分析的重要工具。本教材提供一个相对较为简单的分析框架(图 2.7),供创业项目进行消费者分析。

2.4.1 消费者分析思路

消费者分析基本思想是策划创业项目时需要了解消费者的哪些信息,消费者分析就需要提供这方面信息,回答这些问题。图 2.7 的分析框架遵循如下思路:首先,消费者分析要解决创业项目的目标顾客及提供什么样的独特产品或服务,这有赖于确定目标顾客并明确其需求。其次,消费者分析是为了给创业项目设计产品或服务的分销渠道,即如何将产品或服务传递给目标顾客。最后,消费者分析是给创业项目设计产品或服务的推广方式,即如何让目标顾客知识、了解和喜欢创业项目所提供的产品或服务。

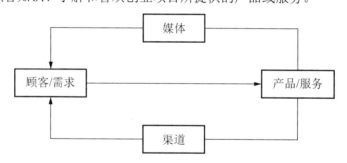

图 2.7 网络创业项目的消费者分析框架

2.4.2 消费者分析内容

1. 顾客及顾客需求

创业项目的消费者分析的首要目的是明确创业项目将服务的目标顾客及其现实与潜在需求。这涉及市场细分及目标市场需求挖掘两个方面。

市场细分是市场营销学中的基本概念之一。进行市场细分时,首要的是选择细分变量。古语云"横看成岭侧成峰,远近高低各不同"。细分变量的选择体现了创业者对市场与人性的洞察力,反映了创业者看待市场的角度。这不仅需要创业者的知识,更需要阅历与经验。市场细分变量主要包括四种类型:地理变量、人口统计特征变量、行为变量和心理变量。前两类变量具有较好的可衡量性,但对市场的挖掘深度往往不够;而后两类变量反映了消费者的内在需求,但变量的可衡量性较差。因此,在选择市场细分变量时要同时考虑多种变量,以求在细分市场的可衡量性、殷实性、可接近性、差别性和行动可能性之间求得平衡。[1]

顾客需求挖掘不仅在于认识顾客的现实需求，更重要的是挖掘顾客潜在需求。马斯洛的需求层次理论是认识顾客需求最常用的理论工具之一(图 2.8)。首先，创业者可以借助于需求层次理论，梳理产品或服务可能会针对的需求层次；然后，再分别在每个需求层次上，挖掘顾客的潜在需求；最后，明确目标顾客的需求。

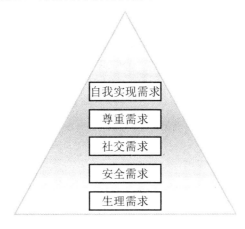

图 2.8　马斯洛的需求层次

分析顾客潜在需求时，需要注意两个方面的问题：一是挖掘顾客那些刚性的、说不清的、难言的、独特的需求；二是注意顾客需求满足时的成本与付出。图便宜、求方便也是顾客的需求。

2. 消费者购买产品或服务的渠道习惯

一般来说，消费者购买产品或服务的渠道包括两类：线上和线下。线下购买渠道主要是传统的营销渠道类型，主要包括直接渠道与间接渠道，间接渠道按渠道层次的多少又分为长渠道和短渠道，同时渠道又按同一级渠道商的多少分为宽渠道和窄渠道。传统的渠道商类型大致包括：批发商、经销商、零售商、代理商和佣金商等；零售商又分为便利店、超级市场、百货商场、量贩店、专卖店等。

线上渠道则是指通过互联网购买。从互联网接入设备来讲，互联网渠道又包括 PC 端的和移动端。从交易形式来看，互联网渠道又分为 C2C 平台(如淘宝)、B2C 平台(如天猫、京东等)、企业官网、微店等。随着"互联网+"的发展，未来的渠道越来越呈现出线上多屏互动，以及线上线下互动的基本格局。了解消费者的渠道习惯要结合产品/服务类型、目标顾客类型、渠道本身的特点综合考虑。

3. 消费者接触产品或服务的媒体习惯

对于创业项目的推广来讲，推广所要解决的问题主要包括四个方面：一是推广对象；二是推广内容；三是推广工具(媒体)的选择；四是推广时间(频率)安排。因此，推广环节的分析主要是为了回答和解决这些问题。

1) 推广对象

首先需要明确的概念是目标顾客与推广对象是两个概念。目标顾客是指企业的产品或者服务的针对对象，是企业产品的直接购买者或使用者。而推广对象则是企业借助于各种推广工具,实现产品或服务宣传的针对对象,它可能是企业产品或服务的直接购买者或使用者,也可能是企业目标顾客在购买决策过程或购买过程中承担的其他角色。推广对象的分析可以借助于购买角色理论进行分析(图2.9)。[1]

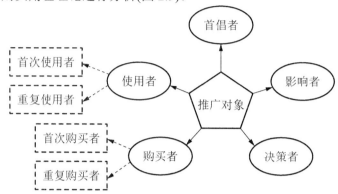

图2.9　推广对象的分析框架

购买角色理论

对于个体消费者来讲,参与顾客的购买决策常常有五种角色。
(1) 首倡者。首先提出或有意购买某个产品或服务的人。
(2) 决策者。做出是否买、为何买、如何买、在哪里买等方面完全或部分最后决定的人。
(3) 购买者。实际采购的人。
(4) 影响者。其看法或建议对最终决策具有一定影响的人。
(5) 使用者。实际消费或使用产品或服务的人。
对于组织市场来讲,企业采购中心的人员在企业采购决策过程中承担七种角色。
(1) 发起者。指提出和要求购买的人。
(2) 使用者。指组织中将使用产品或服务的成员。
(3) 影响者。指影响购买决策的人,他们常常协助确定产品规格,并提供方案评价的情报信息,技术人员常常是影响者的扮演者。
(4) 决定者。指一些有权决定产品要求或(和)供应商的人。
(5) 批准者。指有权批准决定者或购买者所提方案行动的人。
(6) 购买者。指正式有权选择供应商并安排购买条件的人,购买者可以帮助制订产品规格,但主要任务是选择卖主和交易谈判。
(7) 控制者。指有权阻止销售人员与采购中心成员接触的人。
资料来源:
菲利普·科特勒. 营销管理(新千年版·第十版)[M]. 梅汝和,梅清豪,周安柱,译. 北京: 中国人民大学出版社, 2001: 213, 234—235.

推广对象解决的是"向谁说"的问题。一般来讲,消费者在购买决策过程中主要有五种角色参与其中,主要包括:首倡者、影响者、决策者、购买者和使用者。其中,使用者和购买者又可以分别细分为首次和重复使用或购买两种。

网络营销视野

网络分享与网络口碑营销效应

中国互联网信息中心(CNNIC)的调查数据显示：2014年有60.0%的网民对于在互联网上分享行为持积极态度，其中"非常愿意的"占13.0%，"比较愿意的"占47.0%，"不太愿意"和"非常不愿意"的分别占27.0%和4%。与"数字移民"(Digital Immigrants)相比，"数字原住民"(Digital Native)互惠分享的意愿更加强烈，其中10～29岁的年轻人相对于其他群体更乐于在互联网上分享，尤其是10～19岁的人群，有65.9%的网民表示比较愿意或非常愿意在网上分享。①CNNIC另一则调查数据显示，23.8%的网民愿意分享购物信息，35.8%的网民愿意购买别人推荐的产品。②

资料来源：

① CNNIC. 第35次中国互联网络发展状况统计[EB/OL]. http://www.cnnic.cn/hlwfzyj/hlwxzbg/hlwtjbg/201502/t20150203_51634.htm [2015-2-3].

② CNNIC. 2014年中国社交类应用用户行为研究报告[EB/OL]. http://www.cnnic.cn/hlwfzyj/hlwxzbg/201408/t20140822_47862.htm [2014-8-22].

2) 推广内容

推广内容解决的是"说什么"的问题。推广内容取决于两个方面：一是推广对象，二是推广对象的需求。如前所述，需求是由"问题"产生的，问题就是"痛点"。产品或服务是顾客解决"痛点"的工具或手段而已，认识顾客的"痛点"是策划推广内容的前提。"痛点"的认识与挖掘不仅来源于推广对象自身的内在需求，也来源于推广对象间的社会关系。例如，大多数可以用作礼品的产品的宣传和推广中，都侧重于诉求产品的某些独特属性，这种诉求思路是针对使用者及其需求(痛点)展开的；而脑白金的"收礼只收脑白金"的广告则是针对购买者，从收礼人与送礼人的社会关系入手，主要解决购买者纠结于选择送什么的痛点。由此可以看出，相似的产品，由于推广对象及其需求(痛点)的不同，推广内容的策划则完全不同。

3) 推广工具(媒体)

推广工具(媒体)的选择取决于三个方面：一是推广对象的媒体习惯(推广对象喜欢接近和使用的媒体与频道资源)；二是推广媒体的效率；三是推广媒体的经济性。

需要强调的是在进行创业项目策划时，有两种错误倾向：一是往往从技术先进性去判断推广媒体的效率。例如，有一种错误的认识就是网络媒体比传统媒体的效率要高，因此在创业项目书中多倾向于使用网络媒体，忽视传统推广媒体，以显示创业项目的"高大上"。二是重视媒体效率而忽视媒体经济性。任何人都是"戴着脚链在跳舞"，缺少资金往往都是创业者所需要面对的第一难题，任何项目都有预算约束。对于创业项目来讲，更是如此。因此在选择推广媒体时，除了重视媒体效率外，同样不能忽视媒体的经济性。另外，推广媒体的经济性还体现在媒体受众的精准性，以及与企业推广对象的重合度。

 网络营销视野

中国移动互联网的发展与网民的社交类应用调查

2014年6月，我国手机网民规模为5.27亿，在整体网民中占比达83.4%。我国智能手机市场趋于饱和，手机网民规模增长放缓，但移动互联网应用丰富程度加大，对社会生活服务渗透增加，成为手机网民常态的生活方式和各行业的重要发展模式。我国手机网民每天上网 4 小时以上的重度手机网民比例达 36.4%，相比 2013 年增加了 16.4 个百分点。其中，每天实时在线的手机比例为 21.8%。87.8%的手机网民每天至少使用手机上网一次。其中，66.1%手机网民每天使用手机上网多次。25.2%的用户过去半年为手机应用付过费，相比 2013 年 15.4%增加了近 10 个百分点，但整体付费意愿还是较低，广告模式还是主流。①

中国互联网信息中心针对中国网民互联网社交类应用的用户行为的调查显示，即时通信、微博和社交网站是中国网民三大类社交应用。即时通信在整体网民中的覆盖率最高，为 89.3%；其次是社交网站，覆盖率为 61.7%；最后是微博，覆盖率为 43.6%，三大类社交应用满足于人们不同的社交需求。其中，社交网站和即时通信偏于沟通、交流、互动，认识更多的朋友，维系当前的熟人关系；微博则更偏向关注和参与新闻热点话题，信息传播，让人们从中获取新闻资讯，但用户重合度高(33.7%的网民同时使用社交网站、微博和即时通信工具这三类产品)。从社交类应用的商业化的用户参与度来看，对社交网站的商业化产品，用户参与最多的是站内购物和付费游戏。对于微博，用户参与最多的是周边信息搜索和站内广告。65.8%的网络视频用户会在微博或社交网站里收看别人推荐的视频，55.1%的人愿意在微博或社交网站里点击进入视频网站收看视频，社交类应用可作为推广网络视频的重要渠道。对于微信，公众号的订阅、扫一扫购买商品和微信支付的使用率较高。②

资料来源：

① CNNIC. 2013—2014 年中国移动互联网调查研究报告[EB/OL]. http://www.cnnic.cn/hlwfzyj/hlwxzbg/ydhlwbg/201408/t20140826_47880.htm [2014-8-26].

② CNNIC. 2014 年中国社交类应用用户行为研究报告[EB/OL]. http://www.cnnic.cn/hlwfzyj/hlwxzbg/sqbg/201408/t20140822_47860.htm [2014-8-22].

4) 推广时间(频率)

推广时间是指在什么时间点进行推广，而推广频率是指多长时间推广一次。推广时间(频率)都取决于推广对象的媒体习惯。消费者对每种媒体都存在着一定的接触规律，认识这种规律对于决策推广时间(频率)特别重要。

网络营销视野

中国网民网购习惯与移动网购的"公车效应"

艾瑞咨询电子商务网站服务评估工具 EcommercePlus(以下简称 ECPlus)的数据显示，中国网民呈现明显的规律性：从月度网购热度来看，从月初到月末呈下降趋势；从周度数据来看，网购主要集中在工作日，尤以周二到周四为高潮时段(周二达到最高峰，订单量占比达 18%)，周末网购的消费者明显减少。而在一天中，上午 10 点网购达到最高峰，订单量占比达 10%。从上午 10 点到下午 6 点，网购热度呈下降趋势(除中午 11 点有小幅回升外)，下午 6 点到晚上 9 点则再次上升，并在晚上 9 点达到全日网购的次高峰。①

另一则报告数据显示，周末是手机购买团购的高峰期。星期六移动用户购买团购的订单比例占全部订单的 37.11%，星期天达到 42.40%，均远高于周一至周五的平均水平 31.21%。另外，从一周 7 天和一天 24 小时的订单量分布来看，PC 端与移动端波动形状基本同步，但移动端的波峰相对 PC 端来说总是会"习惯性迟到一格"——一周 7 天的曲线中 PC 端的波峰在星期五，而移动端在星期六；一天 24 小时的曲线中 PC 端的波峰分别出现在 12:00 和 18:00，而移动端在 13:00 和 19:00。②

另据中国电商研究中心的统计，移动网购呈现明显的"公车效应"，即移动的网购高峰时段集中在早上 8~10 点和傍晚 6~8 点，此时大多数人都是在乘坐公共交通工具上下班的路上。[③]

资料来源：

[①] 艾瑞网. 2011 年 5 月份中国网民网购时间分布规律初探[EB/OL]. http://www.cww.net.cn/news/html/2011/7/8/201178822540438.htm[2011-7-8].

[②] 团 800. 移动端与 PC 端团购用户交易时间分布图[EB/OL]. http://www.ebrun.com/20130719/78087.shtml[2013-7-19].

[③] 新华网. 上下班是移动网购高峰，呈现"公车效应"[EB/OL]. http://news.xinhuanet.com/overseas/2013-08/23/c_125234783.htm[2013-8-23].

 本章小结

对于创业者来讲，当有了网络创业想法之后，就需要对网络创业项目进行分析。网络创业项目分析需要重点解决五个方面的问题：一是该项目当前的市场规模有多大？。二是项目从何处切入？三是该项目所面对的市场竞争状况如何？四是竞争对手分析。五是消费者分析。

市场规模的预算大致经历三个步骤：首先，确定市场规模维度；然后确定产品市场范围；接着，确定市场规模阶段；最后，确定市场规模层次。而市场潜力预测可以分解为三个方面的工作：预测思路、指标选择和数据来源。

网络创业项目的价值链分析至少有两个重要目的：一是对现有企业或产业价值链进行分析，识别网络创业项目的机会所在；二是选择网络创业项目的最佳价值切入环节。价值链的分析大致遵循三个步骤：行业价值链分析、竞争对手价值链分析和确定企业价值链。确定企业价值链首先从基本价值链活动开始；然后分解辅助活动；最后构建价值链的内部联系。

竞争结构分析的目的在于认识网络创业项目可能面对的竞争压力来源及其影响因素。五种竞争力模型是分析企业竞争压力来源的重要工具，在分析时需要注意两点：一是识别五种竞争力的来源企业；二是识别网络创业项目与五种竞争力之间的竞争优势的影响因素。由于互联网发展使得行业及产业界限越来越模糊，因此识别五种竞争力来源企业是竞争结构分析的最大难点。

竞争对手分析对于制订更具针对性的竞争策略具有重要意义。本书从商业模式出发，构建一个包括利益相关者、价值主张、交易结构和管理团队的四要素分析模型。

消费者分析基本思想是策划创业项目需要了解消费者的哪些信息，消费者分析就需要回答这些问题，提供这方面信息。基本思路是：首先，消费者分析要解决创业项目的目标顾客及提供什么样的独特产品或服务。其次，消费者分析是为了给创业项目设计产品或服务的分销渠道。最后，消费者分析是为了给创业项目设计产品或服务的推广方式。

习　　题

一、名词解释

现有规模、增长潜力、价值链理论、竞争结构、五种竞争力模型、竞争对手分析模型、消费者需求、消费者分析

二、案例分析

中国二手车市场的崛起

据英国《金融时报》网站3月1日报道,中国已经成为全世界上最大的新车市场,2015年新车销售2100万辆,而美国为1740万辆;但如果将二手车包括进来,美国汽车市场超过4000万辆,而中国的销量不到3000万辆。如果从销售额的角度来比较,中美两大市场之间的差距更大。2014年,美国汽车销售额接近1.2万亿美元,是中国的两倍多,中国的销售额为4700亿美元。但是,目前中国人的汽车拥有率是美国人的1/10左右,发展空间仍很大。根据世界银行对2011年之前数据的统计,中国人的汽车拥有率为每千人69辆,而美国人的汽车拥有率为每千人786辆。由此可以看出,国内汽车还有巨大的发展空间,而二手车市场是中国汽车行业未来发展的新希望所在。

从多数发达国家的汽车市场发展经验来看,新旧汽车的销售比大致在1∶3,而中国正好相反,是3∶1。根据通用汽车公司的调查,即使在中国所谓的一线城市,也只有略高于50%的购车者属于二次购车,全国约2/3的购车者都还是首次购车。虽然国内二手车市场尚处于起步阶段。但与新车市场相比,国内二手车市场已经进入快速发展时期,不论是销售量,还是销售额都处于两位数增长。相比于新车市场每年个位数字的增长,二手车市场已经成为未来国内汽车产业发展的希望所在。正是看到了国内二手车市场的发展前景,近两年来各种二手交易平台如雨后春笋般冒了出来,如人人车、58同城、易车网、优信二手车等。

问题:

1. 如果你计划进入此行业进行创业,请以当地市场为例,分析其当前的二手车市场规模(年销售量和销售额),以及增长前景(年增长速度和增长量)。
2. 查阅资料,了解目前制约和促进二手车市场发展的政策因素分别有哪些。
3. 通过实地走访等手段,了解消费者购买二手车面临的最大问题有哪些。
4. 查阅资料或实地走访,调查和分析目前的二手车交易平台(如人人车)是如何解决顾客面临的问题的。

资料来源:

① 刘宗亚.中国二手车市场将崛起,可推动汽车产业发展[EB/OL]. http://finance.sina.com.cn[2016-3-6].
② 段译. 中国新车市场发展潜力大于美国[EB/OL]. http://www.cankaoxiaoxi.com [2015-01-20].

本章参考文献

[1] [美]菲利普·科特勒. 营销管理(新千年版·第十版)[M]. 梅汝和,梅清豪,周安柱,译. 北京:中国人民大学出版社,2011.

[2] 陈哲. 数据分析:企业的贤内助[M]. 北京:机械工业出版社,2013.

[3] [美]迈克尔·波特. 竞争战略[M]. 陈小悦,译. 北京:华夏出版社,1997.

[4] 罗珉. 商业模式的理论框架述评[J]. 当代经济管理,2009(11): 1—8.

[5] Christensen C M. The Innovators Dilemma: When New Technologies Cause Great Firms to Fail [M]. M A: Harvard Business School Press, 2000: 188—215.

[6] [瑞士]亚历山大·奥斯特瓦德,[比利时]伊夫·皮尼厄.商业模式新生代[M]. 王帅,毛心宇,严威,译. 北京:机械工业出版社,2014.

网络营销调研

学习目标

◆ **知识目标**
◇ 用画图或口头表述的方式阐述网络营销调研的过程;
◇ 用关键词和短语表述各种网络营销调研方法的特点。

◆ **能力目标**
◇ 根据网络营销调研的过程内容,为一次网络营销调研设计调研方案;
◇ 根据网络营销调研的问题,选择合适的调研方法;
◇ 针对网络营销调研的问题,完成调研报告撰写。

导入案例

根据资料，电邦前期分别与三个厂家达成合作协议，即狼途自行车、女士卫生用品代理企业和塞拉派克灯具。其中，女士卫生用品业务是通过微店平台开展营销，初期面向五邑大学女生；狼途自行车和塞拉派克灯具业务都是通过天猫旗舰店面向全网营销。对于以淘宝(天猫)为网络营销平台，开展网络营销的企业来讲，最重要的决策大致在两个方面：一是决策产品结构，即在网店中卖哪些产品，以及目标顾客对产品的需求；二是企业(品牌)面临的竞争对手是谁？如何进行竞争对手分析。

假如作为项目负责人，需要为三个业务分别开展一次网络营销调研。其中，女士卫生用品业务想针对在校大学生(五邑大学)的目标顾客进行一次品牌(产品)认识调研，以确定微店的品牌(产品)结构，安排进货，以及为项目后续进行品牌(产品)卖点策划和宝贝详情页优化提供决策依据；狼途自行车业务需要明确品牌(产品)的目标顾客是谁？其需求又是什么？而塞拉派克灯具业务需要明确在淘宝(天猫)平台的竞争对手是谁？其竞争行为又是如何？

问题：如果你是项目负责人，
1. 如何提炼三个调研的调研问题，明确调研目标？
2. 如何为三个调研设计网络营销调研方案？

找到真问题至关重要

网络营销调研的首要任务是发现真问题。找到问题是解决问题的第一步。调研人员要从局外人的视角，像医生一样，通过"望、闻、问、切"为决策人员找到真问题。制订调研方案是第二步。调研方案制定的关键是明确调研目标。调研目标是调研问题的分解和转化。要通过目标的达成回答调研问题。所谓"工欲善其事，必先利其器"。在调研时间分配上，提炼调研问题、明确调研目标、策划调研方案至少要占到一半时间以上。解决了这两个问题，剩下的调研实施自然是水到渠成的事了。

3.1 网络营销调研概述

3.1.1 网络营销调研的概念

网络营销调研是指"使用互联网等计算机网络，帮助实现营销调研的任一阶段，包括发现问题、调研设计、资料收集、分析以及报告写作和分发"。[1]

基于互联网的开放性、平等性、广泛性与直接性等特点，与传统的营销调研相比，网络营销调研具有一些鲜明特点，如及时性和共享性(用户能及时方便参与调研，调研结果能实时反馈给用户)、便捷性和低成本、交互性和充分性(用户可能通过其他互联网工具对调查发表意见，进行补充，完善调查结果，同时也不会有时空限制，而且企业也可以及时反馈)、调研结果可靠、客观真实(用户自愿参与度高，反映自我意见相对真实，避免一些传统调查人为因素导致的误差，等等)。

3.1.2 网络营销调研的目的与用途

1. 网络营销调研的目的

营销调研的目的就是提供制订决策所需要的信息,网络营销调研也不例外。这些信息一般从包括分销系统、职员、消费者、竞争对手在内的所有环境中收集而来。[2]因此,网络营销调研者要有强烈的"问题导向"意识,明确企业后续的网络营销决策需要解决的问题,然后制定网络营销调研方案,收集与分析资料数据,挖掘出决策所需要的信息。

尽管网络营销调研是为了给企业网络营销决策者提供决策信息,但网络营销调研并不是万能的,也会导致错误决策。因此,对待网络营销调研的结果要有一分为二的态度和更加全面、理性的决策判断。例如,为了推广其通过 APP 提供避孕套紧急外送服务(该项外送服务使得那些手头没有避孕用品的恋人能够通过智能手机应用程序,享受到快速送货服务),杜蕾斯(Durex) 曾请 Facebook 用户来投票,决定哪座城市应享有"紧急避孕套"送货服务这项服务。投票结果显示,得票最多的是巴特曼市(Batman,英文拼写与"蝙蝠侠"相同),得票数为 1577 票,超过了巴黎和伦敦。而随后杜蕾斯在巴特曼市开展了为期两个月的网络市场推广,结果推广页面一直访客寥寥。究其原因,社交媒体专家认为,巴特曼是土耳其东南部一个省份的首府,这里盛产石油,居住着保守的穆斯林居民。进一步推论可知,这场投票的结果几乎毫无疑问是被网络流氓所主导。[3]

 网络营销视野

可口可乐的产品创新失败

20 世纪 70 年代中期以前,可口可乐一直是美国饮料市场的霸主,市场占有率一度达到 80%;然而,到了 70 年代中后期,它的老对手百事可乐迅速崛起。到了 20 世纪 80 年代中期时,这个差距更缩小到 3%,可口可乐的市场优势微乎其微。百事可乐的营销策略中有两点是至关重要的:一是市场定位于年轻人,然后以"百事新一代"为主题推出一系列青春、时尚、激情的广告,让百事可乐成为"年轻人的可乐";二是进行口味对比。请毫不知情的消费者分别品尝没有贴任何标志的可口可乐与百事可乐,同时现场直播对比实况。结果有八成的消费者回答百事可乐的口感优于可口可乐,此举马上使百事可乐的销量激增。

面对对手的紧逼,1982 年可口可乐决定在美国 10 个主要城市进行消费者调查,以了解自身的问题所在。"你认为可口可乐的口味如何?""你想试一试新饮料吗?""可口可乐的口味变得更柔和一些,您是否满意?"是可口可乐为这次市场调查所设计的几个调研问题。调查结果显示,大多数消费者更愿意尝试新口味。于是,可口可乐以此为依据,开发出新口味可乐。为保证成功,可口可乐还在新产品上市之前进行了一系列的市场测试,市场测试结果也印证了前期市场调查结果。

基于前期的市场调研和产品上市前的市场测试结果,可口可乐顺势推出新口味可乐,并为此进行了一系列的市场推广活动,初期的市场反响较为理想,有一半以上的美国人尝试了新可乐,但随着时间的推移,绝大多数老顾客开始抵制新可乐。最终,可口可乐公司不得不做出让步,重新启用老配方,恢复原有生产线。这也成为企业营销调研史上最著名的失败案例。

资料来源:牟焕森,郝玲玲.创新失败的案例及其意义研究——新可乐创新失败的分析[J].自然辩证法研究,2007(10): 57—61.

在实际调查过程中,往往存在着以下三个典型的问题,这与调研目的不明确有关。一是调研没有坚持"问题导向",不能明确网络营销调研的具体目的何在。二是为了调研而调研,为了分析而分析,调研与分析无明确结论。三是调研与决策脱节,存在调研与决策(策略制订)两张皮的现象,即网络营销调研时不明确后续决策要解决的问题,而后续决策时又忽视了前期营销调研的结论。

2. 网络营销调研的用途

与一般的营销调研一样,网络营销调研主要解决以下三个方面的问题。

1) 评估与确定市场机会

当我们有了一个网络创业想法时,首先需要解决的就是这个想法有无商机存在?我们把一个项目商业机会评估的信息来源分为三方面:一是创业想法的商业切入点在哪儿?二是切入市场初期以及中后期可能面临的竞争格局如何?三是创业项目现在的市场规模与未来的增长潜力如何?

2) 完善和评估潜在的营销活动

企业经常为了能有效开展某个营销活动而对市场各环节进行摸底,从而产生特定营销调研需求。对于网络营销创业项目来讲,除了通过包括网络营销调研在内的一切营销调研手段与方法评估网络创业项目的商业机会外,还需要在项目"落地"执行环节,开展一系列的营销推广活动。如何有效开展这些营销活动,可以通过营销调研来获取策划营销活动时所需要的信息。

3) 评估网络营销绩效

当某项营销活动执行中以及执行结束后,营销团队需要对营销活动的绩效与效果进行评估,以发现问题,总结经验。这同样需要通过包括网络营销调研在内的营销调研来收集评估数据。

3.2 网络营销调研过程

与传统营销调研一样,一个有效的网络营销调研必须经历严格的执行过程。大致来讲,网络营销过程可以划分为定义问题、确定调研目标、设计调研方案、收集资料、整理与分析资料、撰写调研报告六个阶段(图 3.1)。

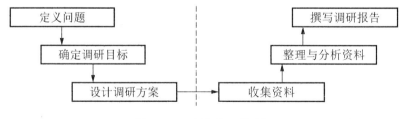

图 3.1 网络营销调研过程

在此六个阶段中,前三个阶段的用时至少要占到总调查用时的一半以上,尤其是定义问题和确定调研目标两个阶段,必须用充分时间确保找到真正的问题和明确的调研目标,正所谓"磨刀不误砍柴工"。

在实际开展市场调研时,最常见错误主要表现为:一是市场调研就是问卷调查。凡提及市场调研能想到和首先想到的就是问卷调查。殊不知，问卷调查只是市场调研的工具之一。与其他营销调研方法一样，问卷调查也有其局限与不足，许多营销调研问题是不需要，或者是不能通过问卷调查来完成的。因此，营销调研首先在明确问题的前提下，根据调研问题选择针对性的调查方法。二是拿到调研任务，立刻开展问卷设计，收集数据。没有明确调研问题，更没有基于调研问题设计调研目标，以及根据调研目标确定调查题项。如此一来的结局就是收集上来的数据对解决问题无用，想要的数据又没有收集上来。导致这样的结局就是因为没有严格遵循调研步骤开展调研，尤其是在定义问题和确定调研目标两个阶段投入时间和精力太少，甚至几乎没有。因此，应高度重视调研问题的界定和明确调研目标。

3.2.1 定义问题

所谓的定义问题就是确定决策者面对的管理问题。定义问题决定了今后网络营销调研的方向。埃里克·马德公司的高级合伙人劳伦斯·D. 吉布森认为："一个好的定义，能解决一半问题。一个问题的定义决定了整个项目的方向。正确地定义问题能使市场调研在解决问题时发挥作用。而一个糟糕的定义则会从一开始就毁掉整个项目，并使以后的营销调研及营销行为的努力化为乌有。"[1]

1. 定义问题前需要解决的事情

在开始定义问题之前，还需要明确两件事。

1) 调研的必要性

到底本次调研是不是必须的？之所以进行网络营销调研最根本的原因是决策者缺少决策信息，同时网络营销调研有较之传统营销调研一些无法比拟的优势，如其高效率、低成本和高效益等。但是并不是所有的决策情景都需要进行网络营销调研。例如，已经获得所需要的信息、决策的时效性不容进行网络营销调研、缺少开展网络营销的资金与技术手段或者是开展网络营销调研的成本—效益比不合适，等等。在这些情形下，就没有必要开展网络营销调研。

2) 决策者的问题是不是真问题

网络营销人员主观认为的"问题"到底是不是真正的问题所在？也就是说，网络营销调研的另一个重要任务就是发现真正的问题。

定义问题需要明确的就是创业者面临的决策问题。决策问题是当创业者发现经营管理中出现了某些症状时，要决定需要做什么，怎么做的问题。因此，决策问题是行动导向的。与决策问题不同，调研问题则是为了支撑管理者的某个决策，需要提供哪些信息，以及如何获得有效信息的问题。调研问题是由信息导向的。

例如，当创业者看到项目利润出现下降的情况时，其面临的决策问题是通过降低成本提高利润呢，还是通过提价来提高利润呢？怎么降低成本？或者怎么提高价格？如果需要通过降低成本的方法来提高利润，那么调研问题就是企业的成本结构是什么？如何获得成本结构的数据？如果需要通过提价来提高利润，则调研问题就是需要明确产品或服务的需求弹性，以及不同水平上价格变化对销售额及利润的影响，以及这两方面的信息来源渠道和方式的问题。

2. 调研人员与决策者合作定义问题

由于决策者(经理、创业者等)与调研者观察与思考问题的角度不同，为了有效定义问题，双方需要有效沟通。决策者与调研人员的区别在于，决策者一直关注"如何才能解决这个问题"，而调研人员却关注于"如何收集与问题相关的信息，以支持决策者解决问题"。研究显示，经理与调研人员之间的沟通质量以及调研人员的参与程度会对经理人员决定是否开展调研产生很大的影响。[4]对于调研人员，可以通过向决策者询问七种类型的问题来寻求定义问题。

1) 问题的症状

了解问题的症状就是了解是什么变化引起了决策者的关注。这些所谓的问题症状可能是企业某些监控指标发生了变化(如销量、市场份额、利润、订单数量、顾客投诉数量等)，也可能是某些市场因素发生了变化(如竞争对手的行为，包括降价、新产品上市、产品款式改变、开拓新市场等)。

必须注意的是，即使企业有这些正式的或非正式的监控指标来监测企业目标实现情况的变化，调研人员也必须明确这些监控指标也可能仅仅反映了全部事实的冰山一角，它们可能不能完整地描述所发生的事情。因此，调研人员需要从这些监控指标的变化入手，深入到表层以下，去努力发现事实的全貌。

2) 评估决策者的境况

评估决策者的境况就是要了解决策者关注的这些变化如何影响其决策？依据什么做出决定？采取必要行动的时间安排是什么？所有这些问题信息的收集有赖于调研人员对决策者三个方面信息的收集。

一是决策者的背景信息。主要包括公司的基本情况(如历史、组织架构、所有权情况、公司使命等)、产品或服务的信息(如产品的构造、生产、特点等)、企业的营销计划(产品价格、分销渠道、促销活动等)、市场信息(包括消费者信息、竞争对手信息、市场与行业发展情况与趋势等)、企业财务信息，以及与本行业相关的其他新闻或商业资料等。

二是决策者的目标。决策者是企业的一分子，因此必然会担负企业各方面对其的要求或期望。了解决策者的目标对于理解问题具有重要意义。

三是决策者的资源。为了实现公司对自身的期望(决策者目标)，决策者可以使用的资源有哪些？基本情况如何？

3) 查明问题的可能原因

查明问题的可能原因就是要对导致问题发生的所有可能原因进行全面扫描、记录和分析。在此阶段，调研人员必须注意两个方面的问题。

(1) 决策者往往会对导致问题发生的原因有自己的判断。调研人员必须对决策者的判断保持一分为二的态度。这要求营销调研人员必须站在比决策者更高的层次来看待和分析问题。经常出现的情形是由于"只缘身在此山中"的角度问题，导致决策者看待问题并不全面和客观，而营销调研人员从"局外人"的角度，可能会比"当局者"的决策者对问题有更全面和深层的认识，但是营销调研人员必须清醒地意识到"局外人"的角色并不会天然地导致自身就比"当局者"的决策者对问题有更深层和更全面的认识。这需要营销调研人员具有相应的学识、能力、经验等,而且还需要能够把自身的这些优势清晰地传递给决策者,并使其信服。

(2) 要进行全面扫描查找导致问题发生的原因。这需要调研人员对问题的分析要有思路。例如,对企业近期利润下降的原因分析可以借助于利润公式来进行(利润=收益-成本=价格×销量-固定成本-单位变动成本×销量)。经过分析,利润变化的原因可能出现在四个环节:一是销量的波动;二是价格的调整;三是单位变动成本的变化;四是固定成本的变化。调研人员还可以进一步分解导致这四个环节变化的更深层次的原因。这样层层分解问题,就会形成一个关于决策问题的"决策树"。如果不能详尽地罗列出所有可能的原因,就很难正确地定义问题。[5]

完成了问题原因的分解任务后,决策者和营销调研人员一起对导致问题发生的所有原因进行逐一排除,最终确定导致问题的真正原因或关键原因。

 网络营销视野

宝润山农场的营销问题界定

江门市宝润山生物科技有限公司是一家专门从事珍稀濒危名贵药材铁皮石斛种苗育种、育苗、有机种植、产品加工、产品研发、产品营销、养生文化于一体的高新技术企业。企业的种植基地位于鹤山共和平岭村飞鹅山,占地500余亩,其中铁皮石斛温控大棚种植总面积约0.8公顷。依托得天独厚的自然条件和现代化的种植理念,这里已经成为华南地区最大的铁皮石斛种植基地,年产铁皮石斛数万斤。2014年6月底宝润山获得国家权威有机认证,成为五邑地区首家种植类有机认证企业。

宝润山目前拥有铁皮石斛鲜品、铁皮石斛盆景、铁皮枫斗、铁皮石斛金条、铁皮石斛养生茶和江门新会特产等系列产品,涵盖上百个品种;同时,园区还种有绣球菌、大红菇、灵芝等珍稀食用菌,还专门引进了大规模红水晶、麒麟果等火龙果的种植。

经过几年的前期建设和种植,到2014年年底,宝润山第一期数万斤的铁皮石斛已经到了采摘期。为了促进铁皮石斛的销售,宝润山加快了营销体系建设,并加大了宣传力度。具体采取了以下措施:一是建立了江门品牌旗舰店(位于江门逸豪酒店一期A区三楼22号)和新会形象店(位于新会中心南路33号);二是建立了品牌微信公众号(微信号:breoe-wx)和微店,开展微信营销;三是与地方电视台合作,进行产品宣传;四是与当地其他企业合作(如江门外海面),开发下游产品,进行铁皮石斛的深加工。

尽管企业进行了一系列的营销努力,但产品销售依然是企业头痛的首要难题。

问题:

如果宝润山请你为企业进行一次营销调研,明确企业产品销售难的问题所在,并提出解决方案。你如何界定企业的营销问题?

4) 罗列有助于解决问题的措施

在寻找到问题发生的原因之后,调研人员需要与决策者一起合作,寻找用来解决决策问题的方法。这些方法涉及决策者能用来解决问题的所有营销行动。有时,决策者在看到问题发生的原因后,就会明白如何行动;有时,决策者需要与调研人员一起合作,开展头脑风暴,寻找解决问题的方法。

5) 预测措施的预期后果

对于调研人员来说,如果无法预测所提供的解决方案的后果,决策者就会对调研人员提出的解决方案提出疑问。对于调研人员来说，预测也是为了论证所提供的解决方案的正确性。因此，决策者和营销人员可以通过提出"如果……那么……"的问题帮助自己梳理思路。这些问题涉及两个层次。

(1) 如果实施此解决方案，会产生哪些后续问题？如果涉及的后续问题超出了现有的问题层次，而出现在更高一级的问题层，那就意味着需要在更高层次预测问题后果，此时就可以提出第二个问题。

(2) 如果实施此解决方案，那么对于公司整体营销计划，甚至是公司整体战略有何影响？

6) 识别行动的假设

假设，即为什么相信这些行动会解决问题？不管是何种解决问题的措施(行动)都肯定存在着某种假设(假定条件)，即由于这些假设的成立，才会导致解决问题措施的有效性；相反，如果这些假设不成立，那么这些措施对于解决问题不但没有帮助，甚至还会适得其反。因此，调研人员要对这些假设多加注意，通过调研消除这种假设的不确定性。

例如，"降价20%，可以有效地恢复企业的市场占有率"。这项措施背后的假设可能是产品是富有弹性的，且同时竞争对手不降价，或市场现有的产品组合不变化等。而如果当企业选择降价20%以后，竞争对手选择同样降价幅度，甚至是更大幅度的降价，或者竞争对手选择推出替代性强的新产品，等等。那么降价措施就可能不会导致预测的结果出现。因此，如果不能识别所有的假设，企业采取措施的有效性就存在不确定性。

7) 评估现有信息的充分性

评估现有信息的充分性就是当决策者制订解决问题的措施或方案需要决策信息时，现有的信息是否能够满足其决策需要。决策信息主要包括措施、后果和假设三个环节的信息的数量与质量。通常的情况下，决策所需要的信息总存在着缺口，这种缺口不仅体现在信息的数量上，更体现在信息的质量上。调研人员有责任帮助决策者解决信息的缺口问题。

3. 陈述问题

经过决策者与调研人员的双向沟通，定义了决策者所面对的管理问题后，为了进一步明确问题，需要对管理问题进行陈述。问题陈述主要包括四个方面的内容：一是所涉及的公司、部门或领导；二是问题所表现出来的症状；三是导致问题产生的可能原因；四是需要使用的调研信息。

清晰地陈述问题有助于调研人员与决策者清楚需要解决的问题，从而对调研人员确定调研目标具有重要的导向作用。

3.2.2 确定调研目标

经过调研人员与决策者之间的沟通，明确了决策者面临的管理问题(定义问题)后，调研人员面临的下一个任务就是确定调研目标。调研人员确定调研目标的一个方法就是需要知道"为了解决问题，需要什么信息"。因此，调研目标就是寻找决策需要的信息。

1. 调研目标的确定必须重视目标的可操作性

调研目标必须是精确、详细、清晰和可操作的。精确代表着必须使用决策者能看懂的术语，且术语能准确地表达调研项目的实质。详细就是对于每个调研项目有仔细说明，有时可以通过举例来详细说明。清晰是指决策者知道要调研什么且能够得到什么信息。可操作就是这些目标是可以转化为后续调研方案中可执行的内容。

2. 将调研目标转换为可操作性调研的过程

调研目标转换为调研操作过程包括三个方面：一是调研涉及的构念及其操作性定义(测量构念)；二是确定构念间的联系；三是确定模型。

1) 调研涉及的构念及其操作性定义

例如，一项调研需要调查消费者对 A 品牌的忠诚度。此时，品牌忠诚度就是一个构念。它的可操作性定义就是指调研实施过程中，通过收集什么信息调查消费者的品牌忠诚度。例如，"你在过去一个月的时间中，购买过此类产品多少次？""这其中有多少次是购买 A 品牌的？"这就是关于品牌忠诚度的操作性定义。而两个操作定义的百分比就是关于品牌忠诚度的测量。

2) 确定构念间的联系

调研需要确认导致问题发生的原因，这就需要研究问题(一个测量构念)和原因(另一个测量构念)之间的关联。这种关联有以下两个基本来源：一是营销知识，即"问题构念"和"原因构念"之间的关联是基于某个营销理论。二是决策者或调研人员的假设、想法或经验等。

3) 确定模型

在确定了构念之后，调研人员按某种逻辑就这些构念进行排序，形成一种模型。这种模型会为调研人员提供调研框架。这种模型有时复杂，有时却非常简单。

3.2.3 设计调研方案

完成不同营销问题的调研需要不同的调研设计，严格上讲，几乎所有的调研方案都是不同的。一般来讲，有三种基本类型的调研设计：探索性调研、描述性调研和因果性调研。而在每种调研设计中，还需要明确信息类型与来源、资料收集方法等(图 3.2)。

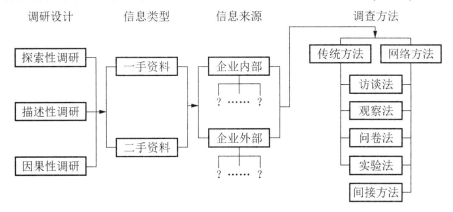

图 3.2 网络调研方案设计

1. 信息类型

网络市场调研的信息主要有两种类型：一手资料和二手资料。简单地讲，一手资料就是指调研人员自己亲自动手收集和调查得来的资料；二手资料就是指通过一些网络调研工具，收集到的关于消费者、市场、竞争对手，以及企业外部宏观环境，如经济环境、政策和法律动态、技术资料等的现成资料。

2. 调研设计

1) 探索性调研

探索性调研是在没有特定结构且非正式方法下收集数据。探索性调研往往是在调研人员对调研问题不太明确的情况下展开的。有时候在没有明确调研问题的情况下，为了给后续的调研提供调研方向，甚至是为了明确调研目标也需要进行探索性研究。

例如，笔者曾参与过一项针对中国国内优秀企业的调研，该调研目的是通过对国内优秀企业的全面调研，梳理和总结出具有中国特色的管理之道。在本次调研中，笔者具体负责的是关于企业营销与品牌方面的子课题。该项目主要通过对企业的实地走访，通过与企业负责营销与品牌方面的各部门经理、企业高管进行深度访谈，收集企业在营销与品牌建设方面的资料，为后续总结提炼企业优秀的管理之道做准备。为了有效地完成实地调研，就需要有一个调研提纲，以指导实地调研。因此，项目小组在开展实地调研之前，首先在图书馆、互联网上查找和分析被调研企业的所有二手资料，尤其是关于营销与品牌方面的二手资料。其次，通过梳理这些二手资料，明确哪些信息是二手资料中已经讲明的(即不需要再通过访谈收集的信息)，哪些信息是二手资料没有涉及的，哪些是二手资料透露出来，但又没有讲清楚的，这三类问题即作为访谈问题，列入访谈提纲。最后，根据营销与品牌的理论知识，将所有需要通过访谈收集信息的问题进行再梳理，且注明可能需要访谈的部门或人员，由此构成了企业实地调研的访谈提纲。因此，第一阶段基于二手资料的调研其实就是在不明确具体调研问题的前提下，开展的探索性调研。

2) 描述性调研

与探索性调研不同，描述性调研属于结论性研究的一种，其调研目的就是描述某些事物，通常是事物某方面的特征或功能。[6]这些事件的特征或功能通常包括：特征(如人口统计特征)、比例(如老客户的比重)、联系(如两个变量间的相关关系)、趋势等。互联网的发展使得通过大数据(Big Data)进行描述性调研成为现实。

3) 因果性调研

因果性调研是调研导致某种现象发生的背后原因。因果性调研也属于结论性调研，与描述性调研仅仅是描述两个现象(变量)间的相关关系不同，因果性调研更深一层，还需探究两个变量间的因果关系，即谁是因、谁是果。

需要强调的是，一般情况下探索性调研、描述性调研和因果性调研设计存在相互依赖关系。探索性调研有助于明确问题，即当调研人员对问题尚未没有明确的认识，则从探索性调研开始。如果调研问题已经明确，但需要对问题有一个进一步的全面整体性的认识，则需要进行描述性调研。因果性调研则在于发现关联。但实际情况下，三种调研设计的运用并无固定的顺序，要依据实际情况与问题进行选择。

3. 信息来源

一般来讲，企业网络市场调研的信息来源主要有两类渠道：一是企业内部；二是企业外部。

企业内部数据主要是指企业内部各部门的经营数据，如财务数据、生产数据、市场数据、物流数据、采购数据、库存数据、客户特征与行为数据等。

企业内部数据也可以细分为内部一手资料和内部二手资料。一手资料就是调研人员直接针对企业内部开展的市场调研所得来的数据。二手资料就是调研人员收集的企业内部各部门日常经营过程中积累的数据。

企业外部数据也可以分为一手信息和二手信息。一手信息是调研人员通过网络调研方法和工具直接收集的关于研究主题的信息。二手信息则是通过网络工具在各种外部数据来源渠道中收集的关于研究主题的资料。

企业外部数据的具体来源一般包括：

① 公共数据，如政府机关(商务部，统计局)、政府主导的行业机构[中国互联网络信息中心(CNNIC, http://www.cnnic.cn/)]、国际组织(世界银行、国际货币基金组织等)等。

② 市场调研公司，这些专业的市场公司会定期发布一些关于网络市场发展状况、用户网络行为、网络消费行为等各方面的研究报告，如艾瑞网(http://www.iresearch.cn/)。

③ 在线数据库，如国研网(http://www.drcnet.com.cn)等。大多数高校为了研究方便，会购买一些在线数据库，这些数据库都是收集调研数据的重要渠道。

【知识拓展】

3.2.4 收集资料

除了保证资料收集方法使用的规范、多渠道收集资料外，收集资料主要涉及资料质量和保护用户个人信息安全的问题。

1. 资料质量

在互联网世界中资料的有无不是问题，问题是如何从海量信息中筛选出高质量的对调研有帮助的信息。评估从网上收集的二手数据的质量可以采取以下步骤。

1) 判断网站或资料来源的权威性

如前所述，有许多研究机构都有自己的官方网站。它们之所以有影响力，是因为多年来在市场或行业积累的权威性；另外，判断网站内容的综合性，其观点是否偏激、是否提供了较全面的观点；还有，判断网站内容是否存在低级错误，如数字相互不匹配、文献写作不规范等。如果在互联网上搜索一些传统期刊的文献，这些期刊的权威性也是判断其文献质量高低的重要标准之一。一般来讲，期刊权威性与其中刊发的文献的质量呈明显的高正相关关系。因此，了解传统期刊的影响力是搜索二手资料必须完成的前提工作。实际上许多研究机构每年都会公布一些研究期刊的排名，如《科学引文索引》(Science Citation Index, SCI)、《中文社会科学引文索引》(Chinese Social Science Citation Index，CSSCI)等。

【相关链接】

2) 判断文献作者的权威性

当在网站找到文献时，一方面可以通过文献的来源网站或期刊判断其质量，另一方面要看具体文献的作者。通过了解其以往发表的文献的主题，了解其是否长期致力于该主题的研究，是否是此方面主题的研究专家。

3) 资料更新的时间

一般来讲，任何资料都存在着时效性，距离调研时间越近的资料，其资料的时效性越好。

4) 文献引用的文献

如果能判断已经搜索到的文献是较高质量的文献，或者其作者是此方面的权威时，再看其后面的参考文献或引用文献的作者或文献。通俗地讲，能被"牛人"引用的文献一定是"牛人"或高质量文献。

2. 保护用户个人信息

在网络调研中，往往需要收集被调查者的个人信息，如电子邮箱、姓名、电话、职业、收入和爱好等。这些信息在传统的市场调研中也常常需要收集，但由于互联网的传播面广、速度快，特别容易泄露被调查者的个人信息。因此，在调研中要特别重视对被调查者个人信息的保护。这也是网络营销人员职业素质的重要体现。

关于被调查者个人信息保护有三个基本策略：一是在不影响调研目的达成的根本前提下，尽量避免收集被调查者过多的个人信息。因为过多的收集既会加重调研负担，也容易引起被调查者不满，造成其不配合调查。二是如果必须收集个人信息时，为避免被调查者的反感，考虑能不能通过其他方式或方法来收集，或者通过收集其他方面的数据，然后通过这些数据推导出需要变量的情况。三是在调查时，向被调查者说明调查目的，做出个人信息保护声明。

3.2.5 资料整理与分析

资料整理是指将通过收集来的资料，进行检验、编码、录入到统计表格中，以便后续进行资料分析。有时通过一些网络调研方法和工具获取的数据直接由计算机完成资料整理。

在进行数据分析时，需要用到一些常用软件，如 Excel、SPSS、AMOS、SAS 等。数据分析方法则包括回归分析、因子分析、聚类分析、差异分析、时间序列分析。因此，一定要掌握一些常用数据分析软件和分析方法，它们可能会是未来职业生涯需要具备的基本职业能力。

3.2.6 撰写调研报告

对于同学们的学习来讲，撰写调研报告是未来职业生涯的重要工作内容，因此需要特别重视撰写调研报告的学习。在撰写调研报告的学习中，要重视以下四个方面。

1. 理解调研报告的内容结构

调研报告的内容结构主要包括：摘要、引言、调研目的、调研方案(调查设计、资料收集方法、资料来源等)、调研结果、结论、营销建议、附录。

2. 理解调研报告各部分的写作要点与思路

关于调研报告各部分的写作要点与思路此处择重点而讨论，主要介绍摘要、引言、调研结果、营销建议、附录。这是因为发现同学们在以下五个方面常出现一些错误或不规范的地方,需要特别加以说明。

1) 摘要

摘要是报告全文的浓缩,是报告各部分的高度概括,其存在价值是读者不需要阅读全文也能获得报告的主要信息。一般来讲,摘要主要由五个要素构成:调研背景、调研目的、调研方法与过程、主要结论(分点阐述)和管理建议(分点阐述)。摘要独立于全文而存在,是一篇完整的短篇文章。摘要篇幅不能太长,最好不要超过一页。

2) 引言

引言是调研报告正文开始之前,需要向读者介绍调研的背景、开展调研的缘由,由此引出调研目的或调研问题、调研开展的基本思路或主要方法,以及调研的价值与意义。与摘要不同,引言属于正文的一部分,如果没有引言,则调研报告的结构就是残缺的。

3) 调研结果

在撰写调研结果部分常表现出来的错误主要表现在两个方面:一是调研结果与调研结论不区分。简单地讲,调研结果就是基于对收集来的数据进行科学分析得到的客观结果。而调研结论则是指从企业经营的角度对调研结果进行的管理学意义的解读。例如,通过调研发现企业电子邮件营销的邮件打开率为 10%,这是调研结果。而这个"10%"对于企业电子邮件营销来讲意味着什么,则需要进行营销学的解读,解读出来的内容则是调研结论。二是如何组织撰写调研结果。调研结果的撰写逻辑应该基于调研问题而非具体问卷题项展开。但常见的撰写报告的思路是依据调研工具收集的"数据点"而披露调研结果。例如,利用调查问卷进行数据收集,在撰写调研结果时,常常简单地将调研问卷中每个题项的调研结果逐个列示,并配上相关的图表。如此组织调研结果的撰写思路是不科学的,因为调研问卷的题项只是营销调研的工具或者手段而已。通常一个调研问题是通过几个构念变量经过某种模型计算而得到回答的。而每个构念变量常常是需要几个问卷题项进行测量的(图 3.3)。如果根据问卷题项而组织调研结果,是无法回答调研问题的。

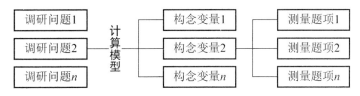

图 3.3 从调研问题到问卷题项

造成这种现象的根本原因就是在调研开始之前,缺乏对调研目的的深刻理解,没有依据科学规范的调研程序明确调研问题、科学设计调研方案。也可能是在撰写过程中,忘记了调研结果是为了回答调查问题的研究初衷,由此就导致前面的调研问题与后面的问题回答(调研结果)是脱节的,整个报告是两张皮。

4) 营销建议

市场调研报告中的营销建议是基于调研所得到的结果推论出来的。在实际报告写作过程中,常常犯的错误是报告中给出的营销建议看似是"正确的",但却不是由调研结果推论出来的。也就是说,营销建议与调研结果是脱节的。如果营销建议没有调研结果的支撑,这种建议不仅是无用的,而且是不负责任的,百害而无一利的。因此,撰写调研报告的营销建议时，要特别注意基于调研结果而提出建议或对策。

5) 附录

此处说明附录的撰写只是因为学生往往不知道应将哪些内容放在附录中。附录并不是调研报告正文必需的内容，它只是作为说明或报告的补充部分而存在的。通常附录部分应该包括以下两类内容：一是关于研究方法、研究工具的详细说明(如调查问卷)；二是某些重要的原始数据、推导过程、计算程序、注释、统计图表、结构图等。这类内容放入正文会有损于正文的逻辑性和紧凑性，但如果删除，又会损害读者对这些环节的内容理解，所以应把它们放在附录中。

对于调研报告来讲，可以放在附录中的内容大致包括：调查问卷、访谈提纲、重要的原始数据和中间数据，以及所用到的模型等。

3. 重视调研报告写作的规范性

写作规范是一个人职业素质的重要体现，因此要特别重视调研报告撰写的规范性问题。任何一个学校的毕业论文撰写规范都可以作为调研报告撰写规范的参考。此处特别需要强调：一是各级标题字体、字号、位置的统一；二是正文段落前两空字，不要整篇报告都是左对齐；三是图、表要有序号和标题，以及图、表标题的位置规范；四是正文数据与观点的引用要标明出处(这涉及报告内容是否抄袭)；五是重视学术道德，杜绝抄袭；六是参考文献的格式规范；七是标点符号使用要规范；八是调研报告的语言表达不能过于口语化和新闻化。以上这些问题看似简单和"低级"，但在撰写报告时常常会忽视的。

4. 重视调研报告"颜值"

形式与内容的高度统一才是调研报告撰写的最高境界，不能重内容，轻形式。因为形式是"第一印象"。形式除了撰写要规范外，还要使报告尽可能整齐和漂亮。所谓整齐，就是报告中所有环节的形式应该是统一的。例如，图表的形式是统一的；各部分字体、字号大小是统一的。所谓漂亮，是指调研报告的形式严肃中带有一点活泼，如图表用色分明，直观鲜明。但调研报告毕竟是专业文献，不可为了漂亮而过于花哨，整体风格应该是庄重而严肃的。

3.3 网络营销调查方法

3.3.1 直接调查方法

直接调查方法是指由调查人员直接使用的网络调研方法，一般多用来收集一手资料。

1. 网络问卷法

问卷法是传统市场调研的重要方法之一。与传统问卷法相比，网络问卷法在问卷的策划与设计环节并无差异，主要的区别表现在问卷的发放方法环节。通过网络发送问卷主要有两种途径：一是将问卷放置在网站上，等待或邀请被调查者访问网站，填写问卷。网站可以是企业官网，也可以是专业的问卷调研网站[如问卷星(http://www.sojump.com/)]。这种方法的优点在于被调查者在网站前台填写完数据后，在网站后台会即时完成数据的整理，避免了调研者的数据整理之累,也能减少数据整理环节可能会出现的差错,[7]但缺点是样本的代表性和测量的有效性。[8]样本的代表性问题常常是由于无法核对被调查者的真实情况,[6]很多被调查者并不愿意在网络中披露自己的真实特征,如性别的颠倒、小孩冒充成年人等。所以这些问题都可能会影响数据质量。因此,通过采用"IP+若干特征标志"来判断被调查者的背景,以期使其符合样本代表性要求。[9]另外,有时企业网站的访问量过少,数据收集效果也会大大降低。因此,常常需要通过一些奖励办法,刺激被调查者填写问卷。

二是通过电子邮件发送问卷至被调查者,完成问卷填写后,再通过电子邮件回复。其优点在于可以有选择地控制被调查者,缺点是容易造成反感,甚至会被当作垃圾邮件而删除,另外还存在着数据整理之苦。

另外,有时也可以将两种方法结合使用。例如,可以先将问卷放置在网站上,然后将问卷网页的网址通过电子邮件有选择地发送给被调查者,邀请其完成问卷填写。

2. 网络访谈法

本书将网络访谈法分为两种形式:一是网络访谈小组,它是以小组形式开展调研。二是深度访谈法,它通常以极少数,甚至单个个体的形式开展调研。

1) 网络访谈小组

网络访谈小组通常是由一组同意成为调查对象的人(或志愿或被支付了一定报酬)组成访谈群体。首先,访谈群体需要完成大量的调查问卷,以便了解他们的特征和行为信息,以便为后续将小组讨论的结果与成员的特征与行为信息联系起来进行研究。由于网络访谈小组规模较小,从而有利于调查人员按成员的消费行为或人口统计特征设定调查目标。网络访谈小组常常是用来解决抽样问题及回复偏差问题的。当然有时由于招募成员的方法不够科学,会导致调查结果的真实性和可靠性受到质疑。与网络问卷法相比,网络访谈法的成本较高、效率较低。

2) 深度访谈法

深度访谈法通常是调研人员与特定的调研对象通过网络沟通工具进行在线交谈,而交谈内容是事先预定的,可是结构化的,也可以是半结构化的。在访谈过程中,调研人员通常会采用启发式的方式,鼓励被访谈者就采访主题进行深度思考,挖掘其内在的思考或想法。这需要调研人员有极高的沟通技巧。深度访谈更适合被调查者当场完成,但如果其不在现场,也可通过电子邮件进行沟通,通常需要往返几次,以便能挖掘出更多信息。

3. 网络观察法

网络观察法也是一种实地调研方法,常常被用来观察消费者在网络中的行为,如被调查者在网站中各网页间的跳转行为、网页浏览时间、关注内容、被调查者意见等。通过观察和收集被调查者在网站,尤其是公共社交网站中关于某个主题的留言,可以观察到被调查者的意见,甚至是竞争对手的信息。

网络观察法主要是通过两种技术实现的:一是网站计数器,用以了解网站流量。通过对研究变量对应的网络行为变量的计数,收集相关数据,从而实现研究目的。例如,通过对网站主页和某个促销主题网页分别计数,然后计算出促销主题网面流量占主页流量的比例就可以大致了解到促销活动的效果。二是通过Cookie技术。通过Cookie可以追踪来访者，识别网站"回头客"和发现新顾客。Cookie 技术基本的工作原理是：当某个被调查者第一次访问网站时，网站服务器为会这个被调查者产生一个能标识其身份的唯一数字记号 ID，并通过 Cookie 放置到该被调查者的电脑中，当这位被调查者再次光临网站时，网站就可以识别出该被调查者 ID，从而记录其在网站中的所有信息，如访问总时间、在网页中停留时间、网页的跳转次序等。

表 3-1　网络调查方法

序号	调研方法	可借助的网络技术
1	问卷法	网站(企业网站、专业调查网站、BBS)、电子邮件、即时通信
2	访谈法	BBS、邮件列表讨论组、电子邮件、网络实时交谈(IRC)、网络会议、即时通信
3	观察法	设置计数器、利用 Cookie 技术、BBS、论坛、品牌社区等
4	实验法	电子邮件、即时通信
5	专题小组	BBS 电子邮件等

4．网络实验法

从工作原理上来讲，网络实验法与传统市场调研中的实验法没有区别，主要的区别表现在实验手段。

5．网络专题小组法

与传统的专题小组讨论的程序基本一致。通常的程序是小组成员进入讨论空间，由主持人发布调查项目，供小组成员进行讨论，发表观点或意见，主持人则收集、整理各位成员的意见。由于成员的意见或观点常常结构化程度较低，因此需要主持人或调查人员有较高的数据处理模式设计能力。网络专题小组的优势在于：一是可以跨越地理局限，将不同区域的人联系在一起；二是可以使用更丰富多样的刺激材料，如多媒体技术等促进小组讨论。

网络专题小组的人数一般最好控制在 4～8 人，比传统专题小组规模要小(10～12 人)，从而更好地控制小组讨论。使用网络专题小组还需要重视小组成员的语言交流与非语言交流的差异，以及身份真实性问题等。一项研究发现，与线下的面对面交流和电话交流调查相比，运用网络专题小组法时，被调查者会更多地运用强烈的肯定或否定词汇。[11]

3.3.2　网络间接调查

网络间接调查主要是指通过一些现成的网络工具，收集与企业、消费者和竞争对手，以及企业外部环境相关的其他二手资料。

1．利用搜索引擎收集资料

搜索引擎已经成为公众搜索信息的第一工具。提炼搜索所使用的关键词是利用搜索引擎检索信息的第一步，也是最重要的一步。因此，学会从复杂搜索意图中提炼出最具代表性和指示性的关键词对提高信息查询至关重要。有时为了扩大搜索范围，可以通过寻找关键词的近义词、同义词等方式变换关键词。

2. 利用网络社区收集资料

网络社区是指包括 BBS/论坛、贴吧、公告栏、群组讨论、在线聊天、交友、个人空间、无线增值服务等形式在内的网上交流空间，同一主题的网络社区集中了具有共同兴趣的访问者。人们可以在社区中发布信息、意见、看法，回答问题，查看别人留言，随意参加，随意离开。因此，在网络社区中，可以查询消费者对企业、竞争对手的产品(品牌)，或者社会事件的看法和评价，从而了解市场状况和社会舆情。

3. 利用交易平台收集资料

一些大型的网络交易平台(如淘宝、京东)也是收集二手资料的好去处。在这些平台上，可以查到竞争品牌在平台的销售情况、热销产品，还可以查询到买家对产品或品牌的评论。如果能够进入卖家后台，则可以借助于这些平台的各种工具进一步了解行业的发展情况。

本章小结

网络营销调研是相对于传统营销调研而言的，特指通过互联网技术实现的营销调研。

本书将网络营销过程划分为定义问题、确定调研目标、设计调研方案、收集资料、整理与分析资料、撰写调研报告六个阶段。在这六个步骤中，前三个步骤是网络营销调研的重点，尤其是定义问题和确定调研目标是重中之重。定义问题的目的主要有二：一是找到真正的问题；二是将现实状况转变为管理问题。明确调研目标主要解决的是所定义的问题需要什么信息。通常情况下，将管理问题分解为几个变量，调研目标就是为这些变量寻找可靠数据。设计调研方案要通盘策划和设计所进行的网络营销活动，分解和明确任务，指定负责人，确定调研时间，明确调研工具和手段，确定调研对象等。在完成以上三个步骤之后，收集资料、整理与分析和撰写调研报告应该是"水到渠成"的事。

传统营销调研方法都有其"网络升级版本"，如网络问卷法、网络访谈法、网络观察法、网络实验法和网络专题小组法等。其调研方法的基本思想和逻辑与传统营销调研方法没有本质的区别，最大的不同在于其实施的技术手段和形式。开展网络营销调研需要了解这些网络营销调研工具和技术，以提升营销调研的效率，但需要强调的是网络营销并不排除传统营销调研方法与工具。

习 题

一、名词解释

调研问题、调研目标、调研方案、网络问卷法、网络实验法、网络访谈法、网络观察法、网络专题小组法

二、案例分析题

本书第2章的思考题给同学们提供了一个关于《中国二手车市场的崛起》的案例分析。其中，包含了四个待通过网络调研完成的调查问题。第一，当地二手车市场的现有规模(年销售量和销售额)和增长前景(年增长速度和增长量)；第二，目前制约和促进二手车市场发展的政策因素分别有哪些？第三，当前消费者购买二手车面临的最大问题有哪些？第四，目前的二手车交易平台(如人人车)是如何解决顾客面临的问题的？

根据本章所学，完成以下任务：
1. 请将以上调研问题转化为具体调研目标；
2. 根据调研目标，确定具体的网络营销调研方法；
3. 制订具体的调研方案。

本章参考文献

[1] [美]阿尔文·C.伯恩斯，罗纳德·F.布什. 营销调研：网络调研的应用[M]. 4版. 梅清豪，王承，曹丽，译. 北京：中国人民大学出版社，2007.

[2] Meritt N J, Redmond W H. Defining marketing research: perceptions VS. practice[J]. Proceedings: American Marketing Association,1990: 146—150.

[3] 任立军. 警惕社交网络营销策划容易引发的营销失败[EB/OL]. http://www.cnbm.net.cn/article/ar589466946.html[2013-8-23].

[4] Moorman C, Zaltman G, Despande R. Relationships between providers and users of marketing research: the dynamics of trust within and between organizations[J]. Journal of Marketing Research, 1992, 24(3):314—328.

[5] Semon T. Make sure the research will answer the right question[J]. Marketing News, 1999(June 7), 33, 12, H30.

[6] 杨学成，等. 网络营销[M]. 北京：中国人民大学出版社，2011：171.

[7] [美]朱迪·斯特劳斯，阿德尔·埃尔-安萨瑞，雷蒙德·弗罗斯特. 网络营销[M]. 4版. 时启亮，金玲慧，译. 北京：中国人民大学出版社，2007：160.

[8] Miller T. Can we trust the data of online research? [J]. Marketing Research, 2001(Summer): 26—32.

[9] 荆浩，等. 网络营销基础与网上创业实践[M]. 北京：清华大学出版社，2011：109.

[10] Ponnaiya E, Sanjay P. The distribution of survey contact and participation in the united states: construction a survey based estimate[J]. Journal of Marketing Research, 1999(36): 286—294.

第 3 篇 战略篇

当今企业之间的竞争，不是产品的竞争，而是商业模式的竞争。

——管理大师彼得·德鲁克

第 4 章　网络创业项目的商业模式构建与创新
第 5 章　网络营销平台构建

第 4 章

网络创业项目的商业模式构建与创新

学习目标

◆ **知识目标**

◇ 根据本章所介绍的商业模式要素模型,分析(或策划)并以可理解的简洁语言(口头或书面)表述出自己团队的网络创业项目(或现实的网络创业项目案例)九要素的内容,以及各要素间的商业关系;

◇ 陈述常见的商业模式类型及其商业智慧,并根据这些商业模式的运作思路,分析(或策划)出自己团队的网络创业项目的商业模式;

◇ 根据本章介绍的商业模式创新前提与路径的基本内容,寻找资料,为自己团队的网络创业项目寻找所供借鉴和参考的商业案例。

◆ **能力目标**

◇ 为某个真实的网络创业项目策划其商业模式的各要素,或者分析现实企业的商业模式的各构成要素;

◇ 为某个真实的网络创业项目策划其商业模式,或分析现实企业的商业模式,并用概念图描述它。

网络营销：创业导向

导入案例

当专注于"为传统企业提供天猫整体代运营服务和微信整体代运营服务"时，电邦面临的最重要问题是如何设计项目的商业模式。其中，最为关键的问题是：①应该专注于哪些客户(被代理企业)，它们的开发路径是什么？如何描述它们？它们的需求是什么？②如何构建自己的业务流程，包括自己的核心业务是什么？所依赖的核心资源是什么？还短缺什么资料？谁来提供？如何获取它们？如何认识成本结构？③收入来源有哪些？赢利模式是什么？④在认识和解决了这些问题后，如何构建自己的商业模式？

问题：如果你是此项目的创业带头人，请结合本章的商业模式相关知识回答以上问题。

商业模式创新是创业者面临的首要任务

创业的基础是创新，创新的前提是发现现有行业或市场的"问题"或"痛点"。因此，创业是在看到现有市场或行业的"问题"之后，利用新的技术(如互联网)重构现有市场或行业的商业逻辑。新的商业逻辑常常是在"两端"创造了价值：要么是成本革命性降低，要么是收益增值。创业项目的商业模式创新不能贪大求全，要从点上突破；要把握核心业务；要有树立"不求所有，但求所用"的资源整合观。

4.1 商业模式概述

4.1.1 商业模式的概念

本章之所以探讨商业模式是因为对于一个创业项目来讲，其前景直接取决于其商业模式。作为全球最大的管理咨询、信息技术和业务流程外包的跨国公司，埃森哲(Accenture)曾就"公司创造和获取价值的核心逻辑是什么"的问题对 40 家美国公司的 70 位高管进行访谈，发现这些访谈对象都提到商业模式，但与此同时，62%的受访高管在被要求简要描述公司的商业模式时都面有难色。[1]尽管商业模式不是新概念，但其为人们所重视是因为进入新世纪后互联网与电子商务的迅猛发展。因此，尽管商业模式并不仅仅局限于电子商务领域，但今天商业模式的研究主要集中在电子商务领域。[2]

学术界对商业模式概念也可谓众说纷纭，莫衷一是。这种分歧取决于学者们研究的视角。Morris 等总结了有关商业模式的研究成果，发现共有 24 个要素被提及，其中价值提供或价值主张被提到的次数最多(12 次)。[3] Chesbrough 认为，企业商业模式有价值创造和价值获取两大作用。[4]国内学者龚丽敏等认为，商业模式是企业基于资源和能力投入，通过构建价值链和外部网络来实现价值创造和价值获取的方式。[5]亚历山大·奥斯特瓦德等认为，商业模式是描述企业如何创造、传递和获取价值的基本原理。[6]

由于价值视角既反映了商业模式的本质，又是企业经营系统和战略的基础。因此，本书强调应从价值创造、传递和获取来界定商业模式概念。这种关于商业模式的界定思路与本书之前界定网络营销概念的思路是一致的。这也是本书将商业模式创新纳入教材内容的重要原因。

4.1.2 商业模式的构成要素

关于商业模式构成要素,不同的学者有不同的观点。[7]从表4-1可以看出,国外学者关于商业模式构成要素的数量从最少的3个到最多的9个,而24个不同要素未被提及。其中15个因素被重复提及。重复提及的要素依次是价值提供/主张(12次)、经济模式(10次)、顾客界面/关系(8次)、伙伴网络/角色(7次)、内部结构/关联行为(6次)和目标市场(5次)。[8]

表4-1 商业模式构成要素的研究汇总

学　　者	构　成　要　素	数　　量
Horowitz(1996)	价格、产品、分销、组织特征、技术	5
Viscio 等(1996)	全球核心、管制、业务单位、服务、连接	5
Timmers(1998)	产品/服务/信息流结构、参与主体利益、收入来源	3
Markides(1999)	产品创新、顾客关系、基础设施管理、财务	4
Donath(1999)	顾客理解、市场战术、公司管理、内部网络化能力、外部网络化能力	5
Chesbrough 等(2000)	价值主张、目标市场、内部价值链结构、成本结构和利润模式、价值网络、竞争战略	6
Gordijn 等(2001)	参与主体、价值目标、价值端口、价值创造、价值界面、价值交换、目标顾客	7
Linder 等(2001)	定价模式、收入模式、渠道模式、商业流程模式、基于互联网的商业关系、组织形式、价值主张	7
Hamel(2000)	核心战略、战略资源、价值网、顾客界面	4
Petrovic 等(2001)	价值模式、资源模式、生产模式、顾客关系模式、收入模式、资产模式、市场模式	7
Dubosson Torbay 等(2001)	产品、顾客关系、伙伴基础与网络、财务	4
Afuah 等(2001)	顾客价值、范围、价格、收入、相关行为、实施能力、持续力	7
Weill 等(2001)	战略目标、价值主张、收入来源、成功因素、渠道、核心能力、目标顾客、IT技术设施	8
Applegate(2001)	概念、能力、价值	3
Amit 等(2001)	交易内容、交易结构、交易治理	3
Alt 等(2001)	使命、结构、流程、收入、法律义务、技术	6
Rayport 等(2001)	价值流、市场空间提供物、资源系统、财务模式	4
Betz(2002)	资源、销售、利润、资产	4
Sthler(2002)	价值主张、产品/服务、价值体系、收入模式	4
Forzi 等(2002)	产品设计、收入模式、产出模式、市场模式、财务模式、网络和信息模式	6

续表

学　者	构　成　要　素	数　量
Gartner(2003)	市场提供物、能力、核心技术投资、概要	4
Osterwalder 等(2005)	客户细分、价值主张、渠道通路、客户关系、收入来源、核心资源、关键业务、重要合作、成本结构	9

资料来源：原磊. 国外商业模式理论研究评介[J].外国经济与管理，2007(10):17—25.

在表 4-1 中，Chesbrough 等认为商业模式的构成要素具体包括价值主张、目标市场、内部价值链结构、成本结构和利润模式、价值网络、竞争战略。[9]其中，成本结构和利润模式可以进一步分解为成本结构、收入模式和目标利润三个。

学者们的理论研究往往为了追求理论研究成果的普适性和理论简洁性，主张商业模式要素不能太多，但追求理论简洁性往往要牺牲理论的可操作性，即对实践的指导作用。因此，本书主张采用 Osterwalder 等人关于商业模式构成要素的观点，即商业模式由九个要素构成，具体包括客户细分、价值主张、渠道通路、客户关系、收入来源、核心资源、关键业务、重要合作、成本结构，这九个要素覆盖了商业的四个主要方面：客户、提供物(产品或服务)、基础设施和财务生存能力。[6]

根据商业模式的概念(创造价值、传递价值和获取价值)，将上述商业模式的九要素整合成商业模式的概念图，如图4.1 所示。

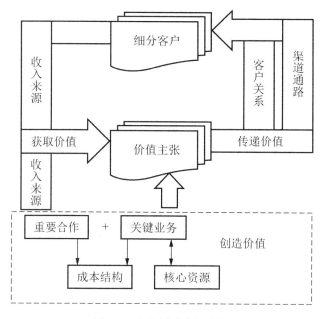

图 4.1　商业模式的概念图

企业间的商业模式的差别首先表现在其细分客户的识别上，这体现出创业者对市场、消费者需求的深刻洞察。而价值主张是企业(创业项目)对细分客户需求的满足。价值主张的形式可以表现为产品/服务，也可以表现为渠道通路，也可能表现为收入来源的设计。企业的价值主张要与细分客户的需求很好匹配，这是企业创业项目能否成功的根本。

商业模式的价值创造首先表现在企业(创业项目)聚集在价值链的哪些环节，这构成了企业关键业务。为了运营关键业务，企业需要具备或拥有什么核心资源，或者讲哪些核心资源才能支撑企业的关键业务；除了核心资源，企业还需要哪些(非)核心资源，能提供这些(非)核心资源的合作伙伴是谁？他们在哪儿？如何构建与合作伙伴之间的合作关系？这些将决定企业的成本结构。所有这些环节的策划与设计都是为了实现企业所提出的价值主张。

商业模式的价值传递主要通过渠道通路来完成。渠道通路要完成企业(创业项目)的产品/服务流和信息流的传递。

商业模式的价值获取主要通过收入来源的设计来实现。企业(创业项目)的收入来源一方面可能来源于细分客户；另一方面也可能来源于合作伙伴。企业(创业项目)的收入来源并不是固定不变的，可以根据实际情况，分阶段调整；具体收入来源取决于企业(创业项目)的实际情况和创业者的决策。

1. 客户细分

客户细分要素用来描绘一个企业想要接触和服务的不同人群或组织。任何商业模式的首要工作就是选择和定义客户。选择和定义客户必须注意以下四个方面。

1) 选择和定义客户必须做到精准

所谓精准是指必须能清晰描述客户是一群什么样的人或组织，必须杜绝产品或服务"老少皆宜""天下通吃"。客户越精准，则价值主张就越明确，商业模式其他环节的策划与设计就越容易切入。

2) 细分客户时要注意细分变量的选择和组合

一般来讲，细分变量主要包括四大类：人口统计变量、地理变量、行为变量和心理变量。其中，人口统计变量和地理变量具有较好的可衡量性，而行为变量和心理变量的可衡量性较差，却有助于识别客户的需求。因此，往往需要同时选择多种变量进行客户细分。细分变量的选择体现了创业者对客户或市场的理解程度。

3) 评估细分客户

有效的客户细分需要满足四个标准，即可衡量性、可赢利性、可进入性和可区分性。其中，可衡量性是指能够指出各个细分客户市场的购买力和规模，当无法衡量细分市场的规模和潜力时，也就无从界定市场。可赢利性是指细分客户市场的容量能使企业获利，无从获利也就没必要进入该细分客户市场。可进入性是指细分客户市场必须与企业自身状况相匹配，企业有优势进入并占领该市场，可进入性表现为信息可进入、产品可进入和竞争可进入。可区分性是指细分客户市场能被区分且对企业营销组合因素有不同的反应。当细分后的不同客户市场对企业同一营销方案有同样或类似反应时，也就说明细分过度，这种不同细分客户市场应该被合并。

4) 进行客户素描

所谓细分客户的"素描"是指用最简洁、最独特视角的语言描述所选择的客户。这个过程类似于警察在破案时，根据目击证人的描述，为犯罪嫌疑人画像的过程。

【知识拓展】

【知识拓展】

📖 **学习链接**

可以翻阅《市场营销学》，再一次学习"市场细分"和"目标市场"两个部分的内容，掌握市场细分变量的类型及含义和目标市场选择的过程和标准。

2. 价值主张

价值主张用来描绘企业(创业项目)通过产品或服务为特定细分客户提供的价值。因此，创业者在提出价值主张之前，最重要的是要了解细分客户的"痛点""痒点"和"兴奋点"。此三点构成了客户需求。而产品或服务只是帮助客户解决"痛点"，缓解"痒点"和提供"兴奋点"的工具或手段而已。

对客户需求的挖掘要找到隐性、刚性和独特的客户需求。[10]所谓隐秘需求包括四类：一是无法清晰表达的需求；二是客户无法公开表达的需求，即难言之隐；三是竞争对手尚未发现的需求；四是尚未被行业实现和满足的需求。所谓刚性是目标客户必须要有的需求，即"must have"，而非"nice have"。所谓独特就是与众不同。

企业所能提供的产品或服务可能是新颖的，也可能是在某些性能或功能上的改进、提升或补充，也可能是定制化的，也可能是帮助客户转移或消化了风险、削减了成本、增强了便利性等。

 网络营销视野

中国动向 Kappa 的客户细分与价值主张

Kappa 的前身是一家叫 Calzificio Torinese 的以织袜和销售为主的企业，于 1916 年在意大利都灵成立。在进入中国市场之前，Kappa 一直以运动品牌服装所著称，其品牌路线类似于耐克、阿迪达斯和李宁。2002 年 Kappa 正式进入中国，被中国动向接手后，敏锐地洞察到，如果沿用 Kappa 品牌原有发展路线，将难以与耐克等品牌竞争，只有走差异化路线，才有希望觅得生机。通过详细的市场调研之后，中国动向发现，年轻消费群体中的大部分人群其实并不需要专业的运动服装，他们需要的是一种运动的感觉。因此，中国动向将其细分客户定义为"宣称要运动，其实也应该运动，但从不运动，且需要在着装上表现出有运动感的人"。

基于这种客户素描，Kappa 一反传统运动品牌的价值主张，将品牌价值主张确定为"运动、时尚、性感、品位"。而其一系列能体现这些价值主张的产品则是企业价值主张的载体。

资料来源：

① Kappa 官网. http://www.kappa.com.cn/kappa/history[2015-5-24].

② 潘灯. Kappa 的差异化营销[J]. 销售与市场(管理版)，2010(2)：70—73.

③ 彭志强，等. 商业模式的力量[M]. 北京：机械工业出版社，2009：53.

3. 渠道通路

渠道通路用来描绘企业如何沟通、接触其细分客户而传递其价值主张。渠道通路构成企业与客户的接触界面。因此，此处的渠道通路包含了传统营销学中的营销渠道与促销沟通手段。渠道通路在企业与客户的接触、沟通中发挥以下五个方面的功能，也构成了企业与客户接触、沟通的五个阶段。[6]

(1) 认知。企业如何在客户中提升公司产品或服务的认知？

(2) 评估。企业如何帮助客户评估企业的价值主张？

(3) 购买。企业如何协助客户购买特定的产品或服务?
(4) 传递。企业如何把价值主张传递给客户?
(5) 售后。企业如何提供售后服务?

4. 客户关系

客户关系用来描绘企业与特定客户细分群体建立的关系类型。建立特定客户关系是受客户获取、客户维系和追加销售所驱动。[6] 奥斯特瓦德和皮尼厄[6]梳理了五种客户关系类型,包括个人助理、专用个人助理、自助服务、自动化服务、社区和共同创作。其中个人助理型的客户关系是基于人与人之间的互动,如保险公司的保险推销员与其开发的客户之间的关系即属于此类型。专用个人助理是企业为单一客户专门安排的客户服务人员,这类客户一般是企业的重要客户,如投资理财公司为重点客户会安排专门的投资理财顾问。自助服务是指企业与客户并不直接接触,如银行会安排 ATM 机为客户提供自助服务。自动化服务一般是基于客户个人信息档案和过往购买行为记录,定制化地为客户提供个性服务。社区型的客户关系最明显的体现就是越来越多的企业开始建立在线的品牌社区,用于维持与客户的沟通和交流,以解决客户问题,提升客户的品牌认知与忠诚度。共同创作是指企业与客户的关系超越了以往简单的"我提供-你购买"的商业关系,客户参与企业的产品生产与提供。例如,现在越来越多的公司,尤其是软件公司、图书出版商开始邀请客户参与产品研发或图书创作。

5. 收入来源

收入来源要素用来描绘企业从每个客户群体中获取的现金收入。收入来源主要解决以下四个方面的问题。

1) 收入来源的类型

简言之,企业可以从客户那儿挣哪些钱?这些收入是一次获取的,还是持续不断地获取?例如,苹果公司通过 iPhone 手机从客户那儿挣了硬件(手机)的销售收入和应用软件(App Store)、音乐(iTunes)等服务收入。

2) 各类收入来源的资源与能力要求

挣这些钱的要求是什么?如果企业不具备这些要求,怎么办?如前所述,苹果公司的后两种服务收入需要其有能力开发和创作各类应用软件和音乐。显然苹果公司是没有能力的,因此它建立两个平台 App Store 和 iTunes,通过第三方来提供,从而解决了应用软件和音乐供应问题。

3) 收入来源的定价机制

简言之,就是企业对每种收入来源所依附的产品或服务的定价方法。一般来讲,最常见的是固定标价,其次还有拍卖定价、按数量(或金额)递度定价、谈判定价等。涉及第三方提供的,还需要制订与第三方的收入分成机制。

4) 发展阶段与收入来源

创业者应结合创业项目的各个发展阶段的实际情况,规划各阶段的收入来源。例如,投入期能承受的亏损是多少?谁来承担亏损?短期靠什么盈利,中期又靠什么扩大规模,如何实现盈利?远期如何获取大量利润,甚至是实现对整个市场或产业的控制。

6. 核心资源

核心资源是商业模式有效运行所必需的最重要的因素。核心资源是支撑企业商业模式的基础。核心资源可以是实体资产、技术、人力资源、金融资产、知识资产等。

7. 关键业务

关键业务是企业为了确保其商业模式可行必须做的最重要的事情。基于价值链模型理论，商业模式的运行是由多种业务活动构成的，尽管这些业务活动对于商业模式的运行都是必需的，但其重要性并不相同。即使同一个行业的企业，由于其商业模式的不同，其关键业务活动也各不相同。例如，有些制造企业的关键业务是其生产管理，而另一个企业则可能是供应链管理。

8. 重要合作

重要合作是保证商业模式有效运行的人际关系。企业构建合作关系是基于以下三个动机。

1) 获得特定资源和业务

任何一个企业都不具备让其商业模式运行的所有资源，因此需要通过构建合作关系来获取其所需的资源。

2) 优化商业模式和运用规模经济

从价值链理论来讲，企业往往不需要自己建立所有资源和业务，因为企业并不是万能的。对于创业企业来讲更需要专注于商业模式的核心环节，通过整合思维构建其合作关系，从而达到优化商业模式的目的；或通过建立合作关系，建立规模经济优势。

3) 转移或分散商业风险

通过与合作伙伴建立合作关系可以增强企业商业模式的柔性，从而使企业在面对外部环境的不确定性或变化时能及时做出调整。另外，通过合作关系也能降低市场开拓的"公共性"所带来的风险。例如，某一技术要被市场所接受，往往需要企业不仅在技术开发做出巨大投入，同时还需要企业通过不断的市场开拓，引导消费者接受新技术。而消费者对技术的接受性具有某种公共性，从而会加大推广企业的前期市场风险。通过行业内的企业合作，共同进行市场推广则可以大大降低这种风险。同时，企业间的这种合作并不影响他们在其他领域的竞争。例如，"蓝光联盟"就是一个由世界领先的竞争性的消费类电子产品、个人电脑和媒体内容生产商所构成的合作联盟。

9. 成本结构

成本结构要素是商业模式运行所引发的所有成本。所有商业模式运行都会引发成本。有些商业模式是价值驱动型的，成本是完成价值创造、传递和获取所必须付出的代价。而有些企业的商业模式就是成本驱动型的，即在追求成本最小化的目标下，构建其商业模式。例如，一些廉价航空公司。

降低商业模式的成本需要重点关注以下四个方面。

1) 关注总成本中比重较大的成本

在成本结构设计中，企业不仅要清楚支撑商业模式运行的总成本，更重要的是必须对

第4章 网络创业项目的商业模式构建与创新

构成总成本的各个组成部分进行分析,即了解总成本的构成,并重点关注比重较大的成本构成。简言之,要减就减"大成本"。例如,作为一家媒体公司,分众传媒与传统媒体相比,最大的独特性即在于它减少了媒体内容的制作,而内容制作是所有传统媒体中最重要,也是赖以生存的基础,当然也是成本结构中最大的一块。

2) 关注商业模式的前期固定资产投资

前期固定资产投资形成了创业项目的固定成本。轻资产运作模式之所以为投资人所青睐就在于其投资风险较低,而风险较低是因为通过商业模式的设计可以有效地降低创业项目的前期固定资产投资,降低创业项目的固定成本(沉淀成本),从而降低创业项目的投资风险。

3) 利用 Web 2.0 降低成本

Web 2.0 是什么?简单地讲,Web 2.0 的本质就是其交互性和参与性,即将消费者由原来单纯的浏览者、使用者和享受者转变为既是消费者,又是企业经营活动的参与者。例如,视频网站的相当一部分视频资源是由网民、拍客贡献的。再如,各个软件的试用版就是利用 Web 2.0 的思想,把软件的完善、改进和提升的工作交给用户来完成,让用户提意见。

当将 Web 2.0 的思想应用到创业项目成本最大的某个环节时,可以大幅降低运作成本。有时重构成本结构往往即意味着商业模式创新。因为你可能需要打破行业内现行的运行模式,才能重构项目的成本结构。

4) 规模经济与范围经济

降低成本还需要关注与成本相关的两类经济现象:一是规模经济,即企业享有产量扩充所带来的成本优势,即随着加工材料数量的增加,单位成本更快地下降了。[11]二是范围经济,即企业由于享有经营范围而具有的成本优势,即由于生产或销售更多种的产品比生产或销售一种产品的任何一家制造厂商获得的产品量更多,单位成本更低。[11]

4.2 常见的商业模式类型

在现实商业世界,具体的商业模式类型有很多,尤其是在快速发展的互联网世界,商业模式的创新更加层出不穷。在此,本书借鉴彭志强等[10]介绍的六种典型的商业模式类型。这六种商业模式可以分布在三个层面:一是全产业价值链层面的商业模式,主要包括平台模式和网络模式;二是针对公司层面而言的商业模式,主要包括资源衍生模式;三是针对产品或服务层面的商业模式,主要包括产品金字塔模式和产品开门模式,以及免费模式。

4.2.1 基于价值链层面的商业模式

基于价值链层面构建商业模式需要关注几个与价值链理论相关的概念与理论,这对于理解价值链及其相关商业模式是有帮助的。

1. 价值链理论的相关概念与理论

1) 价值链管理的出发点

由于价值链不同环节创造价值的大小并不相同,因此价值链管理的出发点有以下两点:一是如何通过价值链的分解将"性价比"不高的内部价值创造环节剥离掉,从而达到降低成本的战略目的；二是考虑自身在产业价值链的定位问题，即企业准备占据价值链的哪个战略性环节。

2) 微笑曲线

微笑曲线由原宏碁集团创办人施振荣于 1992 年提出来，他认为在产业价值链中更多的附加值体现在价值链的两端，即研发和营销环节，而中间的制造和加工环节则是附加价值较小的环节。因此，微笑曲线分成左、中、右三段：左段为研发，表现为技术与专利；中段为组装与制造；右段为营销与品牌。一般来说，追求价值链的主导权则应该向微笑曲线两端迁移。

3) 价值链主导权的基础

既然微笑曲线的两端是价值附加值较高的环节。因此，对于占据或者试图占据这两个价值链环节的企业来讲，不仅要想办法占据这两个环节，而且还要努力主导其他环节的厂商。一般来讲，有两种模式：一是基于品牌优势，通过特许经营来实现；二是基于技术优势，通过技术标准许可来实现。

4) 价值网与企业的竞合关系

由 Brandenburger 和 Nalebuff 提出来的价值网模型包括顾客、企业、供应商、竞争者和配套企业(互补关系)五个力量。[12]与波特的五种竞争力模型相比，前三者没有差别，区别表现在波特的五种竞争力模型强调企业与潜在进入者和替代品两种力量的竞争；而价值网模型则把企业与潜在进入者、替代品、现有厂商的竞争统一概括为竞争者，另外纳入一个新的角色，即互补者。因此，五种竞争力模型主要考虑的是竞争关系，而价值网模型不仅考虑竞争还考虑合作。这是因为企业可以创造两种价值：一是系统价值；二是企业价值。形象地讲前者就是"共同做大蛋糕"，而后者就是"切分蛋糕"。

市场的竞争压力使得越来越多的企业认识到有时如何"共同做大蛋糕"比如何"切分更大的蛋糕"更加重要，尤其是对于新兴行业或新产品推广来讲更是如此。另外，对于现有(期望成为)行业领导者的企业来讲，要更好地在行业内生存和发展，不仅取决于自身发展的状况，更重要的是取决于自己所属价值网的发展状况，因此企业之间的竞争不是企业与企业之间的竞争，而更多成为价值链(网)之间的竞争。当企业之间的竞争关系演变为价值网的竞争时，价值网中的主导企业则会努力为网中的企业构建一个"生态圈"。在这个生态圈上，不同层次的企业之间相互依存，同一层次的企业相互竞争，而主导企业则会带领生态圈中的所有企业与另一个生态圈进行竞争。例如，国内电商淘宝与京东。

2. 平台型商业模式

平台型商业模式并不是新近出现的商业模式，它一直是人类社会中最有效的商业模式，自古有之，如传统的集市、农贸市场等。只是到了 20 世纪 90 年代互联网诞生之后，大量出现的基于互联网技术所构建的平台企业以其巨大的财富积累能力与速度为大家所关注。这些平台企业用了短短十几年，甚至是几年的时间，就完成了传统企业需要几十年甚至上百年才能完成的财富积累过程。2012 年《财富》杂志的统计表明，世界百强企业中有 60 家企业就是借助平台型模式实现了赢利。[13]

1) 平台型商业模式的概念、精髓与本质

国内学者陈威如、余卓轩认为，平台型商业模式指"连接两个(或更多)特定群体，为他们提供互动机制，满足所有群体的需求，并巧妙地从中盈利的商业模式"。这种商业模式的精髓在于构建一个完善的成长潜能强大的"生态圈"。[14]对于构建这个"生态圈"的平台企业来讲，它们往往是"轻资产"公司，自己无须研发、生产和囤积产品，只需要建立一种互动机制，将多个群体的供给与需求对接起来，以达到赢利的目标。

从价值链理论的角度来看，理解产业价值链的目的除了追求成本降低和价值链定位外，还要追求在产业价值链发生变化时对机会的把握。当产业价值链发生变化之时，往往意味着价值链需要重组，因而其中常常蕴含着商机。Christensen 认为，价值链重组为企业的破坏性创新提供了机会。[9]平台型商业模式的最大战略价值在于其创造性破坏的本质。[13]也就是说，可以借助平台型模式改变和打破行业内现有的商业逻辑和假设前提，用新的商业逻辑重新构建行业的商业规则和运营模式。这种创造性破坏为外行人赚内行人钱提供了巨大机会。

2) 平台型商业模式的多边市场

如前所述，平台型商业模式旨在构建一个包括多个群体的"生态圈"。在这个"生态圈"中，单个群体、两个群体或多个群体构成了一个单边、双边或多边市场。因此，构建平台型商业模式的第一步就是确定平台中的不同用户是谁？例如，淘宝就是平台型商业模式，它初期的用户群主要有两类：一类是"卖家"，由各类淘宝店铺构成；另一类是"买家"，则是由千千万万个消费者构成。后来随着平台逐渐成长，一些提供第三方服务，如店铺模板设计、数据分析等的群体逐渐成长为第三边市场。再如，百度则是由三边市场构成：一是搜索信息的用户；二是提供信息的各个信息源的内容网站；三是广告商。

在确定了平台"生态圈"中的各边市场后，接下来就需要明确各边市场的需求是什么？例如，淘宝"买家"的需求是"物美价廉""选择的多样性""便利性""安全性"，而"卖家"则是开店的"经济性""便利性""安全性"。

3) 构建用户增长机制

当平台型商业模式确定了各边市场及其需求后，接下来的主要工作就是构建用户增长机制。平台型商业模式的用户增长机制分两个阶段：第一阶段是平台企业初创时期，此阶段的网络效应甚微。在此阶段，平台企业需要诱因某边市场的用户进驻平台。诱因包括免费、优惠、体验等。第二阶段是平台企业的用户达到了某个临界值后，此阶段的用度增长关键是要激发平台的网络效应。[13]

如果平台项目本身只是由一边市场构建起来的，或者说至少在平台项目的初期是这样的。在此情况下，平台操作者要考虑有没有可能利用同边网络效应吸引用户进驻平台？如何利用？例如，即时通信软件 QQ 利用同边网络效应，采用免费策略实现了 QQ 使用者的迅猛增长。

如果平台项目本身需要由双边或多边市场构建起来。在此情况下，理想的平台用户增长机制应该是首先利用同边网络效应，激发某一边市场的用户增长；然后，再利用跨边网络效应和间接网络效应，激发和带动另外一边或几边市场的用户增长，由此形成平台型商业模式的良好用户增长循环，如图 4.2 所示。

对于平台的操作者来讲，如果平台中的多边市场中某两个(及以上数量)市场间存在跨边网络效应，即双边市场的用户增长以对方的增长为前提，那么先启动哪边市场的用户增长呢？例如，在双边市场的平台型商业模式中，能否吸引买家进入平台的前提是平台中存在着一定数量的卖家能提供其所需的产品或服务；与此同时，能否吸引卖家进驻平台的前提是平台是否存在着足够多的买家，从而形成了一个"是先有鸡，还是先有蛋"的死循环。在这种情况下，平台操作者就需要思考，首先应该启动哪边市场的增长，以及如何启动，从而打破"先有鸡，还是先有蛋"的死扣。

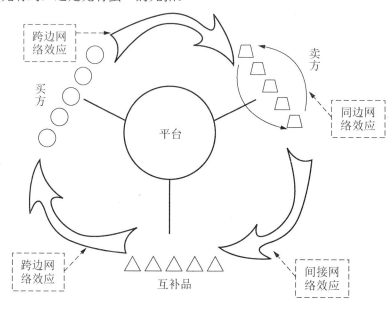

图 4.2　平台型商业模式的多边市场及网络效应

(1) 选择"启动边"。所谓的"启动边"是指在双(多)边市场的平台企业成长中，首先应该选择启动哪边市场。选择"启动边"的基本标准是判断哪边市场拥有更多的话语权，然后向其投入更多的资源。具体来讲，符合以下四个标准之一的市场可以考虑作为"启动边"。

① 存在同边网络效应的一边市场。存在同边网络效应的某边市场，平台企业可以利用网络效应实现用户数量的迅猛增长。

② 市场集中度较高的一边市场。面对集中度较高的某边市场，平台企业选择用户和开拓市场涉及的工作范围较小。例如，在 B2C 平台中，相对于千千万万个普通消费者(C)，企业(B)集中度较高一些。

③ 进驻平台门槛较低的一边市场。在进驻企业的门槛较低甚至没有门槛的情况下，用户为进驻平台不需要额外的投资和付出，这有利于吸引用户进驻平台。例如，淘宝利用免费开店策略，取消进驻平台的门槛，成功吸引各类卖家进驻淘宝平台。

④ 多边同质时，同时启动双(多)边市场。在某些平台型商业模式中，双(多)边市场的用户是同质的，则往往需要同时启动双(多)边市场。例如，婚恋网站中，双边市场的男、女会员就是同质的，因此婚恋平台可能需要采取措施同时启动双边市场。

(2) 用户增长机制。当选择了"启动边"之后，接下来的工作就是如何启动用户增长。这里涉及平台企业的补贴策略、同边用户增长的功能机制和用户过滤机制。

① 平台企业的补贴策略。平台企业的补贴策略就是指平台企业需要判断哪边市场应该

是被补贴者，从而需要将资源投向该边市场，而哪边市场又应该成为付费者，企业可以向其收费，构建平台企业的收入来源。基本原则就是在多边市场中，谁的市场力量(话语权)大，谁就应该成为被补贴方；谁的市场力量小，谁就应该成为付费方。在如今各个市场普遍供大于求，买方力量大于卖方力量的情况下，向买方市场的用户进行补贴，向卖方市场用户进行收费是一个基本原则。但是要具体情况具体分析，具体判断标准有5个，见表4-2。[15]

表4-2 平台企业的补贴策略5原则

序号	判断标准	被补贴方	付费方
1	价格弹性	高	低
2	成长时的边际成本	低	高
3	同边网络效应	正向	负向
4	多地栖息的可能性	高	低
5	现金流汇集的方便度	困难	容易

资料来源：陈威如，余卓轩. 平台战略：正在席卷全球的商业模式革命[M]. 北京：中信出版社，2013.

- 价格弹性。当价格弹性较大时，即意味着购买者的数量和购买意愿会受价格变化的影响较大。在此情况下，当平台企业降低价格时，会吸引用户大量进入平台；而当平台企业提高价格或者竞争者降低价格(平台企业的相对价格就提高了)时，会降低用户进入平台的意愿，甚至是导致原有用户退出平台，从而影响平台用户增长。因此，平台企业可以利用向该边市场进行补贴，以吸引、维持用户增长；相反，当某边市场对价格变化不甚敏感时，此边市场群体就应该成为付费方。

 学习链接

请查阅《微观经济学》，了解和熟悉价格弹性(需求价格弹性)及其他相关弹性概念，边际成本与转换成本的概念。

【知识拓展】

- 成长时的边际成本。当平台企业服务于新用户所产生的边际成本仍能保持较低水平时，该群体就可以成为"被补贴方"，从而使得平台企业不会因为用户增长而带来成本的迅速增高；相反，如果某边市场的群体规模扩大会带来边际成本的上升，则应该成为付费方。
- 同边网络效应。当平台企业的某边市场存在正向同边网络效应时，平台企业可以对其采取补贴策略，从而能有效地吸引该边市场的用户以"倍增式"的速度加入平台，产生惊人的成长效果；相反，当存在负向同边网络效应时，即意味着该边市场的用户间存在着排斥特征，因此平台企业应该向其收费，让愿意支付且有能力支付的用户进驻平台。例如，百度的竞价排名关键词广告，因为搜索结果页面的广告空间有限的，因此百度通过关键词的竞价排名，让愿意出更高价以争取曝光机会的企业付费购买关键词的广告空间，以达到有效宣传自己，排斥竞争对手的目的。
- 多地栖息的可能性。多地栖息的可能性是指平台中某边市场的用户有在同类或相似的几个平台发展的可能性，这意味着这些用户在这些同类或相似平台间的转换成本较低，因此当平台企业向其收费时，这些用户可能会转换到其他费用更低的平台。在此情况下，平台企业就应该向其进行补贴，以便吸引或留住这些用户；相反，当用户不存在在同类或相似平台进行选择的可能性，或者是"变换阵地"带来的转换成本较高时，则平台企业可以向其收费，在此情况下，这些用户就成了付费方。
- 现金流汇集的方便度。简言之，现金流汇集的方便度是指平台企业向用户收费的方便性。如果平台企业向某用户群收费时的难度很大，或者成本很高，则该用户群就应该成为被补贴方；相反，如果向某用户群收费时的难度或成本都很低，则该用户群就应该成为付费方。

必须强调的是，平台企业构建的多边市场中，并不存在着固定不变的被补贴者和付费方，平台企业需要根据企业发展的各个阶段的具体情况和发展需要进行判断，做出调整。常常的情况是前一个发展阶段，某边市场的用户是被补贴方，而到了下一个发展阶段则变成了付费方。另外，有时没有完全单纯的付费方和被补贴方，即某边市场的一部分用户是被补贴方，另外一部分用户又是付费方。例如，一些婚恋网站，构成其双边市场的男会员和女会员中都有一部分用户愿意付费成为高端用户，享受平台企业提供的付费服务；而另外一部分用户则不愿意付费，仅仅享受免费服务即可(被补贴方)。有时平台企业会在某个方面向用户补贴，而其他方面却同时要求用户付费。例如，淘宝初期，通过免费开店策略，向卖家提供补贴，但却要求抽取卖家销售收入的一定比例作为服务费。

② 同边用户增长的功能机制。除了补贴策略外，平台企业还可以通过一些其他策略，实现用户之间的相互激励和增长。现实中可采用的方法很多，重点有以下几种。
- 评论。用户可以对某则信息发表自己的评论，展示自己对事件的看法。现在大多数的网站都会有对内容的评论功能。一些字数有限且观点简洁明确的评论会以标签的形式出现在正文下方，如果其他用户有相似观点可以对此标签进行"投票""顶"或点"赞"，从而快捷地表现自己的观点。
- 分享。除发表自己的观点外，用户还可以通过平台所提供的"分享"功能，将自己的观点分享到其他媒体上，从而实现信息在更大范围内的传播。二维码已经成为平台将内容从 PC 端分享到移动端的"标配"(图 4.3)。
- 邀请。有时平台企业可以利用用户已有的社会网络，通过让用户向其社会网络中的其他用户发出邀请，来进一步实现用户增长(图 4.4)。

③ 用户过滤机制。除了追求平台用户数量的增长外，平台企业还需要保障用户的质量，即将真正属于平台的用户筛选出来，剔除劣质用户，从而达到保护平台生态环境的战略目的。
- 用户身份鉴定。通过一些奖励机制，让用户在平台上实名注册，从而实现对用户的筛选。一般来讲，刚开始时用户往往会对实名注册报有一定的抵触心理，这既有用户对个人信息安全的顾虑，也有嫌麻烦的考虑。这就要求平台企业一方面分析用户的需求层次，设计好所提供的服务或产品组合，即既有一些基本服务，不需要实名注册；又有一些需要实名注册的高端服务项目；另一方面还需要设计一

些奖励机制，吸引用户进行实名注册。同时，还需要优化用户注册的流程与时机，即需要考虑在用户使用平台服务的哪个流程环节或时机时，为其提供注册窗口。

图 4.3　评论与分享机制

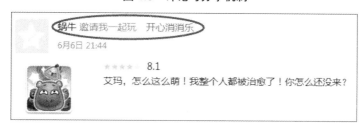

图 4.4　QQ 空间的用户邀请机制

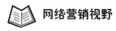

世纪佳缘的用户过滤机制

世纪佳缘是一个为单身人士提供严肃婚恋交友服务的婚恋网站。2003 年，世纪佳缘由北京大学文学学士、复旦大学媒介经营管理硕士龚海燕在读研究生二年级时创办。2011 年 5 月 11 日，世纪佳缘登陆美国纳斯达克。截至 2015 年年底，世纪佳缘用户注册总数超 1.6 亿，年平均月活跃用户数约为 530 万。世纪佳缘拥有完善的身份验证体系，当会员完成注册和身份验证后，既可以在平台中让潜在对象迅速判断会员已经完成平台注册和身份验证，彼此值得信赖，增加了个人曝光机会，又可以积累个人信誉。同时，当新会员提供了真实身份信息后，平台为奖励新会员一张"邮票"，从而使其利用此"邮票"实现与心仪对象的发信沟通，让会员体验平台的服务。会员获取这种"邮票"可以通过两种途径：一是完成平台指定的任务，获取免费积分，用积分换邮票；二是可以直接购买。这样一来，既可以引诱用户完成身份验证，实现用户过滤，又可以吸引用户付费，实现平台盈利。

资料来源：

世纪佳缘. http://www.jiayuan.com/bottom/index.html [2015-6-2].

- 事先完成支付手续。这种功能机制常常见于一些团购网站，即用户参与商品的团购时，必须事先完成支付手续，以此过滤掉那些不严肃、瞎起哄的用户。
- 用户评论机制。平台企业可以通过让用户评论用户，实现用户之间的彼此监督。这种相互评论机制适用于同边市场的用户群体和跨边市场的用户群体之间。当这种评论达到一定数量级时，用户的这种评论便形成了一种公信力，可以成为人们选择是否该与其进行交流、交易的重要参考依据，而被评论者也可以借此在平台上打造品牌。

(3) 激活跨边网络效应和间接网络效应。平台企业的价值是因为其连接了双边甚至是多边市场群体。当通过一些方法激活了同边网络效应，实现某边市场用户群的增长之后，平台企业的话语权也得到了提升，即可挟裹已经吸引的一边市场用户，利用跨国网络效应和间接网络效应，去激发另一边市场用户的增长。

4) 盈利模式

盈利模式主要探讨收入从谁而来？如何而来？固定盈利还是变动盈利？

(1) 收入来源的对象。一般来说，平台型商业模式中原本的"付费方"通常是平台收入的主要来源群体。基本原则是向平台上市场力量弱的一方收费，简言之就是"欺负弱者"。例如，淘宝向卖家收费。但平台收入来源的对象并不是固定不变的，可以依据企业不同发展阶段的战略需要进行调整。例如，互联网招聘平台"前程无忧"一开始是向"付费方"——企业进行收费；之后，开始向"被补贴方"——应聘者收费。有时，平台可以同时向买卖双方收费，如阿里巴巴同时向采购方和供货方收费。

(2) 如何盈利。如何盈利主要是研究平台向被收费方收费时，收什么费？这取决于平台企业向被收费方提供的服务。例如，前程无忧网站一开始向企业群体主要收取会员月费、职缺发布费，以及其他增值费等。之后向应聘者收费是因为网站向应聘者提供查看哪些企业浏览过自己的简历及应聘者简历在众多求职者简历中的竞争力排名等服务。

更多的时候，平台操作者往往提供多种产品或服务，因此经常一部分产品或服务是免费的，而另一部分产品或服务则是收费的。因此，平台企业要构建多层次的产品或服务体系(详见本章后面的"产品金字塔模式")。

构建"现金池"也是平台企业盈利的主要方式。平台企业往往扮演着买卖双方交易中间人的角色，买方常常需要把交易款先行划给平台企业，待卖方发货，买方确认收货，双方交易无误后，在规定的时间内平台企业再把交易款划给卖方。在这个过程中，存在一定的时间差。因此，买卖双方大量的交易款就经停于平台企业，平台企业由此可以构建"现金池"，从而实现更大盈利。

"天下没有免费的午餐"，平台企业要通过向平台中各个群体用户提供服务来盈利，就必须具备提供服务所需的资源与能力，如果平台企业自身不具备这种资源与能力，则需要进一步考虑整合哪些能提供这种资源与能力的群体进入平台，从而构建新的一边市场。

(3) 固定盈利和变动盈利。固定盈利是指平台企业向被收费方收取固定费用。变动盈利是指平台企业基于某个经营变量，而收取一定比例的费用。对于平台企业来讲，固定盈利保证了平台企业有稳定的收入来源，但对于平台中被收费群体来讲，则是一笔固定负担，而不论其经营收入情况如何。这种模式不能体现平台企业与被服务群体的休戚与共；相反，变动盈利则是在考虑被服务对象自身经营情况的前提下，对其进行收费。经营情况好，则多收;经营情况不好,则少收甚至不收,体现了平台企业与平台上被收费方之间的休戚与共。更多的情况是平台企业往往采取混合盈利,即有某些固定收入,如会员费等,也有一些变动收入,如抽取被收费对象一定比例的经营收入作为收入。

5) 平台的物质基础

在现实的平台型商业模式中,存在着各种各样的平台类型。它们可能是网站、软件、硬件、地理空间等。

6) 平台型商业模式的特点

(1) 平台型商业模式为外行人赚内行人的钱提供了机会。平台型商业模式要求平台操作者利用新的价值创造思维,对原来的产业价值链进行创造性的破坏和重整,这为外行人提供了进入行业内的机会。例如,阿里巴巴本身并不是外贸公司,但却利用平台模式赚外贸商的钱;美国运通公司最早不过是一家旅游代理公司,但却通过商业模式创新成长为一家信用卡公司,成功切入金融行业。

(2) 平台型商业模式的市场机会。当市场上已经存在买卖双方,但买卖双方彼此找不到对方,或者双方需求存在错位时,平台型商业模式应运而生。

(3) 平台企业的任务在于维护平台的公共空间,提供公共服务。这些公共服务包括清晰、简单、易操作的前台用户界面和功能强大而稳定的后台功能服务。除此之外,公共服务还包括一个重要任务就是维护平台各方的信任和良好的市场秩序。

(4) 平台企业着眼于整个产业链的整合与创新。平台企业是一个舞台搭建者和维护者,而平台各边市场群体则是舞台上的舞者。

(5) 平台企业的价值取决于平台上互补者的规模。从双边市场来讲,平台上的买卖双方数量越多,平台的价值就越大。

3. 网模式

1) 网模式的商业智慧

网模式的本质就是构建一个包括众多节点,以及节点间联系在内的网络。现实商业社会中,最常见的网模式就是连锁经营模式和销售渠道网络。网模式的价值不是以单个节点的规模来衡量,而是以节点的数量与密度来衡量。

网模式的商业智慧类似于自然界中那些以群居模式生存的生物,如蚂蚁、蜜蜂等。观察这些单个个体弱小而群体力量和生存能力惊人的物种与那些个体力量强大、独立生存的物种,如虎、熊等。我们会发现以群居模式生存的物种有三个特点:一是食量不能太大,食量大即增加了生存风险,对于商业模式构建的启发就是避免重资产运作;二是繁殖能力强大,像蚂蚁、蜜蜂这些物种的生存能力就体现在它们拥有比虎、熊之类的大型物种更强大的繁殖能力,对于商业模式构建的启发就是商业模式必须拥有强大的复制能力;三是群体内要有良好的沟通,良好的沟通保障了群体作为一个整体的生命力。对于商业模式来讲,这就要意味着商业项目内部各子系统间要有运作顺畅的沟通与管理机制。

2) 网模式的运作

(1) 建网之初需要自建网点与借力建设同时进行。借力建网往往采取加盟方式。通过加盟方式可以达到两个方面的效果:一是整合更大范围内的社会资源为我所用;二是加快建网速度,在市场初期,"跑马圈地"、抢占市场份额往往是网模式运作的重点,通过加盟

(2) 建网时要考虑各网点之间的"紧""密"。所谓的"紧"是指各网点之间的连接或关联要密切。例如，在连锁经营中，直营店就比加盟店更"紧"。所谓的"密"就是在单位区域内的网点的数量多寡。例如，著名的连锁便利经营商 7-11 就奉行区域领先开店策略，即如果要在一个区域开店，就将店开到足够密，从而在区域范围内形成垄断，挤掉竞争对手，这就是密。

(3) 网中的网点规模大小是次要的，关键是网的规模。网模式的价值不是以网点规模大小来衡量的，而是以网的规模，即网中无数的网点规模的总和来衡量的。

(4) 除了借力外，提高建网速度还取决于网点的复制能力。形成复制有两个基本前提：一是标准化。标准化的前提是把各网点经营对人，尤其是高水平员工的依赖降到最低，甚至是"砍掉"。例如，中式快餐很难与洋快餐进行竞争的重要原因就是行业的标准化程度较低，主要依赖于大厨的个人水平。而真功夫通过"蒸"的技术克服了中式快餐对师傅的依赖，通过蒸箱解决了中式快餐的标准化问题，从而赢得了快速成长。二是商业项目的成长能不能突破资金瓶颈。因此，轻资产的商业模式设计就特别重要(见本章 4.1 节的"商业模式的构成要素"之"成本结构")。

(5) 通过交叉销售，提高网的价值。网的价值不仅取决于网的"外在"——规模，而且还取决于网的"内在"——经营内容。因此，需要通过交叉销售来填充网的经营项目。一般的思路有两点：一是根据产品的互补性进行填充；二是基于目标顾客的需要。任何一个网都面对一个特定的顾客群，基于顾客群的需求进行经营项目开发是网模式填充经营内容的重要思路。进一步讲，当网具备一定规模时，网本身已经成为公司的重要经营资源，既然是一项重要经营资源，就要进一步发挥作用(详见本节之"基于公司层面的资源衍生模式")。例如，作为一家直接面对社区居民的便利店，7-11 除了卖东西外，还提供收水电费、收寄快递等社区居民服务。

4.2.2 基于公司层面的资源衍生模式

1. 资源衍生模式的商业智慧

"一鱼多吃"是广东人的饮食文化，一条鱼的鱼皮可以用来凉拌，鱼肉可以切片涮锅，鱼骨打碎了可以做粥，鱼头可以做焗鱼头，鱼肠可以做成鱼饼等。这种"一鱼多吃"的智慧可以用来概括资源衍生商业模式的商业智慧。资源衍生模式就是对公司一项资源，尤其是重要资源进行反复利用，延伸其经营用途，使得一项资源的价值得到充分挖掘。

2. 资源衍生模式的运作

1) 认识和挖掘公司的核心资源

认识和挖掘公司的核心资源是开启资源衍生商业模式的第一步。这些核心资源可以是一项专利或版权，如影视公司的影视作品的版权，以此版权为核心资源可以开发一系列的衍生产品；也可以是公司的销售网络，除了卖自己公司的产品，也可以代理其他公司的产品；还可以是公司的销售队伍，如史玉柱就充分利用其营销保健品建立的庞大高效的地面推广队伍，进行网络游戏产品的推广；也可以是企业品牌，如海尔公司就充分利用其品牌影响力，开展品牌延伸，下辖各类消费类电子产品。

2) 衍生业务要与核心资源密切相关

不要为了衍生而衍生，从而导致陷入衍生陷阱。离开了核心资源而开展的衍生项目其实是开始了一项新的项目，其已经脱离或偏离了资源衍生商业模式的本质。

3) 衍生过程中的业务外包和资源整合

当公司利用和挖掘一项核心资源的价值时，往往会进入与公司目前业务无类的领域。此时，公司面临两个问题：一是新业务与核心资源的关系是什么？这种关系的实现形式是什么？二是新的业务领域是自己运营操作，还是整合其他人来经营。例如，苹果手机是一个让用户喜爱的产品，进一步挖掘这个产品的价值就是开发基于苹果手机的第三方应用程序，此时苹果公司采用的思路是通过 App Store 进行资源整合，而不是自己来开发和提供第三方应用程序服务。

4.2.3　基于产品或服务层面的商业模式

1. 产品开门模式

1) 产品开门模式的商业智慧

简言之，产品开门模式中的"产品"是一把"钥匙"，"开门"是打开与顾客的交易关系。此时的产品不仅仅是一块"敲门砖"，更是企业与顾客维持长期交易关系的载体。也就是说，当企业与顾客的交易关系被"打开"之后，并不是交易关系的结束，恰恰相反才刚刚开始。打开的不是一次性的交易，而是一辈子的生意。因此，产品开门模式的商业智慧就是用某个"拳头"产品打开与顾客做一辈子生意的交易大门。

比较典型的商业案例就是移动运营商开展的"充话费送手机"的促销业务。此时，手机发挥的"开门砖"的作用，用来打开与顾客的交易关系，当顾客接受赠送手机后，企业与顾客的交易关系并不是结束了，而是刚刚开始。

2) 产品开门模式的运作

(1) 思考企业是做"一次性"生意，还是"一辈子"生意？对于那些销售的产品或服务存在着互补品情形的企业往往隐含着这样的商业机会。例如，销售打印机的企业，其打印机与墨盒或色鼓是一组互补产品。此时企业可以选择做"一次性"生意，简单销售掉打印机即可；也可以选择"一辈子"生意，通过低价销售打印机，打开与顾客的交易关系大门，通过这种交易关系销售墨盒、色鼓、打印纸等产品，而后者不仅毛利率高，且是易耗品。

(2) 思考企业所有的销售和服务行为背后是否隐含着下一次的销售机会。如果有，就要思考企业当前的销售与服务行为与隐含的销售机会的关系，能否让前者为后者扮演"敲门砖"？如果没有，也可以进一步思考在企业的销售或服务等一切与顾客发生接触的环节或地方，能否为与顾客的下一次交易的发生创造机会？

(3) 思考企业经营中，谁来扮演"敲门砖"，谁来扮演"赚钱者"？是由硬件来开门，软件或服务来赚钱？还是由软件来开门，硬件来赚钱？

(4) 思考隐含的下一次销售机会所在的业务领域是否是企业擅长的或者有能力与资源进入的？如果隐含的下一次销售机会并不是企业现有资源与能力擅长去经营的，此时企业怎么办？如果企业在新的业务领域无法站稳脚跟，建立竞争优势，面临的很可能是为他人做嫁衣。

2. 产品金字塔模式

简单地讲，产品金字塔模式就是企业基于顾客对同类产品的需求差异，开发出不同类型(如高、中、低档)的产品，从而最大化的占有市场，而这些产品构成了形象的"金字塔"。

1) 产品金字塔模式的商业智慧

企业之所以需要多产品经营的重要前提是多样化的市场需求。例如，轿车，有人需要它仅仅是解决代步的问题；有人则不但要考虑代步，还要考虑一些品牌影响力；而还有一些人则将轿车作为身份和地位的象征。对于汽车厂商来讲，就需要开发出不同档次的汽车产品来满足消费者多样化的需求。因此产品金字塔模式的商业智慧就在于基于市场的多样化需求，企业开发出扮演不同角色的产品来针对性地满足这些需求。

对于多产品经营的企业来讲，产品金字塔模式就是要求梳理企业所有产品，思考哪些产品是处于金字塔塔基的？哪些产品是处于塔腰的？哪些产品又处于塔尖？一般来讲，塔基产品是低端产品，主要的任务是吸引顾客，对抗竞争，扮演防火墙的角色，以及培育顾客；而塔腰产品则常常是毛利较高，且有一定顾客基础的产品；塔尖类产品往往是企业或品牌形象的代表，其作用主要是树立品牌形象，吸引高端客户。

2) 产品金字塔模式的运作

(1) 了解市场需求的差异性。当同一类产品的客户需求差异较大时，就可以使用产品金字塔模式来构建企业的产品组合，如城市公园。对于大多数晨练的人们，公园仅仅就是他们锻炼的场所；对于那些热恋中的青年男女，公园就是一个谈情说爱的地方；而对于那些周末要带小孩到公园游玩的家长，公园就是孩子的乐园。

(2) 开发多样化的产品。产品金字塔是由一组扮演不同角色(名气、规模、利润、现金流)，满足不同需求的多样化产品构建的一个有机整体。这些多样化的产品可能是功能不同、设计不同、风格不同、当然价格也会不同，但是要注意的是企业之所以构建一个由多样化产品构成的产品金字塔是因为顾客需求的差异。因此，一定要基于顾客需求进行产品金字塔的设计与构建，不能一厢情愿。

(3) 重视塔基产品的设计与组合。塔基产品往往扮演三类角色：一是挣钱的角色，尽管塔基产品单个利润率低，但其量大，整体利润往往并不逊色于高端产品。二是培养顾客消费习惯和对品牌认同。只有顾客使用或消费企业的产品才可能产生消费体验，才可能慢慢形成对品牌的特定消费习惯和产生品牌认同，尤其是对于体验型产品或服务更是如此。例如，对于网络游戏产品，不能仅仅通过广告宣传来吸引玩家，而是需要玩家上手来玩，才可能形成消费体验。因此，今天大多数网络游戏产品都通过免费玩的策略培养新玩家的习惯，让其对游戏产品产生认同。三是塔基产品来扮演防火墙，具有阻止竞争的作用。因为新的潜在进入者进入一个新市场，往往都是从低端市场开始切入，慢慢积累实力，再向高端市场迈进。因此设计塔基产品可以用来打击潜在竞争对手进入该市场。

(4) 确立品牌策略。此处所讲的品牌策略是指企业众多产品是使用同一品牌呢，还是使用不同的品牌？一般来讲，当需求差异较大，品牌对于建立顾客认同发挥重要作用时，通常使用多品牌策略。

(5) 思考众多产品之间是否能形成"开门模式"。即某个产品的销售会为后续更多产品的销售提供机会。例如,免费逛公园的这种服务,就有可能会为公园的其他游乐服务提供销售机会。因为当一个晨练的人在公园锻炼时,看到公园新建了某种游乐设施后,很可能会决定周末带孩子过来体验一下,从而就为公园的其他游乐设施服务提供了销售机会。

3. 免费模式

1) 免费模式的本质

免费模式自古有之,但随着网络经济的迅猛发展,免费模式已经成为近几年最受关注的商业模式之一。例如,美国科技博客 Business Insider 下属研究机构 BI Intelligence 发布的报告显示,苹果 App Store 收入排名前 100 名的应用有 2/3 是免费的。[16]从购买方的角度来看,购买任何商品都需要付出成本,这些成本包括货币成本、时间成本、精力成本和体力成本;[17]同时也存在决策风险,即购买失误带来的财产与精神的损失。免费就是让渡全部(部分)价值,降低购买方的购买成本与购买决策风险。

2) 免费模式的运作

(1) 识别免费模式运用的情形。通过免费模式,卖方为买方让渡价值,降低其购买成本和购买决策风险,卖方其实是承担了全部或部分风险。换言之,卖方为买方生产、提供产品或服务的过程中,肯定是做了投入的,但这些投入并未从买方那儿获得补偿,对于卖方即意味着风险。因此,在以下两种情况下可以考虑运用免费模式。

【知识拓展】

一是做出免费决定的一方自己可以不用承担风险或者可以将风险转移给别人,此时可以考虑采用免费模式。例如,大型零售商常常用接近甚至是低于成本的价格开展促销活动(部分免费)的背后就是这些大型零售商能通过自己的终端力量将风险转移给这些产品的生产厂家。

二是如果做出免费决定的一方有把握让消费者在体验或使用了免费的产品或服务之后,愿意选择后续收费的产品或服务。这种关系类似于鱼饵与鱼钩的关系,即免费是鱼饵,引诱用户,那最终能不能勾住用户,要看有没有"鱼钩型"的产品或服务。从这个角度来看,这种免费情形类似于产品开门模式。操作程序通常是通过"免费"来开门,后续产品或服务盈利。BI Intelligence 发布的报告显示,App Store 收入前 100 名的应用,有 95%采用应用内收费,[16]即用户在免费下载安装这些第三方软件之后,软件开发商通过应用程序内设计的收费模式进行盈利。

(2) 免费模式常常被用来获取用户。获取用户有两个基本来源:一是从竞争对手那儿转换过来的用户;二是从未使用过类似产品或服务的用户。

对于前一种来源的用户,免费就是为了降低这些用户的转换成本。基本思路就是"将他人的核心价值变成我们的附加价值"。[10]典型案例就是 360 免费杀毒软件。在 360 杀毒软件之前的所有杀毒软件公司的盈利都是通过杀毒软件本身来获取的,这是这些杀毒软件公司的核心价值,结果 360 公司将对手的这种核心价值通过免费模式变成了自己的附加价值。

对于后一种来源用户来讲，免费就是增加接触，降低购买风险。因为许多产品或服务要赢得用户信任的最重要前提就是用户与产品或服务有过接触，有过使用体验和经历。

(3) 思考用谁来免费，用谁来收费。即谁是鱼饵，谁是鱼钩。"饵-钩"之间关系如何打造？对于一些互补品来讲，"饵"与"钩"的关系是天然的。此时耐用硬件往往是饵，易耗品往往是钩，如刀架+刀片、打印机+墨盒、利乐包装机+包装材料等。对于一些非互补品来讲，饵与钩的关系并不是天然的，除了思考谁是饵，谁是钩外，还需要精心设计两者的关系。而两者的关系通常有以下四种情形。

一是免费产品扮演平台角色，然后通过向此平台上的其他群体收费。例如，QQ、微信等即时通信软件。

二是"饵"与"钩"可以捆绑销售。例如，360奇虎公司将杀毒软件、安全卫士、软件管理、浏览器等捆绑销售。

三是"饵"与"钩"本身就是同一种产品或服务，而这些产品或服务具有很强的体验性，因此需要通过免费让顾客体验产品或服务的价值，从而为产品或服务的后续营销提供可能。例如，一些企业通过免费试用、试吃、试饮等促销手段，打开顾客的产品或服务体验经历，促进产品或服务销售。

四是"钩"被植入"饵"中。例如，网络游戏产品就是通过免费玩，然后在游戏进行过程中，通过卖游戏装备进行盈利。

4.3 商业模式创新的路径

4.3.1 商业模式创新的前提

商业模式创新的前提就是首先寻找决策与思考的假设与前提；然后探讨这些我们习以为常甚至忽视它们存在的假设与前提是否绝对正确，能不能被推翻或打破。当我们推翻或突破了习以为常的决策与思考的假设与前提时，创新的可能就出现了。表4-3列出了几个商业模式创新案例。

表4-3 商业模式创新案例

序号	原　假　设	突　　破	案　　例
1	照相就需要胶卷	照相可以不需要胶卷	数码相机
2	媒体都需要有内容	媒体可以不需要内容	分众传媒
3	咖啡厅是让人休闲的	咖啡是一种饮料，无关文化	台湾的85度C咖啡
4	运动装只是在运动时才穿	休闲不运动时也穿运动装	Kappa时尚运动装

4.3.2 商业模式创新的路径

可以遵循两条基本思路进行商业模式创新：一是跨行业、跨国别复制；二是通过深入与客户进行沟通、交流、碰撞，获得创新灵感。

1. 跨行业、跨国别复制创新

顾名思义，跨行业、跨国别复制就是将在别的行业、别的国家的商业模式复制到本行业和本国的商业模式创新路径。尽管是"复制"，其实包含着大量的创新环节。首先，商业模式是一整套的复杂系统设计，当我们了解和考察别的行业和别国类似甚至是毫不相关的商业项目的商业模式时，我们只能看到其一部分的表象，更深层次的东西还需要进行原创设计；其次，不同行业和不同国别的市场生态不同，不可能完全照搬。这种商业模式创新是目前国内互联网行业商业模式创新的重要路径之一，见表4-4。

表4-4 跨行业、跨国别复制创新商业案例

序 号	商业领域	原 案 例	复制案例
1	门户网站	雅虎	新浪、搜狐等
2	搜索引擎	谷歌	百度等
3	视频网站	YouTube	优酷、土豆等
4	C2C平台	eBay	淘宝
5	网上书店	亚马逊	当当网
6	专车	Uber	滴滴打车等
7	团购网站	Groupon	美团、窝窝、拉手网等

跨行业复制创新的关键是要认识到欲复制的目标行业的商业模式的精髓、本质。这也是跨行业复制创新的难度所在。

2. 与客户、合作伙伴交流、碰撞的灵感创新

从营销学来看，客户就是市场，来源于客户的需求都是创新的第一源泉。商业模式构成的第一要素就是客户细分与需求挖掘。只有经常与客户深入交流与沟通，了解他们的烦恼和痛点，才能知道如何创新产品或服务，甚至我们的商业模式。

今天，互联网的发展已经给我们提供了通过大数据了解客户需求与市场状况的机会和方法。因此对消费者数据的收集已经成为企业战略的重要组成部分。"计量和记录一起促成了数据的诞生，它们是数据化最早的根基。"[18]数据的真实价值其实就像漂浮的冰山，第一眼看到的只是冰山一角，其绝大多数的价值隐藏在表面以下。因此，未来需要更多的数据挖掘与分析师，甚至是数据科学家。他们需要从看似混乱的海量数据中找到真正有价值的信息。

根据维克托·迈尔-舍恩伯格和肯尼思·库克耶的观点，[18]大数据价值链有三大构成：数据本身、技能和思维，分别对应着基于数据本身的公司、基于技能的公司和基于思维的公司。基于数据本身的公司是拥有大量数据或者至少可以收集到大量数据，但不一定有从数据中提取价值或者用数据催生创新思路的技能的公司。而基于技能的公司则是掌握了专业技能但并不一定拥有数据或者提出数据创新性用途的才能的公司，这些公司一般是咨询公司、技术供应商和分析公司。而基于思维的公司是指知道如何挖掘数据的新价值的公司。所谓的大数据思维，是指一种意识，认为公开的数据一旦处理得当就能为千百万人急需解决的问题提供答案。[18]正是一些拥有大数据思维的电子商务先驱们，其思想没有被传统行

业的固有思维和制度缺陷所限制,他们才开创了一个个全新的商业模式。例如,在对冲基金工作的金融工程师杰夫·贝索斯创建了网上书店亚马逊;软件开发工程师皮埃尔·奥米迪亚建立了一个拍卖网站而不是传统的拍卖公司苏富比。

 网络营销视野

谷歌,从大的"噪声"数据中受益

谷歌敏锐地注意到,人们经常搜索某个词及其相关词,点击进入后却未能找到想要的信息,于是又返回到搜索页面继续搜索。在这些过程中,谷歌清楚地知道人们点击的是第1页的第8个链接还是第8页的第1个链接,或者是干脆放弃了所有搜索点击。虽然谷歌不是第一个洞察到这一点的公司,但它利用了这一点并取得了非凡成就。谷歌意识到如果许多用户都点击搜索结果页底部的链接,就表明这个结果更加具有相关性,谷歌的排名算法就会自动地在随后的搜索中将它提到页面中比较靠前的位置。

资料来源:

[英]维克托·迈尔-舍恩伯格,肯尼斯·库克耶. 大数据时代[M]. 盛杨燕,周涛,译. 杭州:浙江人民出版社,2013:147.

本章小结

商业模式的策划与设计是网络创业项目策划的重中之重。它直接关系到网络创业项目的市场竞争力。由于研究视角的不同,不同的学者对商业模式内涵的认识和界定也有所不同。在众多关于商业模式的界定中,Osterwalder 等的"九要素模型"影响最大,具体包括:客户细分、价值主张、渠道通路、客户关系、收入来源、核心资源、关键业务、重要合作、成本结构。

本教材主要介绍了六种常见的商业模式,具体包括平台模式、网模式、资源衍生模式、产品金字塔模式、产品开门模式和免费模式。

平台型商业模式是指为两个以上的特定群体搭建一个互动机制,以满足所有群体的需求,并从中实现盈利。平台模式的本质是构建生态圈,其最大的价值是以破坏性创新为网络创业者提供了一个改造传统价值链的最大机会。网模式的本质在于构建一个由无数节点及其连接构成的商业网络,网的价值不是取决于单个节点的规模,而是取决于节点的数量和节点间的连接强度。资源衍生模型的实质就是实现企业重要资源的重复利用,是典型的"一鱼多吃"。产品金字塔模式的实质是如何为顾客的差异化需要提供针对性的差异化产品或服务,这些产品或服务如何构建成一个有效的金字塔。产品开门模式提醒网络创业者思考"我们打算与客户做一次性的生意,还是做一辈子的生意?"免费模式的本质是在低于应有的购买成本的基础上,让渡全部(部分)价值。免费模式要设计好项目的风险控制和转移机制。免费模式常常被用来获取用户。

需要强调的是,现实中的网络创业项目往往是多种商业模式的有机整体,不可能是单一模型贯穿商业项目的始终。

实现商业模式的创新需要一个重要前提,就是识别现有商业模式的基本假设。从实践的角度来看,实现商业模式的创新可以沿着两个路径来思考:一是跨界,即跨行业、跨国界复制;二是从合作伙伴和顾客那儿获取创新灵感。

第4章　网络创业项目的商业模式构建与创新

习　题

一、名词解释

商业模式、商业模式要素、微笑曲线、价值网、网络效应、平台模式、网模式、资源衍生模式、产品开门模式、产品金字塔模式、免费模式、多边市场、现金池

二、案例分析题

商业模式的力量：150辆大巴车免费乘但盈利上亿

搭乘飞机的乘客在四川成都机场常常会看到四川航空免费接送乘客往返机场到市区的休旅车。根据媒体报道，四川航空这种免费搭乘的免费休旅车共150辆。就是这样一个免费搭乘的项目每年可以为四川航空贡献上亿的盈利。它是怎么做到的呢？

据媒体报告，四川航空公司为了延伸服务空间，提高在陆地上航空服务的水平，决定挑选高品质的商务车作为旅客航空服务班车在市区与机场之间，为购买公司5折以上票价的乘客提供免费接送服务。为此，四川航空一次性从风行汽车订购150台风行菱智MPV。为此，四川航空还制订了完整的购车流程和选车标准。

作为一次大批量采购，四川航空要求以每辆9万元的价格购买原价为14.8万的风行菱智MPV。与此同时，四川航空给风行汽车的条件是，四川航空要求司机在载客的途中向乘客详细介绍风行菱智MPV这款汽车。简单地说，就是要求司机在乘客的乘坐体验中顺道帮助风行汽车做广告，销售汽车。每一部车可以载7名乘客，以每天3个来回计算，宣传效果也非同一般。

接下来的问题是司机哪里找？招募那些没有工作，又想做出租车生意的司机。四川航空以一台休旅车17.8万的价钱出售给这些准司机，17.8万元中包含了特许经营费用、管理费用等全部固定费用；并且告诉准司机们只要每载一个乘客，四川航空就会付给司机25块人民币！

对于四川航空来讲，除了车辆的转售收益外，每天150辆挂着"免费接送"字样的车辆穿梭于成都的大街小巷本身就是一个流动的广告宣传。除此之外，150辆休旅车车身也是一个流动的广告宣传媒体。这项"免费接送"的延伸服务每天多给四川航空带来10000万营业额。据媒体报告，这一举措为四川航空带来上亿利润。

问题：

1. 这个案例中，涉及哪些利益相关方？

2. 根据案例描述，总结每个利益相关的获利(益)是多少或有哪些？付出的成本或代价又分别具体是什么？

3. 四川航空的此项目能得以运作成功的条件有哪些？

资料来源：

新浪网. 150辆大巴车免费乘，但盈利上亿[EB/OL]. http://bj.house.sina.com.cn/scan/2014-11-09/09102977708.shtml[2014-11-09].

本章参考文献

[1] Linder J, Cantrell S. Changing Business Models: Surveying the Landscape[C].A Working Paper from

Accenture Institute for Strategic, Change, 2000.

[2] Bacharach S B. Organizational theories: some criteria for evaluation[J]. Academy of Management Review, 1989, 14(4): 496—515.

[3] Morris M, Schindehutte M, Allen J. The entrepreneur's business model: toward a unified perspective [J]. Journal of Business Research, 2003, 58(1) : 726—735.

[4] Chesbrough H. Why companies should have open business models[J]. Sloan Management Review, 2007(2): 22—31.

[5] 龚丽敏,江诗松,魏江. 试论商业模式构念的本质、研究方法及未来研究方向[J]. 外国经济与管理. 2011(3): 1—8.

[6] [瑞士]亚力山大·奥斯特瓦德, [比利时]伊夫·皮尼厄. 商业模式新生代[M]. 王帅,毛心宇,严威,译. 北京: 机械工业出版社, 2014.

[7] 罗珉. 商业模式的理论框架述评[J]. 当代经济管理, 2009(11):1—8.

[8] 原磊. 国外商业模式理论研究评介[J]. 外国经济与管理. 2007(10):17—25.

[9] Christensen, C. M. The Innovators Dilemma: When New Technologies Cause Great Firms to Fail [M]. M A: Harvard Business School Press, 2000: 188—215.

[10] 彭志强,等. 商业模式的力量[M]. 北京: 机械工业出版社, 2009.

[11] [美]小艾尔弗雷德·钱德勒. 规模与范围: 工业区资本主义的原动力[M]. 北京: 华夏出版社, 2006.

[12] Brandenburger A M, Nalebuff B J. The right game: use game theory to shape strategy[J]. Harvard Business Review, 1995(73):57—71.

[13] Eisenmann T, Parker G, van Alstyne M W. Strategies for two-sided markets [J]. Harvard Business Review, 2006, 84(10):92.

[14] 陈威如,余卓轩. 平台战略: 正在席卷全球的商业模式革命[M]. 北京: 中信出版社, 2013.

[15] Eisenmann, T., Parker, G., Van Alstyne, M. W. 双边市场的策略[J].哈佛商业评论, 2006(10):92.

[16] BI Intelligence: 数据显示iPhone应用收入TOP100中93%采用应用内购买[EB/OL]. http://www.199it.com/archives/61871.html[2012-08-8].

[17] [美]菲利普·科特勒. 营销管理(新千年·第十版)[M]. 梅汝和,梅清豪,周安柱,译. 北京: 中国人民大学出版社, 2001: 43.

[18] [英]维克托·迈尔-舍恩伯格,肯尼斯·库克耶. 大数据时代[M]. 盛杨燕,周涛,译. 杭州: 浙江人民出版社, 2013.

第 5 章

网络营销平台构建

学习目标

◆ **知识目标**
- 用口头陈述或概念图画出企业网络营销平台构建的一般过程;
- 用关键词列示企业网络营销平台建设的基本内容。

◆ **能力目标**
- 基于企业网络营销平台构建的一般过程,为某个网络创业项目策划一则网络营销平台的建设方案。

■ 导入案例

根据资料，初期电邦主要有三大业务，即狼途自行车、GREAT ME 女士卫生用品和塞拉派克灯具业务。其中，GREAT ME 女士卫生用品业务是通过微信平台开展营销，初期面向五邑大学女生；狼途自行车和塞拉派克灯具业务都是通过天猫旗舰店面向全网营销。三大业务正好涵盖了两大类网络营销平台：PC端和移动端。其中，GREAT ME 女士卫生用品是通过手机移动端，狼途自行车与塞拉派克灯具是通过 PC 端。不论是 PC 端，还是移动端其实都是通过在构建企业网络平台。

问题：如果你是三个业务的负责人，
1. 搭建网络营销平台需要经历哪些过程，这个过程的各个阶段需要思考和解决什么问题？
2. 网络营销平台建设涉及哪几个方面？
3. 如何推广企业网络营销平台？
4. 如何诊断企业网络营销平台？

 点评

以营销思维构建网络营销平台

网络营销平台既是企业一切网络营销活动的载体，也是企业的一种网络营销工具。对于营销而言，一切的技术都是手段或工具，不是目的。因此，技术开发人员应该树立营销观念，都要从满足用户需求而非技术先进性的角度选择搭建企业网络营销平台的技术，不能简单地追求技术的先进和形式的"美观好看"。网络营销平台的构建过程其实就是一个创造产品或服务的过程，要将营销思维贯穿于平台搭建的全过程。

在完成了网络营销创业项目的商业模式设计之后，接下来面临的一个重要任务就是开发与建设网络营销平台。在开发与建设网络营销平台之前必须明确两个问题。

一是随着互联网技术和网络营销实践的发展，能够承担网络营销平台的技术载体很多，有基于 PC 端的，如网站，网站有自己全新开发的，也有基于第三方平台的；有基于移动端的，如客户端软件、APP 等。尽管具体形式不同，但这些平台的开发与建设的基本思路是类似的。

二是平台的构建有技术问题，如程序代码的开发，更有营销问题。我们认为，开发与建设网络营销平台不是为了开发而开发，也不是为了建设而建设，更不是"别的企业都有，因而我们也必须有"的追风行为。对于企业营销来讲，网络营销平台是企业开展网络营销的平台、工具或手段，因此营销问题比技术问题更为重要。因此，本章不关注企业网络营销平台开发与建设的技术问题，而关注其背后的营销问题。

5.1 企业网络营销平台建设的一般过程

从营销角度来看，开发与建设企业网络营销平台(本章以下部分简称"网络平台"或"平台")与开发新产品是一个道理，两者的过程类似。新产品在其开发阶段就需要考虑其后的生产与营销问题,网络平台的创建也是如此。网络平台建设大致经历几个阶段:确定平台职能定位、明确平台受众、明确平台营销目标、确定平台主题、策划平台内容与功能、设计平台脚本、运营维护、推广诊断(图5.1)。

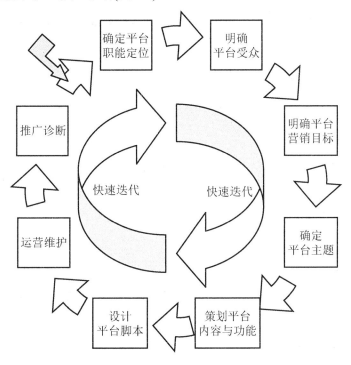

图 5.1　企业网络营销平台建设的一般过程

5.1.1　确定平台职能定位

网络平台的建设不是简单的程序代码的编写问题,也不仅仅是简单的网页设计与美化问题。它往往源于开发与建设平台的某个最初想法。这个想法将决定网络平台的定位,即网络平台在企业营销体系中扮演什么角色?换言之,用网络平台来干什么?但企业或项目负责人常常刚开始并不明确平台定位,因此开发人员需要在与项目或企业负责人充分沟通的基础上,帮助其凝练平台开发的营销初衷,即到底为什么建设网络平台?其实这个工作可能远比我们想象的既重要又艰难。

一般来讲,网络平台的职能定位大致可以沿两条主线进行明确:一是营销产品(品牌);二是营销公司。同时,需要结合平台受众进行明确,见表5-1(不限于此)。

表 5-1　企业网络营销平台的定位

对　　象	产品(品牌)	企　　业
顾客	展示、推广、销售、服务	宣传、树立形象、服务
一般公众	展示、推广	宣传、树立形象
公司员工	宣传形象、增进组织认同	宣传形象、增进组织认同
投资者	宣传形象,增进企业发展的信心	宣传形象,增进企业发展的信心

续表

对　　象	产品(品牌)	企　　业
应聘者	宣传形象，吸引有竞争力的人才	宣传形象，吸引有竞争力的人才
合作伙伴	宣传形象，增进信心；商务往来	宣传形象，增进信心；商务往来

网络平台的不同职能定位会导致不同的开发与建设的技术要求与资源投入。一般的宣传型网络平台的技术较简单，投入就比较低。而对于有交易功能的网络平台，如 B2C 或 C2C 的网络平台则需要复杂的开发技术和高额的资源投入。因此，网络平台的建设能否从技术与资源上得到保障也是需要考虑的问题。

5.1.2　明确平台受众

如表 5-1 所示，网络平台的营销对象一般包括：顾客、一般公众、公司员工、投资者、应聘者和合作伙伴等，但从营销角度来讲，这种分类过于"粗糙"，还需要对这些宽泛意义上的营销对象进一步细分，尤其是顾客这个网络平台营销的对象。

明确网络平台受众的过程中有两点需要注意：一是网络平台的营销对象，尤其是顾客群体的细分可以根据市场细分理论进行细分，这个工作常常在企业战略层面已经解决。网络平台开发与建设人员只需要能明确企业产品(品牌)的目标顾客群。二是网络平台的目标顾客群与网络平台的受众常常不是指同一类人群。如果把网络平台理解为一种营销媒体，可以借助购买角色理论进一步明确网络平台受众。

5.1.3　明确平台营销目标

在确立了网络平台的营销职能定位与受众之后，接下来就必须明确网络平台营销目标。平台营销目标必须是清晰的，这样目标才能约束平台建设达成预期目的。

从营销的角度来讲，平台目标可以包括：传播效果与经济效果。

1) 传播效果

传播效果包括接触效果、记忆效果、理解效果、态度效果及行为效果。而行为效果进一步又可以分为进入平台(引流效果)和分享效果(即愿意分享平台信息给自己的亲朋好友)等。

2) 经济效果

经济效果包括转化率、客单价、重购率、销售量(额)，以及投资回报率(ROI)等。

以上的传播效果与经济效果还需要结合平台的营销职能定位进一步阐明。例如，宣传公司(品牌)和展示产品的目标可能就不包括经济效果。而吸引人才的目标可能既包括传播效果，也包括经济效果，而经济效果主要是指转化率，即从潜在人才转化为公司真正员工，但不包括客单价等其他经济目标。

5.1.4　确定平台主题

平台主题就是企业网络平台通过哪些功能、内容、服务和结构设计来实现网络平台营销目标。这些功能、内容和服务及平台结构设计应该是投平台受众所好的。

例如，当网络平台的功能是宣传企业(品牌)，那么平台主题就是为了能向受众宣传企业(品牌)；平台应该放置哪些话题或者哪些方面的内容、功能和服务，以及这些内容、功能和服务如何在平台实现。

5.1.5 策划平台内容与功能

1. 平台内容开发

平台内容的策划与组织取决于网络平台的营销目标。内容开发有以下三个基本策略。

1) 交给专业团队

由专门负责结合企业网络平台营销目标进行内容开发和策划的团队来完成。这个专业团队可以是企业自建的，也可以委托或外包给专业公司来运营。

2) 交给企业员工

许多网络平台的内容主要来源于其员工，尤其是技术密集和知识密集型企业的网站(图 5.2)。例如，国际知名的咨询顾问公司 Jupiter Research 的网站内容主要由两类构成：一是企业完成的各类研究报告；二是由企业员工主导的员工博客，该员工博客聚集了大量的分析师专业博文，成了 Jupiter Research 公司展现自身实力、宣传公司品牌、推广公司服务、吸引客户来源的重要平台。这种宣传方式在美国的 IBM、Oracle，以及国内一些从事网络营销咨询的专业公司的企业网站都有体现。

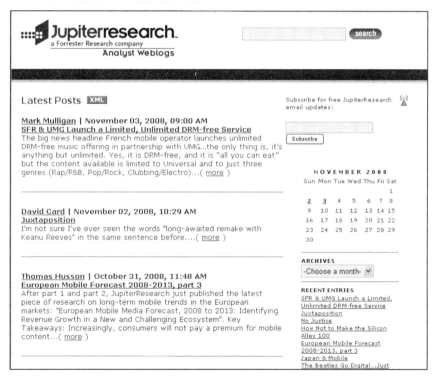

图 5.2　Jupiter Research 企业网站中的员工博客

3) 交给用户

将网络平台内容的开发交给用户。通常通过两种方式将内容开发交给用户：一是通过奖励，邀请用户参与到企业营销活动，开发与营销活动相关的主题内容；二是通过在网站建立品牌社区(论坛),让用户在品牌社区中进行交流从而形成平台内容。

2. 网络平台功能

网络平台的功能取决于平台的营销职能定位。功能是为了实现能在企业网络平台上发布各类信息、提供服务等必需的技术支持系统。这些功能将会直接影响企业可以采用的网络营销方法以及网络营销的效果(具体的企业网络平台功能详见本章 5.2 节"企业网络营销平台建设的基本内容"之"企业网络平台的技术功能")。

5.1.6 设计平台脚本

平台脚本就是平台设计与建设的蓝图。"脚本"一词常见于影视作品的创作,是影视作品的故事情节和主要构思的说明。同样,在网络平台建设之初,也要通过文字和图形表达平台的主题;表达与展现形式及需要表达的内容等,这些统统是构成平台设计脚本的内容。

从网络营销的角度来看,脚本是企业网络平台建设思想的实现载体,而企业网络平台建设思想又集中反映了企业的网络营销乃至整体营销战略意图。通常情况下,网络平台脚本包括以下内容。

(1) 网络平台基本要素。包括结构、内容、功能与服务的内容、关系及开发说明。

(2) 技术运用说明。包括网络平台(页)设计风格、主副色彩运用、图片规格及图片放置、各类文字字体、字号、视频规格及位置、超链接等。

(3) 后台技术说明。包括数据库的结构、字段、类型、存储、管理与处理的方式等。

5.1.7 平台运营、维护与推广

根据网络平台脚本完成网络平台建设后,正常情况下,网络平台进入运营阶段。由于平台的具体表现形式不同,平台进入运营阶段的表现会有所差异。

1. 企业网站

如果企业网络营销平台是企业网站,网络平台的运营首先是上线,而在上线之前,还需要为网络平台申请域名(Uniform Resource Location,URL),即网址,这是网络平台的唯一标识。

与品牌、商标和其他无形资产标识一样,域名也是企业的无形资产,它是企业网络品牌的重要组成部分,企业要像保护其他无形资产一样保护企业网站域名。

申请、注册企业网站域名与申请、注册企业品牌名称的基本原则一致。例如,域名要简短、形象、容易记忆和传播;要尽可能地继承和保护企业原有无形资产(企业与品牌名称),这是因为如果能将消费者对企业或品牌的认识从线下迁移到网络上就可以很好地利用品牌或企业知名度。因此,企业应该直接用品牌或企业名称注册企业网站域名,但现实中很多企业或品牌的名称已经被别人抢注了域名,造成企业无形资产的严重损失。此时,企业要么花高价从抢注者手中购回企业品牌域名,要么放弃而改用其他名称。

至于域名的申请与注册就比较简单了,企业可以自行到相关域名管理机构申请,也可以委托第三方代理服务机构或网站申请。

网站上线后,不会马上有人来访问,因此需要企业网站运营人员或企业网络营销人员

对企业网站进行推广,此时企业网站就像企业的产品一样,因此网站运营人员要以产品运营的思路来推广企业网站。在网站运营和推广过程中,企业网站运营人员要持续不断地追踪和评估网络运营情况,以便能通过维护企业网站的前台与后台,改善网站运营效果。这就涉及企业网站诊断(详见本章 5.4 节"企业网络营销平台的诊断")。

2. 移动端

随着移动互联网的迅猛发展和智能手机的快速普及,基于移动端开发的企业网络营销平台已经成为大势所趋。移动端的企业网络营销平台上线后,其面临的任务是推广、运营和完善。

3. 基于第三方平台的企业网络营销平台

这类企业网络营销平台的主要特点是在第三方平台(如淘宝、天猫、京东等)上开设企业的"门店"(如旗舰店、专卖店等)。由于第三方平台已经帮助企业完成了基础设施建设,因此此类网络平台的建设相对简单,当完成"店面装修"后,网络平台即上线。同时,也可以基于第三方平台提供的推广工具开展企业网络平台的推广、运营和诊断。

5.2 企业网络营销平台建设的基本内容

从营销角度来看,企业网络平台就是企业向目标客户提供产品、品牌和企业的一切营销信息或营销服务,以此实现企业网络平台营销职能的物质载体。不论企业网络营销平台的具体实现形式是什么,其都由四部分组成:结构、内容、技术功能和服务。[1]

5.2.1 企业网络平台的结构

结构就是网络平台的内容、服务和功能在企业网络营销平台的组织形式,以及实现这种组织形式的表现及技术形式。企业网络平台结构包括栏目设置、导航、网页布局,以及各类信息的表现形式等。[2]

1. 栏目设置

1) 栏目数量

栏目其实是内容、功能和服务的分类。既然是分类,就必须满足分类两大基本原则:一是所有栏目的并集是内容、功能和服务的全集;二是所有栏目的交集应该是空集,即栏目的内容、功能和服务的分类无重合。通常一个普通的企业网络平台的栏目不应该超过 8 个,[1]过多或过少的栏目数都可能意味着栏目分类不科学,即不满足栏目分类的两个基本原则。

2) 栏目层次

企业网络平台栏目是一个树形结构,先有一级栏目,每个一级栏目下面又有二级栏目,而二级栏目下面又有三级,依此类推,还可能存在四级、五级栏目。但不论是从企业网络平台内容的组织需求来看,还是基于搜索引擎优化的现实要求,一般的企业网络平台的栏目层次不要超过 3 层,即用户可以在不超过 3 次点击的情况下浏览到所需的内容页面。[1]

3) 栏目命名

在给栏目命名时,要考虑到用户使用和浏览的习惯,要使用用户能看得懂的名称。这意味着:一是栏目分类要符合用户查看习惯;二是栏目名称能让用户看懂栏目下面的内容。

 网络营销视野

安利企业网站的栏目设置

安利企业官网的核心内容由五个模块(一级栏目)构成,从左到右依次是:走近安利、产品展馆、公司资讯、企业责任和其他。而每个一级栏目下面又分了不同的二级栏目(表 5-2)。

表 5-2 历年来安利(中国)官网的一级栏目

2014~2015[①]	2009~2013[①]	2008[①]	2004[②]
走近安利	走近安利	走近安利	走近安利
产品展馆	产品展馆	产品展馆	产品展馆
公司资讯	安利营销	安利营销	安利营销
企业责任	企业责任	企业责任	促销活动
其他	热点资讯	热点资讯	
——	购物有礼		

根据表 5-2,我们可以看出:

(1) 历年来,安利(中国)官网的一级栏目没有超过 8 个,最多时也只有 6 个。

(2) 历年来,安利(中国)官网的一级栏目中"走近安利"和"产品展馆"一直没有变化。

(3) 其他的一级栏目都会根据企业的网络营销策略的需要不断调整,但调整中也有相对稳定的栏目。

在一级栏目中,"购物有礼"栏目在保持了多年后,被替换掉,这可能说明安利公司以企业官网打造 B2C 销售平台的网络营销策略在坚持多年后并不成功。

另外,根据 2015 年的安利(中国)官网的资料显示,除了以上主要栏目外,在官网下方还有一些"公共栏目",包括安利公益基金会、安利培训中心、直销信息披露、安利教育网、网站导航、电子商务渠道服务简介、安利全球网、联系我们、邮件系统、国家工商总局直销行业管理、企业证照、隐私声明条款。这些公共栏目会出现在每个网页下方,但在"网站导航"中看到的网站各级栏目与实际情况存在差异。

最后,作者对安利(中国)官网的栏目层级进行观察,安利官网的栏目层次也都没有超过 3 层,即用户进入公司官网首页后,都不用超过 3 次点击即可看到任何一个最终页面。

资料来源:

① 作者根据各年安利(中国)官网收集整理。

② 冯英健. 网络营销基础与实践.[M]. 4 版. 北京:清华大学出版社,2013: 96.

2. 导航

导航是在栏目和菜单的基础上,为了用户浏览网站的方便而进一步提供的网站浏览提示系统。导航多出现在企业网站中。有时,企业网站内容较多,容易造成用户"迷路"。因此,网站导航给用户提供了一个"一览式"的查找系统(图 5.3)。

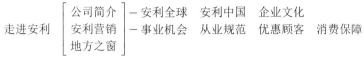

图 5.3　安利(中国)官网的网站导航(部分)

3. 网页布局

除了网页结构、定位方式等技术因素外，网页布局最重要的内容就是信息在页面中的排放。任何一个网页对于用户来讲都是一个平面，而这个平面要提供一些图片、视频和文字内容供用户浏览。因此，信息在网页中的排放可以参考平面广告设计的一般原则。与平面广告不同的是，大多数网页都需要滚动浏览。之所以需要滚动浏览是因为一屏网页放置不下全部网页内容，需要拉长网页，以使更多内容可以在一个网页中呈现。

参考平面广告设计的基本原则，以及用户获取信息的行为特征和搜索引擎抓取网页的习惯，可以归纳以下一些排放原则。

(1) 尽量不要拉长网页，即让网页内容尽可能放置在一屏网页内，这样用户打开网页后即可"一览无余"。

(2) 任何一个网页的信息放置都要坚持"重要位置首先放置重要信息"的基本原则。因此，首先明确网页的重要位置。网页的最重要位置是网页的视觉中心。一般来讲，由于人的浏览习惯，网页的左侧比右侧重要，上方比下方重要。其次，明确重要内容。在放置信息之前，网站建设人员需要明确哪些信息是该网页需要呈现的重要信息。这需要结合网络平台建设目标来确定。

(3) 企业网站不是"大箩筐"，不是什么信息都需要放置在企业网站上，原则上只放与企业网站网络营销职能相关的信息，尤其是能实现企业网络营销目标的信息。

(4) 每个网页或者主要网页可以预留一定的广告位置，主要目的有两个：一是展示企业的营销信息，如产品；二是做一种网络营销资源与合作伙伴开展合作的推广。但是是否预留，以及预留在网页的什么位置则取决于网络平台建设目标，以及平台整体及各网页的用户流量。一般来讲，对于大多数的企业网络平台只有首页和主要栏目的首页具有一定的广告价值。而在这些网页中预留什么位置作为广告位置则取决于网络平台建设目标。例如，对于一些致力打造平台型商业模式的企业网络平台，广告可能是企业未来赢利的主要方式，在此情况下，网页中的广告位置则需要放置在网页的重要位置。

(5) 各网页的左上方一般放置企业 logo，右上方一般放置检索框或用户注册/登录框。

(6) 在首页或主要页面为合作伙伴预留一个链接区域，放置合作伙伴网站的链接。

(7) 网页下方一般放置一些网站的公共栏目或菜单，这些公共栏目或菜单一般会在各网页间保持不变，即用户可以在网站中的任意一个网页下方看到它们。

网络营销链接

安利(中国)官网首页布局及其演变

通过对安利(中国)官网首页布局的调查(图 5.4)我们可以发现,安利网站的网页(至少是首页)比较符合网页布局设计的一般原则:

(1) 在网页的左上方放置了企业 logo;
(2) 在网页右上方放置了检索框;
(3) 在网页最上方放置了一些合作伙伴链接(线上线下的产品销售渠道);
(4) 在网页的最下方也放置了一些合作伙伴链接(包括安利公益基金会、安利培训中心、安利教育网等);
(5) 在网页最上方放置的合作伙伴链接与在网页最下方放置的合作伙伴链接的性质存在明显差异;
(6) 在网页的重要位置(第一屏中间)放置重要内容(产品促销信息);

图 5.4 安利官网首页(2016-1-6)

图 5.5　2008 年的安利官网首页(主体部分)

(7) 网页长度适中(两屏显示全部)，且把符合网站营销职能定位的信息放置在网页最重要、最显眼的位置(第一屏)；次要信息放置在不重要、不显眼的位置(第二屏)；

(8) 企业信息、联系方式等信息放置在网页最下方；

(9) 综合(3)、(4)、(5)、(6)和(7)，安利官网的营销职能定位是产品促销信息展示，这样就不难理解不同的合作伙伴链接为什么放置在不同位置。

但安利(中国)官网的这种营销职能定位并不是一直如此，通过作者对安利(中国)官网的多年追踪，安利(中国)官网首页的布局在 2008～2009 年进行了一次比较大的调整。这次调整主要涉及两个方面：一是网站的营销职能定位进行了调整，这是最重要的变化；二是网站网页(至少是首页)的网页布局进行了比较大的调整。调整之后一直至今，安利官网的营销功能定位和首页布局多年来基本没有大的调整。

从图 5.4 可以看出，到了 2009 年以后，安利在官网首页的重要位置放置的是关于产品的信息(广告图片或文字)，而且网页的布局由原来从左到右布局，调整为从上到下布局。此外，当用户进入安利官网首页后，基本上可以做到主要信息(产品信息)"一览无余"。

图 5.5 是作者于 2008 年采集到的安利(中国)官网的首页。从图 5.5 中可以看出，在 2008 年，安利在网站首页虽然也放置了产品信息，但不论是从位置还是版面大小都远远小于公司资讯类信息，首页的重要位置主要放置的是资讯类的信息，尤其是公司资讯。

5.2.2　企业网络平台的内容

企业网络平台前台的栏目结构、网页布局和后台系统管理功能都是为组织和呈现内容服务的。网络平台的内容是企业通过网络平台希望传递给用户的关于企业的信息，而这些信息是服务于企业的网络营销意图的。因此，内容取决于企业的网络营销目标。当企业网络营销目标发生变化时，则内容也应随之而改变。当然，内容还取决于企业的经营状况、发展阶段、行业状况以及全社会网站建设水平等多方面因素的影响。这从前述介绍的关于安利(中国)的企业网站可以窥探一斑。

从普遍意义上讲，企业网络平台的内容一般包括以下四个方面。

1. 企业信息

这涉及企业概况、企业发展历程、企业荣誉和获得的奖项、企业社会活动(如企业社会责任等)、企业市场活动、媒体报道、企业组织架构、企业主要领导人、企业文化、合作伙伴(供应商与经销商等)、投资人、股权结构、投资信息、财务报告、人才招聘、企业的各种联系方式(地址、电话、传真、电子邮箱、邮编等)、企业声明、企业证照等。

2. 品牌信息

主要包括企业的品牌简介、品牌理念、品牌活动、品牌历史,等等。

3. 产品信息

主要包括产品系列及各系列产品的简介、产品型号与功能、产品促销信息、产品渠道、产品价格(如果存在销售功能)、新产品信息、用户的产品评价、权威部门关于产品的鉴定信息等。这些信息除了文字外,图片、视频也是重要的呈现形式。

4. 服务信息

主要包括常见问题简答、售前导购热线、客服联系方式、售后服务热线、产品软件下载(如果有的话)、第三方应用软件下载等。

5.2.3 企业网络平台的技术功能

企业网络平台的技术功能主要包括网站前台和后台两部分。前台功能主要是呈现给用户看或使用的;后台功能则既是为实现前台功能而建立的,也是为后台的维护与更新而建立的,是给网站维护人员使用的。一个网站的技术功能取决于企业网络平台的营销职能定位、网络平台建设与运营预算、管理维护能力。从普遍意义上,企业网络平台的技术功能包括以下两个方面。

1. 前台的技术功能

前台的技术功能主要包括用户的登录/注册功能、检索功能、用户咨询功能、用户评论功能、即时通信功能、合作伙伴的登录/注册功能、在线调查功能、电子支付功能等。

2. 后台的技术功能

后台的技术功能绝大多数是服务于前台内容或功能的实现。主要包括客户管理与维护功能、邮件列表功能、订单管理与维护功能、广告管理功能、信息发布功能、流量统计功能、用户网站浏览行为追踪、统计与分析功能、论坛管理功能、在线调查功能、模板管理功能、产品管理功能、电子支付功能等。

5.2.4 企业网络平台的服务

企业网络平台的内容可能并不能完全满足用户的使用需求。例如,用户在企业网络平台浏览产品时,可以先行浏览相关的产品信息,但这些常常并不能让用户完全了解产品的全部,此时就需要企业网络平台提供相应的服务,如通过即时通信服务进一步为用户答疑解惑。企业网络平台的服务也取决于企业网络平台的网络营销职能定位。这些服务有时看起来与网络平台内容和技术功能重合,其实只是从不同角度说明同一件事。例如,在企业网络平台的技术功能中有可能包括即时通信功能,这主要是从技术角度来罗列,而这种即时通信通常是用来为用户服务的。

从普遍意义上讲,企业网络平台的服务主要是面向用户与合作伙伴的,包括但不限于以下两种。

1. 面向用户的服务

包括售前的咨询与导购服务、售后维修与更新服务(产品驱动程序与第三方应用程序下载与更新、产品安装说明等)、信息传递服务(邮件/RSS 订阅)、促销凭证下载(如优惠券等)、打印、各种免费内容资源、电子支付服务、社交平台(论坛)。例如,安利为所有顾客和营销人员提供一个社交平台——安利悦享荟等。

2. 面向合作伙伴的服务

包括提供社交平台(如安利的安利悦享荟)、电子支付服务、供应链管理等。

5.3 企业网络营销平台的推广

当完成企业网络平台建设之后,面临的重要任务就是向用户推广网络平台。推广网络平台的主要目的是为网络平台引进用户,即引流。因此,推广网络平台的基本思路是:首先,调查了解用户进入网络平台的渠道或途径是什么?然后,面向这些渠道或途径,应该做些什么?怎么做?

以企业网站为例,用户进入企业网络平台的渠道与途径主要包括:直接登录、搜索引擎、网址导航页、合作伙伴网站、网络广告、电子邮件、二维码、社会化网络媒体等(图 5.6)。

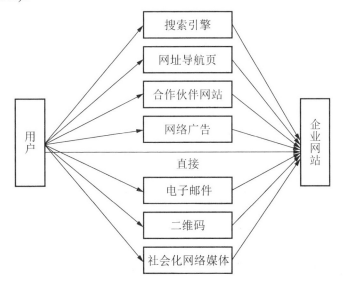

图 5.6　用户进入企业网络营销平台的渠道与途径

5.3.1 直接登录

用户直接在浏览器网址栏中键入企业网址,登录企业网站是最为直接的进入网站方式。对于企业网站推广来讲,需要做的工作就是为网站申请一个方便用户记忆的网站域名。有时,用户可以直接在浏览器的网址栏中输入企业名称或品牌名称即可直接登录企业网站。用户键入企业的中文名称即可直接登录企业网站主要是利用域名驳接技术。[2]

5.3.2 搜索引擎

搜索引擎是用户进入企业网站最常用的方式和工具之一。因此,企业网站的搜索引擎推广是非常重要的工作。搜索引擎推广企业网站的方式主要有两种:一是投入关键词广告;二是进行搜索引擎优化,实现搜索引擎对企业网站/网页的自然收录,当用户通过使用企业相关的关键词进行检索时,可以在搜索引擎反馈结果页面的自然检索结果中出现企业网站的相关信息(关于搜索引擎营销的更多内容详见本教材第 7 章"搜索引擎营销")。

5.3.3 网址导航页

网址导航页是用户进入企业网站的另一种方式。网络上存在着大量的网址导航页,这些网址导航页也成为各大网络企业争夺用户的重要流量入口。一般情况下,这些网址导航页都由较大的网络公司开发和拥有,同时与其开发的或者合作伙伴开发的浏览器捆绑在一起。例如,百度的 hao123 等(图 5.7)。

图 5.7 百度公司的 hao123 网址导航页(局部)

由于这些网址导航页的页面局限,一般只能收录一些比较知名的企业网站,大多数企业网站是不能被录入这些网址导航页的。如果企业要利用这些网址导航页进行网站推广,除了选择被它们收录外,还可以通过在其网页上投放广告的方式,吸引用户进入。

5.3.4 合作伙伴网站

可以通过让合作伙伴在其网站通过友情链接等方式,链接企业网站。当用户在浏览合作伙伴网站时,可以通过其网站的友情链接进入企业网站。这也是在建设企业网站时要求在网站的适当页面设置合作伙伴链接的重要原因。

5.3.5 网络广告

网络广告是企业推广网站比较常见的一种方式。在实践过程中，一般不是单纯地通过网络广告的方式，吸引用户进入企业网站，常见的方式是通过投放产品/服务、促销信息等网络广告的方式吸引用户。

企业投入的网络广告在互联网上的表现形式越来越多样化，可投放的渠道也越来越多，除了上述网址导航页外，大型的门户网站、社交网站、搜索引擎、网络游戏等都是网络广告投放可选择的媒体。

5.3.6 电子邮件

从网络营销信息传递的角度来看，与搜索引擎营销不同，电子邮件营销可以不需要企业网站等企业网络平台的支撑。因此，在没有开发和建设企业网站之前，有些企业可能已经开展了电子邮件营销。因此，当企业网站建成之后，企业可以利用电子邮件在向用户传递网络营销信息时，将企业网站(网址)作为电子邮件内容的一部分，传递给用户。而对用户来讲，当其打开电子邮件时，就可以看到企业网站的相关链接，从而可以点击进入企业网站。(关于电子邮件营销的更多内容详见本教材第 8 章"电子邮件营销"。)

5.3.7 二维码

二维码是"一种用某种特定的几何图形按一定规律在平面(二维方向上)分布地记录数据符号信息的黑白相间的图形；在代码编制上巧妙地利用构成计算机内部逻辑基础的"0""1"比特流的概念，使用若干个与二进制相对应的几何形体来表示文字数值信息，通过图像输入设备或光电扫描设备自动识读以实现信息自动处理。"[3]

与发达国家相比，我国的二维码运用规模和深度还远远不够。在国内，二维码主要是被运用于 O2O 领域，成为连接线上线下的重要方式，常见的方式是通过二维码将线上用户引到线下实体店，或者将线下的用户引向线下网站或企业网站。例如，当企业在开展线下现场促销活动时，可以在活动宣传片、海报、礼品包装等各种材料上印上企业网站的二维码，再结合其他一些措施，鼓励消费者通过扫描二维码进入企业线上站点(企业网站、网店等)。因此，如果企业希望将企业现有的线下客流导向线上企业网站，二维码将是企业重要的引流和推广工具，此时，企业就需要思考线下与消费者的所有接触点是什么，在哪里，然后在这些所有可能的接触点设置二维码，并配合一定的奖励政策，鼓励用户扫描登录。

5.3.8 社会化网络媒体

社会化网络媒体是近几年互联网迅猛发展的重要领域，其具体表现形式也是花样繁多，除了常见的博客、微博、微信、社交网站、即时通信之外，还存在着其他许许多多的社会化网络媒体，如在线百科(如百度百科)、问答式网络社区(如百度知道)、RSS，等等。许多社会化网络媒体对于企业来讲都是免费的，也是很好的企业宣传平台。例如，企业可以在类似于百度百科这样的在线百科中建立、编辑关于企业的词条，也可以在百度知道这样的社交平台，通过反馈用户提问，与用户进行沟通；同时，还可以在这些社会化网络媒体上建立企业账号或企业网站链接，引导用户进入企业网站。(关于社会化网络媒体的运用详见本教材第 9 章 "社会化网络营销"）。

通过以上介绍可以发现，能实现为企业网站引流的网络工具非常多。用户来源也是多元化的，既有线上用户，也有线下用户。因此，这就需要企业在进行网站推广时，整合运用多种推广工具，既有线上工具之间的整合，也有线上线下之间的整合，多渠道、多途径地推广企业网站。

5.4 企业网络营销平台的诊断

在经过一段时间的推广和运营之后，网络营销人员要评估企业网络平台的推广效果，查找未达到预期推广效果的原因，这就涉及企业网络营销平台的诊断。

企业网络平台诊断的直接目的是为后续的企业网站优化提供决策依据，而最终的目的是使企业网络平台实现企业的网络营销职能。一些观点认为，企业网络平台诊断就是针对网络平台是否有利于搜索引擎搜索、是否有利于浏览和给浏览者美好的交互体验以及是否有利于网络营销的一种综合判断行为。[4]我们认为企业网络平台的诊断要全过程诊断，不能仅限于技术和工具层面。换言之，网络平台的诊断不能仅局限于网络平台建设过程的技术环节，如结构、内容、功能和服务，以及这些要素针对搜索引擎检索和用户搜索的友好性，还需要诊断网络营销平台建设的初衷和职能定位等更高层面的内容。

网站诊断包括以下几个方面。

5.4.1 网络营销职能定位的分析与诊断

当企业网络平台的网络营销职能定位不明确和不合适时，这种错误是方向性的。如果方向是错误的，那么后续再多的努力都是徒劳。对网络平台的网络营销职能定位的诊断需要在更高层面来分析，即诊断人员需要从企业营销战略层面分析和诊断企业网络平台到底在企业的整体营销体系中扮演什么样职能角色？这种职能角色是否明确和合适？所谓是否明确是指企业网站的网络营销职能定位是模糊不清的，还是清晰的？如果企业网络平台扮演多种网络营销职能，那么这些网络营销职能之间有无主次之分，这种主次之分是合适或正确的吗？所谓是否合适是指企业网络平台所扮演的网络营销职能在企业整体的网络营销及营销战略中是否与其他工具或平台的网络营销职能存在冲突和重合？这种网络营销职能能否最大限度地发挥企业网络平台的作用？

5.4.2 受众的分析与诊断

网络平台受众的分析与诊断包括三个层面：一是企业网络平台受众是否正确，即网络平台策划人员是否为企业网络平台选对了受众群体？二是企业网络平台的受众群体是否精准？之所以要精准，是因为只有受众精准，企业网络平台的主题及内容的策划才更具方向性和针对性。在现实生活中，常常遇到这种情形：即网络平台策划人员预想了特定的受众群体，但在实际网络平台运营过程中，也存在一些其他群体到访企业网络平台。在此情形下，网络营销人员往往会自然地"泛化"企业网络平台的受众群体，以期笼络更多的受众群体。这往往会导致后续的企业网络平台内容、功能和服务也会出现"泛化"趋势，从而导致企业网络平台失去特色和个性。当非预期的到访者的比例较高时，则可能意味着企业预先设定的目标受众过于细分。三是对受众的心理与行为是否了解？只有这样，才可能为企业网络平台策划更好的、更具针对性的内容和服务。

5.4.3 营销目标的分析与诊断

企业网络平台的目标分析与诊断需要注意以下三个方面：一是目标是否合适？即企业网络平台的营销目标与企业网站的职能定位是否对应？二是当企业网络平台需要达成多个营销目标时，是否有主次之分？三是目标是否具体可衡量？

5.4.4 主题、内容、功能与服务的分析与诊断

这里，主要从两方面进行分析：一是企业网络平台主题是否明确和具有针对性？换言之，企业网络平台的主题能否通过满足目标受众所需，实现企业网络平台的营销职能？二是企业网络平台的内容、功能和服务能否切合网络平台主题？

5.4.5 技术的分析与诊断

技术的分析与诊断主要涉及企业网络平台的结构设计问题，包括导航、栏目、目录、网页布局、网页层次、网站链接、速度等环节能否方便用户使用和浏览网络平台，能否达到用户所需。这方面的分析与诊断可以借助于一些网络工具来完成。互联网上也有大量的相关网站专门提供网站技术的诊断服务，如 www.chinaz.com、www.ranknow.com 等。另外，主要的搜索引擎服务商都在其网站提供类似的网站技术诊断工具。

这些技术诊断工具提供的诊断服务主要包括：企业网站的统计特征，如网站年龄、域名注册时间、响应速度、网站流量和网站排名等；为网站提供定制 wlog 网站日志、分析网站的收录数据、分析网站关键词在搜索引擎中的排名情况、记录网站每月得分、提供网站的 PageRank、Alexa 排名等，以及与竞争网站的全面比较等。

本章小结

本章主要从网络营销的角度阐述了企业网络营销平台的构建问题，对于网络平台建设背后的技术问题没有涉及。企业网络平台建设主要包括四个方面的内容：一是企业网络营销平台建设的一般过程；二是企业网络营销平台建设的基本内容；三是企业网络营销平台的推广；四是企业网络营销平台的诊断。

企业网络营销平台建设的一般过程主要包括：确定平台职能定位、明确平台受众、明确平台营销目标、确定平台主题、策划平台内容与功能、设计平台脚本、运营维护、推广诊断。企业网络平台建设的内容主要包括结构、内容、技术功能和服务。其中，结构是内容、功能和服务的组织形式或表现形式，主要包括栏目、导航、网页布局等问题。内容、功能和服务则取决于企业网络平台的功能定位及企业网络平台目标。

企业网络平台推广是企业网络营销的重要任务之一。要理解企业如何进行网络平台推广，就必须首先了解用户是如何通过网络找到企业网络平台的。本章罗列了一些用户登录企业网络平台所使用的工具或经历的渠道与途径。

企业网络平台诊断是企业网络平台优化的前提。企业网络平台的诊断不仅仅是技术层面的诊断，更需要从企业平台建设的全过程进行分析和诊断，从"根"上查找企业网络平台建设过程中各个环节潜在的问题。

习 题

一、名词解释

企业网站、APP、客户端、网络平台结构、网站内容、网络平台功能、网络平台技术、栏目、导航、网页布局、网络平台推广、网络平台诊断

二、实训

企业网站建设分析

请选择两家同行业的竞争对手企业(如华为 VS. 小米)，打开其官方网站。根据本章网站建设的基本内容，进行对比分析，同时回答以下问题：

1. 两家企业的官方网站的内容和主题主要有哪些？分别以关键词罗列。
2. 两家企业的官方网站的受众群体包括哪些？
3. 根据以上两个问题的答案，试回答两家企业官方网站的营销职能和营销目标分别是什么？
4. 两家企业官方网站的平台结构有哪些值得借鉴的地方？还存在哪些问题？

本章参考文献

[1] 冯英健. 网络营销基础与实践[M]. 4 版. 北京：清华大学出版社，2013：95.
[2] 姜旭平. 网络营销[M]. 北京：中国人民大学出版社，2011：229.
[3] 百度百科. 二维码[EB/OL]. http://baike.baidu.com[2015-7-31].
[4] 荆浩，等. 网络营销基础与网上创业实践[M]. 北京：清华大学出版社，2014：198.

第 4 篇 推广引流篇

问渠哪得清如许,为有源头活水来。

——南宋·朱熹

第 6 章　网络营销推广的基础理论
第 7 章　搜索引擎营销
第 8 章　电子邮件营销
第 9 章　社会化网络营销

网络营销推广的基础理论

学习目标

◆ 知识目标

◇ 举例说明直复营销、软营销、关系营销、整合营销的内涵与本质；
◇ 口头陈述或用概念图展示信息传递模型的内涵。口头陈述或用概念图展示信息传递模型的内涵。

◆ 能力目标

◇ 根据整合营销传播理论，为某个网络创业项目策划网络营销整合传播体系；
◇ 根据经典信息传递模型，建立网络营销推广效果分析的评价思路。

■ 导入案例

从电邦项目商业计划书披露的内容来看，电邦主要采取三种推广策略：人员推销、广告宣传和关系营销。

人员推销的主要做法是"依托本地的资源优势，进行市场数据分析，选出具有网络销售潜力的企业，公司业务员主动联系，与之洽谈，达成合作关系"。广告宣传是"将自身的代运营成功案例，通过本地媒体、网络传播推广，提高江门市电邦电子商务有限公司的知名度；同时，在江门本地租户外广告位如公路广告，吸引企业与我们合作"。关系营销是"加入江门本地商会，利用商会的资源，扩大知名度，吸引商家。后期会建立一个商家交流平台，主要用于商家交流以及公司业务介绍，业务成果分享以及电邦电子商务有限公司推广等"。

问题：

根据以上披露的电邦项目的推广策略，你认为其存在哪些问题？如何进行改进？

点评

理念先行与理念落地同样重要

任何人做任何事都要有自己的做事原则或做事理念，网络营销工作也不例外，尤其是对推广引流工作更是如此。对于网络营销人员来讲，营销理论既是理念，又是行动指导。营销理论在理念层面规定了营销人员的行动原则，同时在行动层面给营销人员指明了行动逻辑，提供了方法论的指导，以便网络营销人员能更加针对性、条理性地开展工作。树立工作理念和建立工作思路不仅是今天网络营销人员需要解决的问题，更是网络营销人员未来工作的需要。因为随着企业规模的扩大，业务的增多，今天的创业团队成员在未来很可能会担任某(几)个业务或职能部门的主管。作为主管，最为重要的是构建自己的工作思路，而工作思路的建立可以从相关理论中寻找智慧。网络营销人员要理解营销理论的内涵实质，更要学会将营销理论具体为营销行为，努力做到知行合一。

任何一种营销活动都离不开营销理念的指导，网络营销也不例外。本章主要介绍五种营销理论，包括直复营销、软营销、关系营销、整合营销传播、经典信息传播模型。其中，前三者在本章中主要是介绍其基本思想，以期帮助网络营销人员树立和明确开展网络营销所需的营销指导思想；后两者主要是从工具运用的角度介绍它们的主要内容，以期网络营销人员能运用这些网络理论指导具体网络营销活动的操作。

6.1 直复营销、软营销与关系营销

6.1.1 直复营销

美国直复营销协会(Direct Marketing Association，DMA)关于直复营销(Direct Marketing)的定义是："借助于一种或多种广告媒体，以在任何地点产生可度量的反应或产生交易的互动营销体系。"[1]

由其概念可知，直复营销具有以下几个鲜明特点。

1. 直接回复

顾名思义，直复营销就是要求顾客直接对企业的营销活动给予回复和响应的营销活动。

2. 可测量性

由于要求顾客直接对企业的营销活动给予回复和响应，因此企业可以对营销活动的效果给以衡量。这种效果可测量性使得营销人员可以事先对可能影响企业营销活动的各种因素进行测试，以找到最佳的营销方案。

3. 推广与销售合二为一

与其他营销活动相比，直复营销将企业的营销推广活动与销售活动合二为一。因为，直复营销不仅是一种推广形式，更是一种直接面向最终顾客的销售活动，它常常以直接达成销售为目的。

从实现直复营销的媒介或工具的角度来看，直复营销的形式包括：信函营销、目录营销、电视营销、电话营销等。

作为一种宣传媒介，互联网以其可控性、可衡量性、可测量性，以及一对一等特点成为最佳的直复营销工具；同时，互联网也是一个很好的销售渠道，B2C、C2C、B2B等已经成为今天普遍的销售模式。企业借助于互联网既可以实现宣传推广，又可以实现产品销售，同时整个营销过程还具有很好的可衡量性等传统直复营销的特点。

6.1.2 软营销

顾名思义，软营销是相对于传统的"硬营销"而言。所谓的"硬营销"，是对传统营销推广宣传中企业的"强势""硬推""以我为主"的营销行为的形象概括。最突出的营销推广就是传统的"广告轰炸""人员推销"。而软营销是强调营销推广以"消费者为主"，在"和风细雨"中"感染"消费者。这种转变不仅仅是企业应该树立的营销理念，更是企业不得不面对的现实环境。因为在互联网环境下，消费者对企业几乎所有的营销推广行为都有了更多的主动权和选择权，如果企业在网络营销过程中还依据传统的"强势思维"，而不知基本"网络礼仪"，将会被消费者拒绝。

网络环境下的软营销需要企业具备较强的内容营销能力，即通过给消费者提供有价值的信息，在打动消费者的情形下，赢得消费者的认可，从而实现企业的营销意图。

6.1.3 关系营销

20世纪80年代，Berry在探讨服务市场营销时提出关系营销(Relationship Marketing)的概念。[2]到了90年代，关系营销已经成为营销实践界和理论界探讨的热点问题。学者们普遍认为，关系营销概念的提出是对传统营销(交易营销)理论的一次革命，[3]是一种全新的营销模式。[4]所谓关系营销，是指所有旨在建立、发展和保持成功的关系的一切营销活动。[5]

从关系构建的对象来看，关系营销的对象不仅仅是顾客，还包括竞争者、供应商、分销商、政府机构和社会组织等一切企业利益相关群体。因为这些企业利益相关群体构成了影响企业生存和发展的外部环境。当然，其中最重要的关系对象还是消费者。

关系营销的核心是通过与顾客建立和保持的良好关系，为顾客提供满意的产品或服务，进而又通过提供满意的产品或服务，建立、发展和保护与顾客的良好关系。因此，关系营销的直接目的不是为了达成交易，而是为了达成关系。交易只是关系的后续性、自然的结果。

互联网的发展为企业开展关系营销提供了物质与技术基础。首先，互联网为企业开展网络营销提供多样化的便捷的沟通工具，这些工具能为企业与顾客进行良好、及时的沟通提供物质基础。其次，互联网技术为收集、整理和分析顾客数据提供了技术基础。例如，通过网络技术，企业可以在不打扰顾客的前提下，收集顾客的网络行为数据，通过将这些网络行为数据编入顾客数据库中，建立顾客个人档案，通过数据库技术对顾客个人及行为数据进行分析和挖掘，为顾客提供个性化的产品或服务，乃至解决方案。再次，互联网使得企业与消费者的沟通变得更加平等，即消费者可以通过网络技术主动给企业反馈产品或服务意见，这些意见成为企业进行技术创新、产品升级与改良的重要基础。最后，企业与顾客关系构建的网络技术或工具也是企业面向其他利益相关群体进行沟通的重要技术或工具。事实上，企业建立、发展和保护与顾客在内的一切利益相关群体的关系并不是一件"出力不讨好"的事情。有研究表明，发展和建立一个新顾客的成本是维护一个老顾客的成本的 5 倍。[6]

 网络营销视野

一个老客户的价值

发展一个新客户的成本是挽留一个老客户的 3～10 倍，向新客户推销产品成功率是 15%，向老客户推销产品成功率是 50%。60%的新客户来自老客户推荐。当一个顾客满意时，他至少会向另外 11 个人诉说；而一个高度满意的客户会向周围 5 个人推荐。而当客户成为一个忠诚的老客户时，他可以影响 25 个消费者，诱发 8 个潜在客户产生购买动机，其中至少有 1 个人产生购买行为；相反，如果客户忠诚度下降 5%，企业利润至少下降 25%。同时，如果将每年的客户保持率增加 5%，利润将增加 25%～85%。

资料来源：

央视财经. 老客户的价值[EB/OL]. http://weibo.com/2258727970/AnKFstpiU?type=repost#_rnd1468768908032 [2013-12-17].

6.2 整合营销传播理论

6.2.1 整合营销传播理论的内涵

20 世纪 80 年代，由于企业营销活动变得越来越复杂，同时传播媒介也越来越多样化和细化，为了取得最大传播效应，学者们提出了"传播协同效应"，即企业采用包括广告、公关、直复营销等多种传播手段的综合效果高于单个传播手段效果的简单叠加。后来，基于"传播协同效应"的概念，学者们提出了"整合营销传播"(Integrated Marketing Communication，IMC)的概念。[7]

美国广告代理商协会关于整合营销传播的定义是："整合营销传播是一种从事营销传播

计划的概念，确认一份完整透彻的传播计划有其附加价值的存在。这个计划应该评估不同的传播技能，如广告、直效营销、促销活动与公共关系，在策略思考中所扮演的角色，并将之整合，提供清晰一致的讯息，以符合最大的传播效益。"[8]美国西北大学的唐·舒尔茨教授认为，整合营销传播是指将所有与产品或服务有关的讯息来源加以管理的过程，使顾客及潜在消费者接触统一的资讯，并且产生购买行为，同时维持消费忠诚度。[9]科罗拉多大学整合营销传播研究所的创办人邓肯教授提出一种定义，该定义强调关系利益人与企业组织的双向互惠。他认为，"整合营销传播是策略性的控制或影响所有相关的讯息，鼓励企业组织与关系利益人的双向对话，借以创造互惠的关系。"[10]

国内学者认为，"整合营销传播是指企业在经营活动过程中，以由外而内的战略观点为基础，为了与关系利益人进行有效的沟通，以营销传播管理者为主体所展开的传播战略，即为了对消费者、从业人员、投资者、竞争对手等直接关系利益人和社区、大众媒体、政府、各种社会团体等间接关系利益人进行密切、有机的传播活动，营销传播管理者应该了解他们的需求，并反映到企业经营战略中，持续、一贯地提出合适的对策。"[11]

从以上国内外学者关于整合营销传播的概念中，我们可以发现：

1. 整合营销传播是由外而内的营销思维

国内外学者都强调整合营销传播应该放弃过去的由内而外的营销思维，采取由外而内的思维规划企业的营销传播活动，即放弃思考产品，考虑消费者的需求；放弃产品定价，考虑消费者愿意付出的成本；放弃产品渠道，考虑消费者的便利性；放弃促销，考虑与消费者的沟通，即由4P全面转向4C的营销思维。

2. 整合营销的核心是整合

整合营销的核心是整合，但不同的学者对在哪个层面进行整合的意见并不统一。美国广告代理商协会强调的在传播工具和促销手段层面的整合，即广告、公关关系、人员推销和销售促进的整合。唐·舒尔茨教授则强调的是在4P层面的整合，即整合产品、渠道、定价和促销。而国内学者则在更高层面上强调整合，即在企业层面上将营销职能和其他企业职能进行整合。

3. 整合营销传播的目的是"统一声音、统一形象"

如前所述，整合营销传播理论的提出就是基于对企业内外营销传播环境的多元化、细化特征与趋势所提出来的。在这种情况下，如果不实施整合营销传播，企业不同的营销活动、工具或不同的营销环节给企业的利益相关群体所传递的信息很可能是不一致的。这种不一致会造成外部群体对企业认同的混乱，不利于企业实现营销目的。

4. 整合营销传播强调的是双向沟通

整合营销传播不是简单地从企业到传播对象的单向传播，而是双方的互动沟通。但在沟通对象上，学者的意见并不一致。突出的区别在于有些学者强调沟通的对象主要是消费者，而其他学者则强调沟通的对象不仅包括消费者，还包括其他企业的利益相关群体。

综合所述，结合本书关于网络营销工具的功能定位，本书认为整合营销传播是企业采取由外而内的营销规划思维，借助于多种网络营销传播工具与手段的整合运用，通过与包括消费者在内的各企业利益相关群体的双向沟通，以期达到网络营销传播的统一声音和统一形象的营销目的。

6.2.2 网络整合营销传播

如之前章节所述，不论企业的网络职能是什么，最终都必须落实到网络营销信息的传播，因此，本书主要是在网络营销信息传递层面，探讨各种网络营销工具的使用。由于现实网络工具和技术的迅猛发展，企业开展网络营销的工具和手段越来越多样化，因此，必须进行网络整合营销传播(图6.1)。

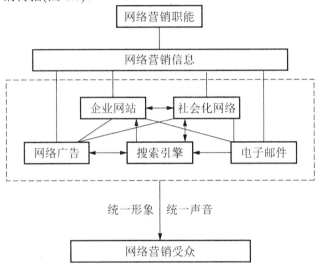

图 6.1　网络整合营销传播体系

市场研究机构 Econsultancy 和 Teradata 联合调查显示，营销技术越来越重要，但整合技术和选择正确的工具一样重要；评价新工具的时候，49%的受访者表示能整合新工具和老工具很重要。40%的受访者的工作流程没有他们期望的那么有效，因为他们使用的技术是不协调的。[12]

1. 从网络营销职能到网络营销信息

如图 6.1 所示，首先在开展网络营销之前，网络营销人员必须明确企业网络营销的职能，是定位于某一种网络营销职能，还是定位于某几种网络营销职能？其次，确定能实现网络营销职能定位的网络营销信息及其内容主题。最后，实现企业网络营销职能的网络营销信息是如何分布于各种网络营销平台或工具的？是无差别不做区分的统一分布，还是有差别的？即不同的网络营销平台或工具放置不同主题的网络营销信息，以使不同的网络营销平台或工具承担不同的网络营销职能。

2. 从网络营销工具到传播对象

本章即将介绍的网络营销工具大致可以分为三类：一是基于站点的网络营销工具，以搜索引擎为代表；二是不基于站点的网络营销工具，如电子邮件、网络广告(本书没有涉及)、大多数的社会化网络工具；三是各类企业网络营销站点(特别是企业网站)，它们既是网络营销平台，也是一种网络营销信息传递工具。

首先，整合企业各类网络营销站点，如企业网站、在第三方平台的站点(如天猫旗舰店等)，以及部分社会化网络站点。这些站点既是企业网络营销信息的传播工具，又是其他网络营销工具的信息平台。

其次，整合企业各类网络营销站点与不基于站点的网络营销工具(如电子邮件、网络广告和部分社会化网络工具)。这种整合包括两个层面：一是平行整合，即将各类网络营销站点与不基于站点的网络营销工具"一视同仁"，策划企业网络营销信息如何在它们之间进行整合。二是垂直整合，即首先是不基于站点的网络营销工具先行整合，然后再考虑它们如何与企业各类网络营销站点整合。

再次，整合不基于站点的网络营销工具，特别是搜索引擎与企业各类网络营销站点和不基于站点的网络营销工具。这种整合包括两个层面(两个方向)：一是哪些网络营销工具能启动用户的搜索行为；二是搜索引擎可以为哪些网络营销工具(平台)引流。例如，企业可以通过电子邮件启动用户的搜索引擎，而搜索引擎可以为企业各类网络营销站点、部分社会化网络工具带来流量。网络广告和社会化网络工具可以启动用户的搜索行为，而用户也可以通过搜索引擎查找到企业的网络广告、社会化网络站点，为企业的这些网络营销工具(平台)带来流量。

最后，通过对这些网络传播工具的整合，将企业的网络营销信息以一个"统一声音，统一形象"传播给企业特定的网络营销对象。

6.3 经典信息传递模型

如前所述，一切的网络营销活动最终都必须归结为网络营销信息的传递。因此，经典的信息传播模型对于理解企业的网络营销活动具有重要的指导意义。

6.3.1 经典信息传递模型

根据信息论创始人申农的观点，一个典型的通信过程是由信源(发信者)发出信息，而信息通过信息传递通道，传递给接收方，接收方在接收到信息后，也可以通过信息通道反馈信息给发送者。这一过程的结构模型如图6.2所示。[13]

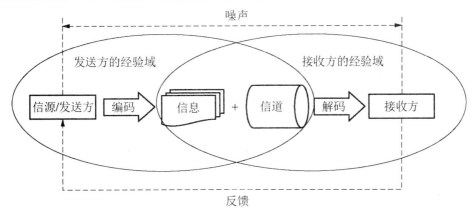

图6.2 经典信息传递模型

1. 信源/发送方

信源是指企业网络营销信息的表达者,通常有企业领袖、企业营销人员、企业技术人员、企业客服等。发送方的身份往往会对网络营销信息产生"背书"作用,同一种网络营销信息由不同身份的发送方发送时,其传播效果往往是不同的。因此,对于网络营销人员来讲,针对不同的网络营销信息选择合适的发送方是一项重要的工作。在社会化网络营销时代,企业领袖在企业网络营销中扮演越来越重要的角色,他们往往是企业或品牌的最形象化的代言人,如小米的雷军、阿里的马云、创业梦工厂的李开复、新东方的俞敏洪、360的周鸿祎等。

2. 编码

对于营销活动来讲,编码就是网络营销人员需要将企业的营销意图,以一种接收方能理解且能被打动的表达方式,转换成一则具体的网络信息(如一封电子邮件、一则网络广告等)。编码考验的是网络营销人员的创意及创意表达的策划能力。

3. 信息

信息就是网络营销人员准备通过发送方之口呈现给接收方的具体网络营销信息。信息分为两种类型:一是直接信息,它是信息的外在形式,如文字、图片、颜色等;二是间接信息,通常是借以直接信息表达的营销思想。

4. 信道

信道即信息通道,在网络营销活动中就表现为网络营销传播工具。对于网络营销人员来讲,选择信道不仅要考虑信息的表达方式与信道的切合度,更重要的是考虑接收方的媒体习惯与行为,包括接收方习惯于接触哪些媒体,接触的时间、地点等;另外,还要考虑多种媒体的整合。

5. 解码

对于网络营销来讲,解码就是当信息通过信道传递给接收方时,接收方如何"解读"企业的网络营销信息。理想的状态是接收方"解读"出来的网络营销信息正好是企业想要表达的营销思想或营销意图,但常常的情况是接收方"解读"出来的企业营销思想与企业本来的网络营销思想并不完全一致。

6. 接收方

对于网络营销来讲,接收方就是企业的网络营销对象。需要借助于消费者的购买角色理论来梳理企业具体的网络营销传播对象。当多信道传播时,还要考虑不同的信道有不同的接收方。

对信息接收方的确定和理解是企业开展网络营销的前提,它决定了企业网络营销意图(思想)、信息内容与表达方式、信道的选择等。

7. 经验域

经验域包括发送方的经验域和接收方的经验域。对于网络营销人员来讲,两者的重合意味着网络营销人员必须从接收方的经验域角度来策划网络营销活动的全过程，否则就会出现"对牛弹琴"和"牛头不对马嘴"的现象。

8. 反馈

对于网络营销来讲，反馈意味着要充分利于网络工具的良好交互性，在向接收方传递信息时就要策划和设计好反馈的方式和途径，以增强网络营销的效果。

9. 噪声

任何营销活动都存在噪声的干扰。噪声可能源于信道的物理噪声；也可能源于竞争对手的网络营销活动；还可能源于企业自身多种传播信道未经整合后形成的相互冲突；也可能源于其他外部传播环境的噪声。

6.3.2 经典信息传播模型与网络营销

1. 从右到左策划与设计网络营销活动

如图 6.2 所示，网络信息的传递过程是从左到右进行的。但对于网络营销人员来讲，在策划和设计网络营销活动时，需要从右到左思考、梳理、策划和设计企业的网络营销过程。首先需要明确接收方，然后调查和理解接收方的经验域，在此基础上，策划和设计企业的网络营销意图、网络营销信息和选择网络营销工具。

2. 分析和评估网络营销活动

任何网络营销活动归根结底是网络营销信息的传递。当企业的某次网络营销未能达到预期效果时，可以借助图 6.2 的传播模型梳理企业的网络营销过程，查寻问题可能发生的环节。

本章小结

本章主要介绍几个与网络营销及引流工具操作相关的营销理论，其目的旨在在正式开始的引流操作之前，希望网络营销人员树立一些基本的营销思维。

在本章所介绍的直复营销、软营销、关系营销、整合营销传播、经典信息传播模型五种营销理论。顾名思义，直复营销就是直接回复式营销。而软营销理论则是希望网络营销人员在开展网络营销时，要逐渐抛弃和转变在传统营销环境下积累和建立的"强势营销"思维，建立一种以消费者为主，更具亲和力的营销思维。关系营销理论的引入则是要求网络营销人员在开展网络营销时，转变过去重交易、轻关系的思维，要更加注重对顾客关系的维护和发展，建立企业的顾客资产，通过建立与顾客的长久的良好的关系，实现企业长远发展。

整合营销传播理论的阐述则是希望网络营销人员在营销思维和营销操作中必须重视协同、整合，其目的是给消费者留下企业(品牌)"统一声音和统一形象"。本教材主要强调在促销层面和工具运用层面上要运用整合营销传播理论。

本章介绍经典信息传递模型理论的主要目的是为网络营销人员构建企业的网络营销传播活动提供一个思考和操作框架，当然它也是一个评价企业网络营销传播活动效果的思考框架。

习 题

一、名词解释

直复营销、软营销、关系营销、整合营销传播(IMC)、信息传递模型

二、案例分析题

软营销：润物细无声

16 年，在沧海桑田只是一瞬。16 年，对于婚姻来讲，却不是短暂的时光。

结婚 16 周年，让她感动的不是丰盛的菜肴，不是热烈的场面，不是真诚的祝福，而是丈夫那让她泪流满面的安慰，那一份说小不小说大不大的礼物。他们结婚 16 周年纪念日，恰好是七夕节。

几天来，她一直头疼、失眠，心情特别郁闷。公司工作太繁杂，整天忙得焦头烂额，她简直不想再做了。公司几千号人，财务账目一团乱麻，经常有漏洞，员工管理也复杂，双休日几乎没有休息过，简直让她一筹莫展，身心疲惫。

昨天晚上，她草草对付了一口饭，收拾完碗筷后，她的老公一如往常，进入书房开始看书，而她坐在电视机前漫不经心地变换着频道，心里却翻江倒海，索性关了电视，一个人孤独地坐在那里，越想越感到委屈，禁不住抽泣起来。

寂静的夜晚，老公正在看《杨卓舒随想录》，她的抽泣声惊动了老公。他心里一惊，起身来到她身边，纳闷之际伸出右手想安慰一下老婆，"为啥哭啊，咋地了？"她一边抽泣一边委屈地回答，"整天累的睡不着觉，这日子过得真没意思。"听她如此一说，他伸出的右手停在了半空中，犹豫片刻，还是将手继续移动，轻轻地落在了她的肩膀上，"当初我们那么苦都过来了，现在我工资涨了，生意也不差，生活好了，咋还郁闷起来了？"他用手抚摸着她的肩膀，轻声说，"我们的生活一天比一天好了，我们的心情也要一天比一天快乐才是。"几句简单的话，一个微小的动作，顿时让她感到异常的温暖。

"公司生意不差，却也不好，你知道有多难吗？"她开始絮絮叨叨，"财务账目一团乱麻，我发现好多漏洞，经常收到假钞、烂钱……"面对她的诉苦，他"嘘"了一声，紧紧地抱住她。

结婚 16 年了，他一直是倔强，毫无耐心，我行我素，从来都没有注意过她的任何感受。他在外不如意时，她柔情劝解；他在家发脾气时，她礼让三分；而她不如意发脾气时，他不但不会安慰，反而怒目而视，不理不睬，转身离去，不会倾听她的倾诉，全然不顾他的感受、她的委屈。

而今，面对她的抽泣、她的委屈，他终于开口讲了一句安慰话，还知道关心她了。他牵着她的手，俩人向阳台走去。

他变戏法似地从口袋里拿出两张票，是南宁到海南的车票，她疑惑地看着他，蓦地明白了什么似的，转过头去用疑惑而幸福的目光注视着老公。

他笑着解释："看你工作起早贪黑，太辛苦，带你去海南旅游，在七夕节我们一起度过一个浪漫的中国情人节。"

他抱着她温柔地说："以前，我一直让你承受了那么多的负担，对不起，亲爱的。" 听到他体贴的安慰，她热泪盈眶，转身抱住了老公。结婚这么多年来，他第一次默默主动地为她做了一件事。平日讨厌的阳台仿佛也变得简洁可爱起来。但她精明的生意头脑又转了起来："你怎么挑景点的？可以玩的挺多啊，到底哪里最好？"他笑着拍拍她的肩："你永远改不了追根究底的毛病，我是为你解决烦恼，又不是给你添麻烦。去海南绝对让我老婆有个浪漫之旅，轻松快乐起来。"

她兴奋道:"海南三亚呀!!我有个朋友在那里买房了,正好去她家看看,电话中老跟我炫耀她的海景房,哼……这次我也要和我最最亲爱的老公去体验一下。"说完老婆幸福地依偎在他怀里。

他说:"只要你幸福就好!"

一句简单的话使她再也忍不住了,将头埋在老公的胸前抽泣起来。她一时感动得语塞。老公原来一直深爱着她——这是她结婚16周年收到的最好礼物,也是情人节最惊喜的礼物。

问题:

请同学们查阅更多软文营销的案例,总结一次成功的软营销包括哪些要素。

资料来源:

19年的等待,一份让她泪流满面的礼物![EB/OL]. 天涯社区. http://bbs.tianya.cn/m/post-325-24761-1.shtml[2016-03-10].

本章参考文献

[1] [美] 菲利普·科特勒. 营销管理(新千年版·第十版)[M]. 梅汝和,梅清豪,周安柱,译. 北京:中国人民大学出版社,2001:776.

[2] Berry L L. Relationship marketing //Berry L L, Shetack G C, Upah G D. Emerging Perspectives of Services Marketing[M]. Chicago: American Marketing Association, 1983: 25—28.

[3] 张新国. 21世纪关系营销发展新趋势[J].中南财经政法大学学报,2002(6):101—104.

[4] Kotler P. Marketing's new paradigm: what's really happening out there[J]. Planning Review, 1992, 20(5): 50—52.

[5] [美]克里斯蒂·格鲁诺斯. 服务市场营销管理[M]. 吴晓云,冯伟雄,译. 上海:复旦大学出版社,1998.

[6] 荆浩等. 网络营销基础与网上创业实践[M]. 北京:清华大学出版社,2014:16.

[7] Paul S. Marketing Communications: An Integrated Approach[M]. 1997.

[8] Dunean. Client perceptions of integrated marketing communication[J]. Journal of Advertising Research, 1993 (June): 31.

[9] 卢泰宏. 广告创意100[M]. 广州:广州出版社,1995:95—112.

[10] [美]汤姆·邓肯. 整合营销传播:利用广告和促销建树品牌[M]. 北京:中国财政经济出版社,2004.

[11] 朱玉童. 中国企业的营销难题[J]. 销售与市场,1999(7).

[12] Econsultancy. 49%的营销人员认为整合工具很重要[EB/OL]. http://www.199it.com/archives/287454.html[2014-10-30].

[13] 吕巍,等. 广告学[M]. 北京:北京师范大学出版社,2006:162.

第7章 搜索引擎营销

学习目标

◆ **知识目标**
- ◇ 口头陈述搜索引擎的工作原理;
- ◇ 画图描述用户使用搜索进行信息检索的过程;
- ◇ 用概念图展示搜索引擎营销的过程。

◆ **能力目标**
- ◇ 结合企业网络营销的实际需要,设计搜索引擎营销的工作流程;
- ◇ 根据一个实际的企业(产品/品牌)、目标顾客及竞争对手的特点,为其提炼搜索引擎营销所需的关键词;
- ◇ 设计搜索引擎营销的绩效考核体系。

第 7 章　搜索引擎营销

导入案例

对于江门市电邦电子商务有限公司来讲，在完成了项目进驻淘宝(天猫)平台(http://www.tmall.com/)，以及前期的店铺装修后，接下来面对的主要工作就是扩大网店的知名度，即为网店引流。打造多元化、立体式的引流通道是电邦公司网络推广的核心工具。

淘宝(天猫)为店铺经营者提供了大量的引流工具。作为淘宝(天猫)三大引流工具之一的直通车是淘宝(天猫)面向各店铺经营者推出的一种按点击付费的搜索引擎营销工具，也一直是各店铺的主要引流工具。如果你或团队中的某个成员在店铺经营中负责直通车运营，请思考(或完成)以下问题(或任务)：

(1) 查阅资料，了解直通车的工作原理。
(2) 直通车运营的工作包括哪些步骤？各步骤中涉及的工作任务及目标是什么？
(3) 直通车运营的绩效考核包括哪些指标？

点评

学会抽象和条理化工作工具

直通车是淘宝(天猫)为众多卖家提供的搜索引擎营销工具。尽管直通车的具体规则会不断地做出调整，但不论如何调整它都是一种搜索引擎。所谓学会抽象就是指学会找到所有复杂东西的共性。因此可以从淘宝(天猫)的经营理念和搜索引擎基本原理两个角度来理解每次直通车规则的调整。所谓条理化是指包括搜索引擎在内的一切网络营销工具的工作流程化，梳理流程各环节的工作任务，再具体化。学会抽象和学会条理化不可偏废。

7.1　搜索引擎营销的基础知识

中国互联网络信息中心(CNNIC)发布的《2014年中国网民搜索行为研究报告》显示，截至2014年6月，我国搜索引擎用户规模超过5亿人，网民使用率为80.3%，是中国网民的第二大互联网应用；同时手机搜索引擎用户规模超过4亿人，手机网民使用率达到77.0%，是除手机即时通信以外的第二大手机应用。[1]

搜索引擎已经成为用户获取信息的主要工具之一。因此，作为一种网络营销工具，搜索引擎营销是企业网络营销的重要组成部分，是企业网站推广的重要手段，也是用户发现新网站的最普遍途径。[2]

7.1.1 搜索引擎的工作原理

对于网络营销人员来讲，不需要掌握搜索引擎技术，但需要了解技术及其运用。了解搜索引擎的工作原理对于认识和理解搜索引擎营销具有重要意义。

今天讨论的搜索引擎是指以谷歌和百度为代表的全文索引引擎(见本节"搜索引擎的分类"部分)，其基本工作原理包括以下三个过程。

首先，搜索引擎利用搜索程序在互联网中，逐个搜索网站、网页和单词，以期发现、搜集网页信息。

其次，对信息进行提取和组织，建立索引和数据库，这个索引和数据库中包含了可以找到的所有的搜索词、搜索词被发现的位置，以及在每个网页上出现的次数等。

最后，用户输入查询关键字，搜索检索器在索引库中快速检出文档，进行文档与查询的相关度评价，对将要输出的结果进行排序，并将查询结果返回给用户(图 7.1)。[3]

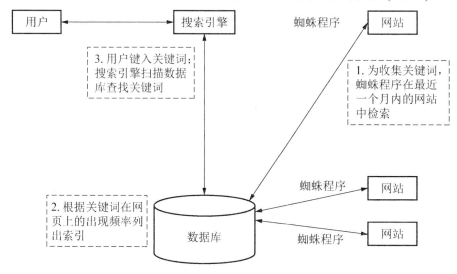

图 7.1　搜索引擎的工作原理

1. 发现与抓取网页

每个独立的搜索引擎都有一个被称为蜘蛛(Spider)的网页抓取程序。顺着网页中的超链接，蜘蛛(Spider)从这个网站爬到另一个网站，并对经历过的网站网页的内容质量进行评价，抓取网页。这些被抓取的网页称为网页快照。由于互联网中超链接的应用很普遍，理论上，从一定范围的网页出发，就能搜集到绝大多数的网页。

2. 处理网页

在抓到网页之后，搜索引擎还要做大量的预处理工作，才能提供检索服务。这些网页处理工作中最重要的就是提取关键词，建立索引库和索引，以便将来能快速准确地给用户提供所需的网页信息。除此之外，网页处理工作还包括去除重复网页、分词(中文)、判断网页类型、分析超链接、计算网页的重要度/丰富度等。所有这些工作的最终目的就是尽量为检索用户提供其最想要的信息。

3. 提供检索服务

搜索引擎提供的检索服务开始于用户输入关键词。当用户输入检索信息的关键词进行检索时，搜索引擎就从自己之前建立的索引数据库中找到匹配该关键词的网页。为了用户便于判断检索结果是否是自己的所需，搜索引擎除了提供网页标题和统一资源定位符(Uniform Resource Locator，URL)外，还会提供一段来自网页的摘要信息以及其他信息(图 7.2)。

第 7 章 搜索引擎营销

图 7.2 搜索引擎的检索结果信息

7.1.2 搜索引擎的分类

1. 全文搜索引擎

全文搜索引擎(技术型搜索引擎)是名副其实的搜索引擎,国外有 Google,国内则有百度搜索,等等。它们从互联网提取各个网站的信息(以网页文字为主),建立起数据库,并能检索与用户查询条件相匹配的记录,按一定的排列顺序返回结果。

根据搜索结果来源的不同,全文搜索引擎可分为两类:一类拥有自己的检索程序 (Indexer),俗称"蜘蛛"(Spider)程序或"机器人"(Robot)程序,能自建网页数据库,搜索结果直接从自身的数据库中调用。上面提到的 Google 和百度就属于此类。另一类则是租用其他搜索引擎的数据库,并按自定的格式排列搜索结果,如 Lycos 搜索引擎。

2. 分类目录搜索引擎

分类目录搜索引擎虽然有搜索功能,但严格意义上不能称为真正的搜索引擎,只是按目录分类的网站链接列表而已。这类搜索引擎出现早于全文搜索引擎。分类目录搜索引擎有以下 5 个特点。

1) 用户主动提交分类

分类目录搜索引擎不是依靠检索程序来完成网页或网站的抓取,而是依赖用户自己主动手动提交,即用户在分类目录搜索引擎中主动提交自己的网站网页(一般都是网站首页)。

2) 收录的网站/网页数量有限

由于由用户主动提交网站/网页,因而对于一个网站来讲,分类目录搜索引擎不能收集其网站中全部或绝大多数网页,即使你的网站/网页建设或优化做得非常规范。

3) 工作效率较低

分类目录搜索引擎从两个方面需要依赖人工:一是用户提交;二是目录编辑人员人工审核和评判,因而效率较低。

4) 信息更新不及时

一旦用户提交了网站/网页信息,将在一段时间内保持稳定,从而影响了信息的及时性。

5) 用户依赖分类目录进行查寻

用户提交时一定要注意网站的分类,要在恰当的分类目录下进行提交。同时,当有用户搜索时,可以依靠关键词(Keywords)检索,也可以不依靠关键词进行查询,而是按照分类目录找到所需要的信息。

目录索引中最具代表性的是 Yahoo!、新浪分类目录搜索。今天的全文搜索引擎也都保留了分类目录搜索引擎主动提交网站的功能(图 7.3)。

图 7.3 全文搜索引擎百度的主动提交端口

除了传统的分类目录搜索引擎外，还存在另一种开放式分类目录搜索引擎。之所以称之为"开放式"，是因为其与传统的分类目录搜索引擎最大的区别，在于它不是依赖搜索引擎内部人员来完成用户网站/网页的审核，而是由来自世界各地的志愿者共同审核、维护与建设。这类搜索引擎的代表就是 DMOZ。[4]

3. 元搜索引擎

元搜索引擎(META Search Engine)，也被称为集成搜索引擎，这类搜索引擎在接受用户查询请求后，同时在多个搜索引擎上搜索，其搜索结果集成了其他搜索引擎的检索结果，然后将结果返回给用户。著名的元搜索引擎有 infoSpace、dogpile、Vivisimo 等。

7.1.3 搜索引擎营销的概念与特点

1. 搜索引擎营销的概念

搜索引擎已经成为人们通过网络查寻所需信息的最主要方式之一。在人们利用搜索引擎检索信息的过程中，充满了营销机会。因此，搜索引擎营销(Search Engine Marketing, SEM)就是企业根据用户使用搜索引擎的方式，尽可能地在用户通过搜索引擎检索信息的各个环节，将企业营销信息传递给目标用户。因此，搜索引擎营销的本质是利用用户输入关键词检索信息的机会将企业的营销信息传达至目标用户。[5]

网络营销视野

国内搜索引擎发展状况

首先，搜索引擎应用成为即时通信服务之后的第二大网络应用，2015 年，搜索引擎应用的用户规模为 56623 万人，网民使用率为 82.3%，较 2014 年增长了 8.4%。同样在手机互联网应用方面，搜索引擎应用成为即时通信服务、网络新闻之后的第三大网络应用，用户规模为 47784 万人，网民使用率为 77.1%，

第7章 搜索引擎营销

较 2014 年增长了 11.3%。作为基础应用，搜索引擎用户规模随着网民规模的扩大而持续增加；同时，搜索引擎企业产品与服务的多元化发展，也吸引着网民积极使用互联网进行搜索。

资料来源：

CNNIC. 第 37 次中国互联网络发展状况统计报告[EB/OL]. http://www.cnnic.net.cn/hlwfzyj/hlwxzbg/hlwtjbg/201601/t20160122_53271.htm[2016-1-2].

2. 搜索引擎营销的特点

1) 搜索引擎营销方法与企业站点密不可分

从工具性角度来讲，企业可以将网络营销工具大致分为两类：一是基于站点的网络营销工具；二是不基于站点的网络营销工具。前一类网络营销工具的使用必须借助于某类企业站点(一般的企业站点多是企业网站)才能开展网络营销。例如，除了搜索引擎之外，还有 RSS、即时通信等。后一类网络营销工具的使用不需要借助于企业站点就可以开展网络营销。例如，电子邮件、网络论坛、网络社区、分类信息、在线黄页等。

因此，作为基于站点的网络营销工具，搜索引擎营销的开展及其成效直接取决于企业网站及其他形式站点的建设与优化的成效。

2) 搜索引擎传递的信息只发挥导向作用

首先，从营销信息传递的角度来看，搜索引擎可以传递企业营销信息的形式主要包括：搜索结果标题(一般是网页的内容标题)和网页描述(图 7.2)，这两者构成了搜索引擎关于网站/网页的索引。其次，从企业开展营销的角度来看，企业通过这两类形式的信息引导用户点击搜索结果，从而进入企业网络营销信息源。

3) 搜索引擎营销是用户主导的网络营销方式

用户主导是搜索引擎营销与区别于其他网络营销方式的最重要特点之一。这意味着企业在开展搜索引擎营销工作时，即使所有的工作都坚持营销导向(即用户导向)，但只要用户自己不启动搜索引擎的信息搜索行为，企业所有搜索引擎营销的工作只能处于"静默"状态。因此，面对用户主导的"局限"，开展搜索引擎营销需要企业整合其他(网络)营销方式，进行整合营销传播设计，启动用户的搜索行为。这样搜索引擎营销才能完全开展。

4) 搜索引擎营销可以实现较高程度的定位

精准营销是所有营销工具，尤其是网络营销工具希望实现的效果。相比于其他网络营销工具，搜索引擎服务提供商一般可以通过关键词竞价机制、投放区域设置、投放时间设置、投放密度设置、用户 LBS，以及结合模糊查询、智能技术等方式，实现对用户群的精准定位，同时根据用户口碑(图 7.4)，为搜索用户提供精准信息，提高企业搜索引擎营销效果。

从图 7.4 可以看出，百度搜索引擎正在为用户提供一个开放窗口，旨在通过"收藏、分享、评价和举报"收集用户对网站/网页的偏好；同时，通过在搜索结果中提供用户对网站/网页的评论数，以及"百度信誉 V 等级评定"指数，尽可能地为用户提供精准、可靠的搜索结果。

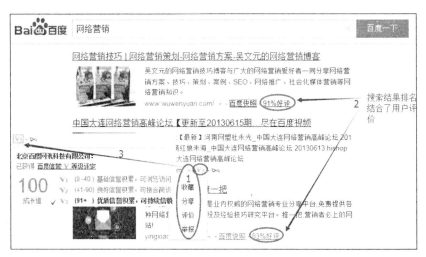

图 7.4　百度搜索引擎结合用户口碑提供搜索结果

网络营销视野

谷歌将数据追踪行为带到线下

用户的位置信息多年来一直是众多科技公司希望获取的重要用户信息之一，它对于企业开展网络营销具有重要价值。而智能手机的发展与普及为国内外大大小小的众多科技公司收集用户位置信息提供了方便。通过智能手机，各个公司就可以将用户的线上活动与现实生活活动连接起来。谷歌当然是众多公司中的"先进者"，而且谷歌也告知广告主，它现在可以做到持续不断地追踪用户的智能手机位置，不管他们走在哪里，即使他们已经不使用谷歌的应用。

具体来讲，谷歌通过将实体店访问数据与消费者在智能手机上的搜索活动联系起来，证明它的移动广告确实有效。例如，如果你在谷歌移动搜索引擎上搜索"螺丝刀"，谷歌给你提供的搜索结果不仅仅取决于你的搜索关键词，还取决于你的位置，即谷歌不用把千里之外的某个销售螺丝刀的搜索结果呈现给你，至少它的呈现位置应该排在离你最近当地的五金器具商店之后。而对于当地的五金器具商店来讲，就可以报价使得它的商店广告呈现给你。通过配对你的位置数据和商店资料数据库，谷歌可以知道你在看到那则广告后是否有访问相关实体店。

当然这也引发了另一则讨论，即用户的信息安全与隐私问题。美国电子前沿基金会(Electronic Frontier Foundation)技术专家丹·奥尔巴赫(Dan Auerbach)指出，各种网络应用的信息披露机制非常薄弱，用户在打开"位置服务"时可能没有意识到他们已经选择了不断的位置追踪，"用户期望与应用实际做的事情之间存在着鸿沟"。

资料来源：

网易科技：谷歌将数据追踪行为带到线下[EB/OL]. http://tech.163.com/13/1110/13/9DARVR22000915BF.html [2013-11-10].

5) 搜索引擎营销只能给企业网站带来流量，而不能直接促成销售

从搜索引擎营销的任务角度来看，当用户看到搜索引擎反馈的关于企业网站/网页信息的搜索结果，并点击之后，搜索引擎营销的任务就已经结束了。在此之后，用户进入企业网络营销信息源，如企业网站，浏览到了什么？如何浏览？是否对网站/网页内容感兴趣？是否会浏览网站其他网页？是否会完成网站所承担的营销任务，如购买产品、下载等，则

取决于企业网站/网页的建设与设计工作的成效。因此，搜索引擎营销只会为企业网站带来流量，它并不能为网站销售等其他营销目标负责。

7.2 搜索引擎营销的基本方式

随着搜索引擎技术的发展，以及搜索引擎企业的创新，从最早的分类目录搜索引擎演进到现在的各类技术型搜索引擎，大致存在着以下几种营销方式。

7.2.1 免费登录搜索引擎

免费登录搜索引擎是传统分类目录搜索引擎最早的收录网站的方式，即使到了技术型搜索引擎出现之后，大多数的技术型搜索引擎都保留了让用户免费主动提交网站的端口。因此，免费提交搜索引擎又包含两类方式：一是免费登录分类目录搜索引擎；二是免费登录技术型搜索引擎。

1. 免费登录分类目录搜索引擎

尽管随着技术型搜索引擎的发展，传统的分类目录搜索引擎的影响力越来越小，但将企业网站(网页)提交给一些高质量的分类目录登录，对于提高网站在搜索引擎检索结果中的排名有一定价值。

2. 免费登录技术型搜索引擎

免费登录技术型搜索引擎对于企业网站推广来讲，有两大好处：一是能在最短时间内让主要的搜索引擎收录网站；二是这种主动提交企业网站/网页给搜索引擎收录和曝光是免费的。这对于企业开展网络营销，尤其是网络营销初期是非常有利的。

7.2.2 付费登录分类目录

基本方式类似于免费登录分类目录，只是当网站缴纳了规定费用之后才可以获得被收录的资格。鉴于分类目录网站的影响力总体越来越小，因而这类方式只是一种参考。

7.2.3 搜索引擎优化

搜索引擎优化也是一种免费的搜索引擎营销手段。它是通过对网站基本要素的优化设计，实现网站对搜索引擎的友好性。良好的搜索引擎优化可以实现网站/网页的索引信息在搜索结果中获得较高的排名、展现，从而吸引用户点击进入网站，并实现用户转化，因而已经成为最重要的搜索引擎营销方式之一(详见第 10 章 10.2 节"企业网络营销平台优化")。

7.2.4 关键词广告

关键词广告主要有两种基本形式：一是传统的关键词广告；二是基于网页内容定位的关键词广告。

1. 传统的关键词广告

传统的关键词广告是企业向搜索引擎购买某些关键词，当用户用此关键词在搜索引擎上检索信息时，关于企业网站/网页的索引信息就会在搜索引擎结果页面特定位置曝光，从而达到推广企业网站或其他营销信息的目的。一般来讲，"特定位置"包括：搜索结果页面左侧的最上方、最下方和右侧，以及这三处区域的特定排序位置。

百度以竞价排名的方式，向广告主出售广告位置，即广告主依据对关键词的竞价高低获得在搜索结果页面的不同广告位置(图7.5)。百度公司则以用户点击效果对广告进行收费。

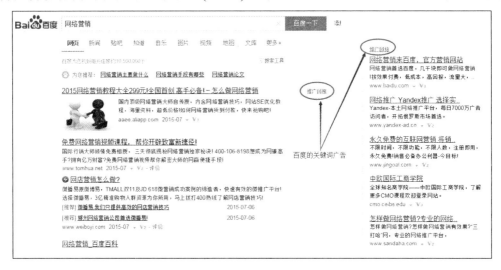

图 7.5　百度的关键词广告

2. 基于网页内容定位的关键词广告

基于网页内容定位的广告其实是关键词广告的一种扩展形式。它是谷歌公司开发的一种特定的关键词广告形式。首先，各个网站可以选择加盟到谷歌的关键词广告联盟中；其次，与传统的关键词广告不同，在基于网页内容定位的关键词广告中，广告主投放的广告是基于广告与网页内容的相关性，而出现在联盟网站的特定网页中，因而广告主获得更多的广告展现机会，而不是仅仅局限于搜索结果页面的特定位置，而且这种展现机会与用户的内容搜索行为相关，因而也保证了广告投放的精准性(图7.6)。

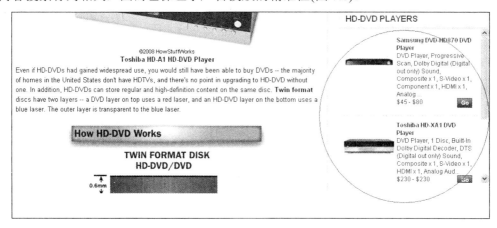

图 7.6　基于网页内容定位的关键词广告

7.3 搜索引擎营销的用户行为研究

理解用户,尤其是理解用户行为及心理是开展任何营销活动的基本前提,搜索引擎营销也不例外。首先,作为搜索引擎营销人员,必须从用户角度去理解用户使用搜索引擎的过程及涉及的环节;然后,理解用户在搜索各环节的行为与心理。本节主要探讨用户搜索行为、搜索结果的浏览行为、关键词使用行为,以及长尾现象。

7.3.1 用户的搜索行为研究

了解和梳理用户使用搜索引擎的行为和过程对于设计搜索引擎营销方案具有重要的意义。典型的用户搜索行为包括以下五个步骤(图 7.7):一是选择习惯使用的搜索引擎;二是在搜索框中键入搜索关键词或关键词组合;三是查看搜索结果;四是点击进入信息源;五是如果获得了期望信息则结束搜索,否则返回重新搜索或放弃搜索。

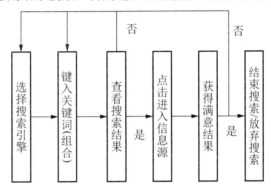

图 7.7 用户的搜索行为过程

Hotchkiss 在 2005 年对用户搜索行为进行研究时发现,一个完整的搜索期间(指用户从输入关键词到最终离开搜索引擎的整个过程)持续的时间最多不超过十几分钟,有时甚至短至几秒。[6]

7.3.2 用户的搜索结果浏览行为研究

1. 用户对搜索结果不同页面的关注度

2002 年,美国专业的搜索引擎营销专业服务商 iProspect(http://www.iProspcet.com)的调查发现,56.6%的用户只看搜索结果前 2 页的内容,其中只有 23%的用户会查看到第 2 页的内容;10.3%的用户会查看到第 3 页的内容;愿意查看 3 页以上内容的用户只有 8.7%。[7]2006 年 4 月,iProspect 联合著名的市场研究公司 Jupiter Research 又进行的一次调查显示,90%的搜索用户只查看搜索结果前 3 页,而 2004 年和 2002 年的这个比例分别是87%和81%;62%的用户只单击搜索结果第一页链接,而 2004 年和 2002 年的这个比例分别是 60%和48%。[8] Johnson 等发现,在一个搜索期间里,用户平均只会选择两个链接,只有 9%的用户会选择第一页之外的链接。[9]

通过以上调查,可以得出一则基本结论:搜索结果排名靠前是获得用户点击查看的重要影响因素。如果进不了搜索结果前3页，搜索引擎营销的效果几乎是微乎其微了。

2. 用户对同一页面搜索结果的关注度

搜索引擎营销公司 Enquiro、Did-it 与专门研究人们眼睛运动行为的公司 Eyetools 联合开展了一项调查研究，该研究主要是通过观察用户浏览 Google 搜索结果页面时的眼睛运动来确定用户对搜索结果内容的关注程度。调查结果发现，用户对搜索结果页面的关注范围呈现英文字母"F"的形状，也可以描述为"金三角"现象(图7.9)，即搜索结果中排名靠前的内容更容易受到用户的关注和点击。位于 Google 自然搜索结果"F"顶部的信息，获得了被调查者100%的注意，而位于最下面的信息则只获得了20%的注意力(表7-1)。

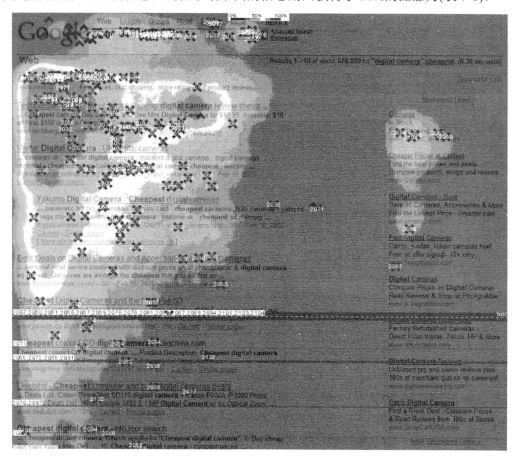

图7.9　Google 金三角

图片来源：Searcheo. 搜索引擎优化的科学理论之搜索关注度：金三角理论[EB/OL]. http://www.searcheo.cn/post/236.html [2014-8-27].

"F"现象同样适用于 Google 搜索结果右侧的关键词广告，只是左右两侧内容的点击率有所不同。对于 Google 搜索结果右侧的赞助商链接内容(即关键词广告)，其受关注程度大约只有左侧自然搜索结果的一半，即使位于第一位也只获得了50%的注意力(表7-1)。

表 7-1　用户浏览搜索结果的 F 现象

搜索结果位置	左侧结果的浏览行为	右侧结果的浏览行为
第 1 位	100%	50%
第 2 位	100%	40%
第 3 位	100%	30%
第 4 位	85%	20%
第 5 位	60%	10%
第 6 位	50%	10%
第 7 位	50%	10%
第 8 位	30%	10%
第 9 位	30%	
第 10 位	20%	

资料来源：Searcheo. 搜索引擎优化的科学理论之搜索关注度：金三角理论[EB/OL]. http://www.searcheo.cn/post/236.html [2014-8-27].

从上述调查结果，可以得到三个基本结论。[10]

(1) 基于自然搜索获得的排名结果的重要性远高于付费关键词广告。

(2) 用户对自然搜索结果的关注程度更高，除非搜索引擎关键词广告排名在最上端，否则很难获得用户的关注。

(3) 搜索引擎优化很重要，但搜索引擎营销人员往往会忽视这一事实，因此需要平衡搜索引擎优化和付费关键词广告。

3. 用户的搜索引擎使用行为

iResearch 在 2004 年发布的调研结果显示，有 35.6%的用户表示，在对某次搜索结果不满后，会更换更精确的关键词而继续使用该搜索引擎进行搜索，有 24.8%的用户表示遇到这种情况后会更换搜索引擎，有 21.6%的用户会增加关键词后仍用该搜索引擎搜索，有 11.7%的用户会进而使用该搜索引擎的高级搜索功能进行搜索，只有 5.9%的用户会彻底放弃此次搜索。[11]

2006 年，iProspect 联合 Jupiter Research 所做的另一则调查显示，16%的用户在看完第 1 页前几个搜索结果之后，就有可能变换关键词或搜索引擎重新进行搜索，而 25%的用户是在看完第一页搜索结果之后会变换搜索引擎，而看完前 2 页、前 3 页和 3 页以上会变换关键词或搜索引擎的比例分别是 27%、20%和 12%。[4]再者，近几年搜索引擎市场的进一步分化，搜索引擎营销人员不仅需要让自己的网络营销信息出现在任何一个搜索引擎的搜索结果的最前面，而且还需要尽可能多地在多个搜索引擎上都有类似好的表现。

4. 用户的关键词使用行为

总部位于荷兰的专业网站分析公司 OneStat.com 在 2005 年发布了一则关于用户使用搜索引擎的关键词报告。该报告结论是：搜索引擎用户使用单一关键词检索的比例逐年下降，已经从 2004 年的 16.6%下降到 2005 年 7 月的 13.4%；与此同时，相较于 2004 年，使用两个以上关键词组合进行检索的用户比例则逐年上升,其中使用两个关键词组合是搜索用户使用频率最高的关键词(29.6%),其次是三个关键词组合(27.6%),使用四个关键词组合的用户比例达到 16.2%,有些用户甚至使用七个以上的关键词进行检索。这项有关用户使用搜索引擎关键词检索行为的研究结果提醒网络营销人员,在实施搜索引擎优化和制定搜索引擎广告策略时,关键词策略应该多考虑使用关键词组合而不是单一的关键字。详细调查结果见表 7-2。[12]

表 7-2　用户的关键词使用习惯

关键词与关键词组合	2004 年 7 月	2005 年 7 月
单一关键词	16.6%	13.4%
2 个关键词	33.0%	29.6%
3 个关键词	26%	27.6%
4 个关键词	14.8%	16.2%

5. 用户对搜索结果内容的偏好

一则关于用户如何在搜索结果页面中选择点击搜索结果及其选择或不选择的原因的调查表明,[13]网页描述与用户的搜索动机(即信息需求)的相关性是影响用户是否点击某条搜索结果的最重要影响因素,然后依次是:知名度高、标题网站名与所需信息相关、排名靠前、信息相关性强、简介信息较专业、标题或网站名较专业、地区较近、简介信息较可靠、标题或网站名较可靠、其他原因。

而影响用户选择不点击搜索结果的影响因素依次是:简介与所需信息相关性低、标题网站名与所需信息相关低、不在所住地区、没有简介、广告性较强、没有标题、简介信息较不可靠、标题或网站名不专业、标题或网站名不可靠、知名度低、简介信息不专业、其他原因。[13]

7.3.3　长尾理论

1. 长尾理论的基本内容

所谓长尾理论是指,只要产品的存储和流通的渠道足够大,需求不旺或销量不佳的产品所共同占据的市场份额可以和少数热销产品所占据的市场份额相匹敌甚至更大,即众多小市场汇聚成可产生与主流相匹敌的市场能量(图 7.9)。[14]

从长尾理论的基本内容来看,传统经济中一直被忽视的利基市场在网络经济或新经济环境下获得了主流市场同等的重视。张昱认为长尾导致"二八定律"受到了极大挑战,[15]但更多的学者认为长尾并没有否定或取代"二八定律"。例如,安德森就提出"没有头(Body)只有尾巴,在吸引消费者时就会显得杂乱和无序,人们需要一个亲切的开端,然后通过信任的推荐,去浏览不熟悉的地方。"因此,长尾的出现是在新经济环境下对"二八定律"的很好的补充和完善。[16]

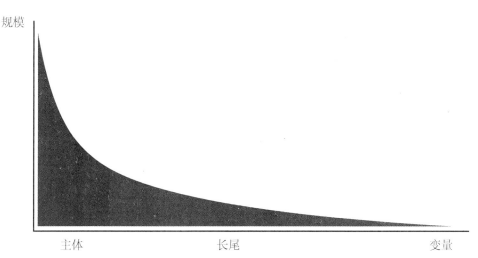

图 7.9　长尾理论的示意图

资料来源：冯英键. 网络营销基础与实践 [M]. 4 版. 北京：清华大学出版社，2013：206.

 学习链接

二 八 定 律

在传统经济中，人们一直在用二八定律来界定主流，计算投入和产出的效率。它贯穿了整个生活和商业社会。这是 1897 年意大利经济学家帕累托归纳出的一个统计结论，即 20%的人口享有 80%的财富。当然，这并不是一个准确的比例数字，但表现了一种不平衡关系，即少数主流的人(或事物)可以造成主要的、重大的影响。

根据二八定律，在传统的营销策略当中，商家主要关注能创造 80%收益的 20%的少数商品或者是能创造 80%收益的 20%的少数客户群，往往会忽略在创造 20%收益的 80%的商品或客户群。

2. 长尾理论的搜索引擎营销价值

作为 Search Engine Watch 创始人，Danny Sullivan 对用户利用 100 个关键词在 Overture 检索时为网站带来的流量的分析中发现，处于"长尾"部分的关键词同样也能为网站带来相当可观的流量，而且这些关键词带来的流量总和与处于"主体"(Body)的少数热门关键词带来的流量不相上下(图 7.10)。

更为重要的是，长尾现象对于搜索引擎的关键词策略有着重要的参考价值。虽然少数的热门关键词(通用关键词)与"长尾"关键词都能给网站带来大致相当的流量，但是从转化率的角度来看，长尾关键词往往以其对用户搜索需求的精准把握，拥有比热门关键词更高的转化率。进一步考虑两类关键词的投入产出比，当采取付费关键词广告时，长尾关键词往往拥有更好的投入产出比。

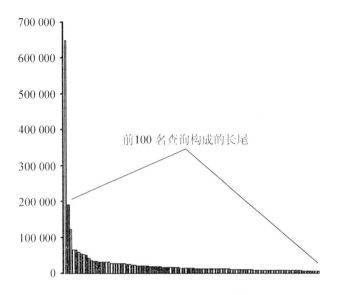

图 7.10　100 个关键词在 Overture 检索时为网站带来的流量示意图

资料来源：冯英键. 网络营销基础与实践[M]. 4 版. 北京：清华大学出版社，2013：206.

7.4　搜索引擎营销的步骤与任务

　　从工具层面来看，企业开展搜索引擎营销大致经历以下七个步骤(图 7.11)：第一步，明确企业搜索引擎营销的对象；第二步，需要从用户的角度来理解用户的搜索动机；第三步，提炼关键词、构建搜索结果和优化内容着陆页；第四步，确定搜索渠道；第五步，启动用户的搜索行为。其中，理解用户为什么要搜索与启动用户搜索行为对于提炼关键词有直接影响。因为在正式的搜索之前，用户会回忆与任务相关的信息，从大脑的信息库中提炼出合适的搜索关键词。[17]

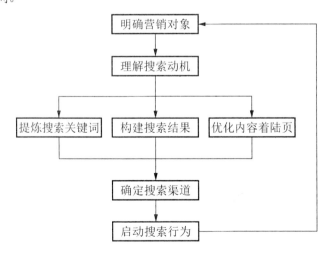

图 7.11　搜索引擎营销的步骤

7.4.1 明确搜索引擎营销的对象

从营销思维来看,企业开展任何营销活动首先必须面对和解决的问题就是明确营销活动的对象。这需要考虑两个方面的问题:一是市场细分及目标市场选择;二是传播对象的确定。通常企业的目标顾客与营销传播的对象可能并不一致。传播对象的确定可以通过消费者购买角色理论来确定。

7.4.2 理解用户的搜索动机

理解用户为什么利用搜索引擎进行检索对于有效开展搜索引擎营销具有重要意义,尤其是对于企业搜索引擎营销三个环节的影响最大:一是关键词的提炼(见"7.4.3 提炼关键词");二是构建搜索结果(即网页标题与网页描述的内容设计);三是优化内容着陆页(即网络营销信息源页面内容的策划)。其中,提炼准确的关键词保障了用户在"第一时间"找到企业的网络营销信息。而网页标题与网页描述,以及网络营销信息源内容相当于企业网络营销的"信息"产品。这些"信息"产品会对用户是否选择点击企业的搜索结果,是否愿意驻留企业网络营销平台,以及驻留时间的长短有重要影响。

7.4.3 提炼关键词

关键词提炼通常与两个方面的工作密切相关:一是网站/网页优化。通常来讲,用户搜索信息大都通过输入与所需信息相关的关键词在搜索引擎进行检索。因此进行网站/网页优化时,重视对网页信息关键词的提炼,尽量保证所提供的关键词是用户使用的关键词,同时也需要保证关键词与网站/网页信息的最大程度相关性,从而能实现网站/网页被搜索引擎收录。二是开展关键词广告。当搜索引擎营销人员在开展关键词广告时,首先面临的任务就是提炼关键词。因此,研究用户会使用什么关键词进行检索就成为一项非常重要的营销工作。而用户使用什么样的关键词与用户的需求及搜索动机是相关的。

1. 用户搜索需求的激发与关键词提炼

从根本上讲,需求是用户使用搜索引擎进行检索的根本原因。营销学的基本理论告诉我们,用户需求受到三个方面的刺激而形成:一是自身生活或工作的需要;二是受到企业的营销刺激;三是受到现实环境的启发或刺激。[18]

因此,搜索引擎营销人员面临的任务包括:一是如果用户是由于自身生活或工作的需要而产生了对某类信息的检索需求,在此情境下,用户头脑中可能形成哪些关键词?二是如果用户是受到了企业的营销刺激而形成的检索需求,在此情境下,用户头脑中可能会形成哪些关键词?三是如果是受到现实环境的刺激而形成的检索需求,又可能会形成哪些关键词?

营销讨论

案例1: 生活或工作的需要产生的搜索需求

当同学们周末放假回到家时,妈妈让你想办法把家里客厅的地毯清理一下,此时你会怎么办?

A. 自己马上动手想办法处理; B. 问妈妈是否可以买个吸尘器?

如果是选择A的同学,当你自己动手处理时,发现打扫不干净或者很费力时,你又会怎么办?

A 问妈妈是否可以送到专业清理店清理(花费用自己的压岁钱)? B 问妈妈是否可以买个吸尘器?

如果是选择A的同学,此时你又不知道家附近哪儿有专业的清理店,此时你又会怎么办?

如果是选择B的同学,当你想到了需要购买吸尘器,而又不知道到附近哪儿有卖吸尘器时,又会怎么办?

不论是选择A的同学,还是选择B的同学,当你想到了利用搜索引擎("百度一下")搜索时,你的头脑中首先会想到哪个关键词,其次还会想到其他哪些关键词?

案例2: 企业营销刺激产生的搜索需求

当你上班或回家时,在公司所在写字楼或小区电梯口的液晶屏上,看到分众传媒正在播放一则关于本地福特汽车专卖店的汽车促销广告,你需要进一步了解福特汽车的产品信息,你会怎么办?

A. 打屏幕上的电话进行咨询; B. 扫描屏幕上的二维码进行了解; C. 直接到专卖店去咨询;

D. 上网查询

如果选择 D 或者其他三种选择不能完全满足你的信息需求,你还需要上网查询时,此时你的头脑中会形成哪些搜索关键词?

案例3: 受到现实环境刺激而形成的搜索需求

最近,你的同学们都在讨论一个话题:到了大三是为一年后的毕业就业做准备呢,还是攻读硕士研究生继续深造?听到同学们的讨论后,你逐渐倾向于报考研究生,但你又不知道如何着手准备。此时你会怎么办?

A. 请教师兄师姐; B. 上网查询

如果选择B,你头脑中会形成哪些搜索关键词?如果选择A,师兄师姐建议你先报一些考研辅导班并买一些辅导书,此时你又会形成哪些搜索关键词?

2. 搜索关键词提炼的影响因素:涉入理论的视角

上述三个小案例展示了不同的刺激类型导致的搜索需求,但必须注意的是在现实营销实践中,搜索关键词的提炼除了考虑用户的搜索刺激源类型的差异外,还需要考虑产品(或服务)的类型、用户与产品(或服务)的关联性等因素的影响。涉入理论可以作为梳理关键词提炼思路的一个理论工具。

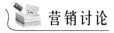营销讨论

案例4：消费者涉入方向与搜索关键词提炼

最近你的手机丢了，或者你现有的手机落伍了，无法聊微信或玩游戏了，你需要更换一款新手机，此时你可能会选择到京东商城上去购买一款手机。当你登录京东商城进行搜索时，在你的头脑中会形成哪些搜索关键词？

A. 品牌；B. 功能；C. 价格；D. 尺寸；E. 其他

对比案例1和案例4，我们可以发现消费者对不同的产品或服务的涉入方向是不同的：有的涉入方向是产品或服务，有的涉入方向是品牌；同时，消费者对产品(或服务)与品牌的涉入度也有高低之分(图7.12)。

	产品 高	产品 低
品牌 高	品牌忠诚型 -注重品牌 -追求最佳 -有喜欢的品牌 -不使用其他品牌	日常品牌购买型 -不太注重产品类 -不追求最佳 -没有喜欢的品牌 -不使用其他品牌
品牌 低	信息型 -注重产品类 -追求最佳 -使用多种品牌 -搜寻信息	品牌转换型 -不注重产品类、品牌 -不追求最佳 -使用多种品牌 -对价格敏感

图7.12 消费者的涉入方向与程度矩阵

将前述用户需求形成的三类来源与涉入理论相结合，就会形成如表7-3所示的用户搜索关键词的提炼框架。搜索引擎营销人员可以参考此框架，梳理出用户可能会使用的关键词。

表7-3 用户搜索关键词的提炼框架

序号	需求形成源 涉入类型	工作与生活所需	企业营销刺激	现实环境刺激
1	品牌忠诚型			
2	日常品牌购买型			
3	信息型			
4	品牌转换型			

3. 多角度提炼关键词

当搜索引擎营销人员在提炼关键词时考虑了用户的搜索动机、涉入类型之后，可能思路还不清晰和具体，梳理的关键词会存在遗漏，为进一步完善提炼的关键词，可以进一步从企业角度、用户角度和竞争对手角度三个方向进一步具体化提炼思路，完善关键词。

1) 企业角度

从企业角度提炼关键词是搜索引擎营销人员最经常，也是最擅长的操作思路。从企业角度提炼关键词包括从企业本身、品牌、产品三个层次。其中，从产品角度提炼是最为常见的。产品的材质、尺寸、功能、外观、颜色、款式等属性都是提炼关键词的出处。由于消费者对不同产品的不同属性有不同的重视程度，因此先从消费者关注的产品属性因素提炼关键词。

即使产品的属性常常是关键词的"最大来源"，但是不同用户对产品不同属性有不同程度的关注程度(例如，同样是购买轿车，有人关注价格、品牌，有人看重款式、耗油量)，因此还需要结合产品的目标顾客进行进一步筛选。

2) 用户角度

从用户角度提炼关键词不仅要关注目标用户注重产品的哪些产品属性，还需要关注用户本身及其他需求、兴趣可能会引申出来的关键词。这些"引申"出来的关键词往往能带来意想不到的效果，尤其对于那些将展现量——将企业营销信息展现到目标顾客眼前——作为首要营销目标的企业网络营销行为来讲更是如此。从用户角度提炼关键词大致可以沿着两个方向展开。

(1) 有搜索需求的用户。有搜索需求的用户是因为其在工作或生活中遇到了困扰、障碍等。我们将这些统称为"痛点"，那么这些痛点引申出来的关键词是什么？

(2) 无搜索需求的用户。对于这类用户，我们希望将我们的营销信息展现在他们眼前，"被看到"是营销的首要目标。因此，从用户的人口统计特征、行为特征、心理特征进行关键词的提炼。

 网络营销视野

一个高档楼盘开发商的搜索引擎营销

位于美国北加利福尼亚州的某房地产开发商开发了一个高档楼盘。为推动楼盘销售，此开发商进行了一系列的促销活动，如广告牌、报纸分类广告等。但是这位开发商并不满足于这些传统营销手法带来的营销效果，于是在完成了楼盘的市场细分之后，命令员工去查询，在楼盘所在地有哪些公司在纳斯达克上市了，或即将上市；哪些公司的股票暴涨了；等等，然后再查询这些公司处于哪些行业？这些股票暴涨和上市形成的财富新贵都是些什么样的人？他们有哪些兴趣爱好？

通过对以上问题的简单梳理，除了楼盘、售房、房地产、住宅、高档住宅从企业端提炼的关键词之外，还提炼出如生物、网络、IT 等与目标顾客相关，而与企业(产品)表面无关的关键词。

事后的绩效评估发现，生物、网络、IT 等表现无关的关键词链接与定位广告的点击率更高，效果也更好。

资料来源：

姜旭平. 网络营销[M]. 北京：中国人民大学出版社，2011：272，有删改.

3) 竞争对手角度

研究发现，由于用户对知名品牌及搜索引擎本身的信任，在搜索结果页面中，知名品牌会对不知名品牌形成同化效应，即当不知名品牌的搜索结果链接的周围都是知名品牌时，用户会认为不知名品牌与自己的搜索任务相关,从而更加信任不知名的品牌。[19]从竞争对手角度提炼关键词的基本思想类似于"比附营销"的思想,即选择一些在消费者看来"专属"于竞争对手的关键词,如品牌名称。这样当消费者在搜索这些竞争对手的产品时,也会看到本公司的营销信息(图 7.13)。

【相关链接】

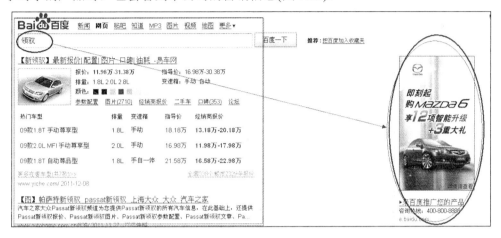

图 7.13 马自达汽车的关键词广告

图 7.13 显示,当使用"领驭"作为关键词搜索领驭轿车信息时,会在百度搜索结果页面的右侧看到"MAZDA 6"的关键词广告。这就说明马自达在开展关键词广告营销时,选择了竞争对手领驭的品牌名称作为关键词。

但是,需要注意的是竞争对手的目标顾客是否是自身的目标顾客群。一般来讲,如果两个企业之间的产品/服务不是同一个目标顾客群,通过提炼和使用"对手"品牌名称作为关键词就无意义(图 7.14)。图 7.14 显示,一猫汽车电商平台在推广野马和宝马 M4 时使用了"帕萨特"关键词定位广告,但是野马和宝马 M4 与帕萨特是同一客户群吗?

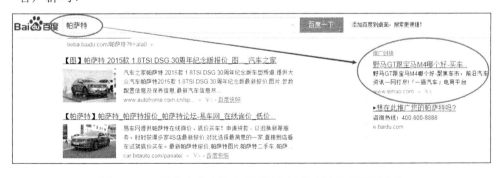

图 7.14 一猫汽车电商平台的野马与宝马 M4 的关键词广告

如果某个品牌或企业扮演的市场挑战者角色,以挑战市场领导者作为企业营销战略的主线,则可以通过使用市场领导者的相关关键词进行比附营销,蚕食市场。

多角度提炼关键词的目的不仅在于尽量完善关键词,更重要的是搜索关键词是存在着竞争的。这种竞争一方面体现在企业对关键词的竞价;另一方面也体现在关键词的"事实占有"竞争。例如,行业内的生产相同产品的两个竞争企业(A 和 B),A 的市场地位强于 B,主要表现在 A 的品牌影响力超过 B。在此情境下,B 企业如果选择与 A 相同的关键词时,其搜索结果的展现情况往往并不一定会好于 A 企业。此时,尽管 A 企业没有对这些关键词进行竞价,但实际上 A 已经形成了对这些关键词的"事实占有"。因此,B 企业要实现通过多角度提炼关键词,实现与 A 企业在关键词广告方面的错位竞争。

4. 关键词的组合设置

在完成了多角度提炼关键词的工作之后,接下来的任务就是进行关键词的组合使用。

1) 关键词组合使用的一般原则

考虑到搜索引擎营销的覆盖面,又要顾及关键词的精准性。通常搜索引擎关键词采用通用词+专业词(长尾词)组合的原则。ComScore Network 在美国的一项针对网上购物者的搜索引擎使用行为调查证实,用户在使用搜索引擎检索时通常更多地会使用"一般商品名+专业术语"的关键词组合,而使用"品牌名+产品名"的人数比例最低。[13]另一项研究发现,用户在网购时通常会从一般性关键词开始搜索,然后再搜索品牌关键词,进而完成交易,而且品牌关键词往往拥有更高的点击率和转化率。[20]这是因为当用户输入特定品牌的关键词时,他的搜索任务和目标往往相对明确。[21]

2) 关键词组合的影响因素

(1) 考虑搜索用户的需求。国外学者 Broder 认为搜索关键词反映了用户的搜索需求,而搜索需求往往取决于用户的搜索任务,这种搜索任务与用户的网购过程密切相关。[22]用户的实际需求会随着搜索介入程度或搜索阶段的深入而逐渐明确。[23]基于此,Broder 将搜索关键词划分为三类:一是信息类关键词(Informational Keywords),用户还处于了解需求、研究商品的阶段,因而没有明确的购买意图,也没有明确的目标网站。二是导航类关键词(Navigational Keywords),用户有明确的目标网站,只是不想直接输入网址,有些导航类关键词可以反映用户的搜索目标。三是交易类关键词(Transactional Keywords),用户已经完成了商品比较和研究的过程,有了明确的购买意图,正在寻找合适的卖家,离网购效果只有一步之遥。这类关键词的转化率最高,商业价值最大。信息类关键词的搜索量最大,占总搜索量的八成,而导航类和交易类关键词的搜索量分别只占 10%左右。[24]

对于无实际需求仅做一般性信息了解的用户,关键词的覆盖面是个重要目标,因此关键词选择需宽泛、概括。对于有明确需求的用户,关键词越准确、越专业、越具体越好。专业词汇是一个选择方向。通常能用专业词进行搜索的用户往往都有实际需求,这类用户的转化率往往较高,抓住他们是营销的关键。

(2) 理解品牌的影响力。对于不同产品,品牌在消费者购买中的影响力是不同的。对于高档奢侈品和一些用于炫耀、攀比类的商品,用户会看重并忠实于品牌,大约 80%的市场价值源于品牌,所以品牌名称是重要的关键词。对于市场上商品种类不丰富、品质不完善、性能/服务参差不齐的一般产品,消费者购买受品牌影响也较大,品牌名称也是一个重要关键词。对于功能、质量、服务比较好且品牌间差异较小的一般产品,则品牌影响力较弱。

(3) 考虑产品的生命周期阶段。一般来讲,产品进入市场后有四个阶段:导入期、成长期、成熟期和衰退期。四个不同阶段，由于市场状况、产品表现等因素都不相同，因此，关键词的提炼与使用也各不相同。

① 导入期。产品在导入期的特点是销售低、收藏少、评价少、竞争力小，在此阶段需要精准选词。此时，关键词的组合大致是30%热门词+70%的长尾词。

② 成长期。到了成长期，产品在市场处于上升期。处于成长期的产品的特点是销量、收藏量、转化率、顾客评价等属性处于上升期，产品竞争力也逐渐显现。此时，可以加大热门词的比重，逐渐加大引流力度。关键词的组合大致是 70%热门词+30%的长尾词。

③ 成熟期。进入成熟期的产品基本特点是产品的各种市场属性表现(销量、收藏、评价等)达到一个"峰值"。此时，可分两种情况来考虑关键词组合：一是如果某产品被用来作为"活动产品"，则选择的关键词组合是 20%热门词+80%的长尾词；二是对于其他热门产品，则选择 80%热门词+20%的长尾词的关键词组合。

④ 衰退期。进入衰退期的产品的各种市场属性表现逐渐趋差，产品也应该退出搜索推广。

(4) 考虑产品的市场地位。产品的市场地位可以借助于波士顿矩阵进行分析。一般来讲，对于"明星类"产品，关键词的组合大致是 70%热门词+30%的长尾词。对于"金牛类"产品，则可以将这类产品作为"活动产品"，为网站(店)带来流量，同时带动其他产品销售，关键词的组合大致是 20%热门词+80%的长尾词。对于行业前景好的"问题类"产品，企业可以加大资源投入，70%热门词+30%的长尾词。对于"瘦狗类"产品，原则上不做搜索引擎推广。

【相关链接】

7.4.4 构建搜索结果

当用户检索时，搜索引擎会根据用户输入的关键词，在自身索引库中进行检索和评价，从而把与用户关键词相关程度最高的信息，以搜索结果的形式反馈给用户，这时通常会有成千上万条海量搜索结果呈现给用户。从用户的角度来看，用户希望能看到想要的企业网络营销信息并点击查看。因此，搜索引擎营销人员需要完成两个方面的工作：一是网页信息索引在搜索结果反馈页中排名尽量靠前；二是网页信息索引对用户有吸引力。

1. 网页信息索引在搜索结果中排名尽量靠前

实现网站/网页的搜索结果在搜索引擎的搜索结果反馈页面中排名靠前有两种基本策略：一是做好网站/网页优化。在网站/网页建设与优化时，尽量保证网站/网页的质量以及对搜索引擎的"迎合"程度，努力使网站/网页在搜索结果中排名靠前，从而保证能在搜索结果反馈页面的最显著位置看到关于网站/网页的搜索结果。二是通过付费购买特定关键词，实现搜索结果靠前。

2. 网页信息索引对用户有吸引力

当搜索引擎反馈出大量的搜索结果后，用户会对搜索结果进行查看、评价和判断，以确认哪些搜索结果是自己所需要的。因此，此阶段搜索营销的基本任务就是提高网站/网页索引在众多搜索结果的可信度和吸引力。

1) 尽量出现在搜索结果页面的左侧

从搜索引擎反馈的搜索结果的展现形式来看，主要有两部分：一是左侧搜索结果；二是右侧搜索结果。通常自然搜索结果会出现在搜索结果的左侧，部分付费关键词广告也会出现在左侧的上方或下方，而右侧通常都是付费的关键词广告。用户通常会先浏览左边的自然搜索结果列表，然后再浏览右边的搜索结果，超过半数的用户根本不会浏览右侧搜索结果。[20]这是因为绝大多数的用户认为自然搜索结果提供的信息与自身需求更加相关，也更加可信。[25]因此，让企业网站/网页的索引出现在搜索结果页面的左侧是提高搜索结果可信度和吸引力的重要任务之一。但是，也不能忽视搜索结果页面右侧的搜索结果价值。因为当用户的搜索任务更加聚焦时，如用户搜索的是与购物相关的信息时，反而认为右侧的搜索结果与他们的搜索任务更加相关，浏览链接的可能性也更高。[20]

一种可以使企业网络营销信息出现在搜索结果页面左侧的方法是软文营销，即将企业广告以新闻，尤其是公共新闻的形式呈现。采用这种策略需要完成以下四个方面的工作。[13]

(1) 撰写相关文稿(软文广告)。此项工作与传统的软文广告没有什么区别。

(2) 将相关文稿提交到搜索引擎的信息源网站。信息源网站除了企业自身的网站外，可以依据文稿内容或主题提交到相关较为权威的行业网站或其他内容网站。例如，可以将企业的网站营销实践或创新编写成案例，放到相关的企业营销研究网站，如中国营销传播网等。

(3) 保持信息在信息源网站的靠前(显著)位置，如首页；也可以利用这些网站的推荐功能，将相关文稿推荐至网站首页或相关专栏的首页。

(4) 利用有限信息(短语)获得用户关注，提高点击率和转化率(详见本章7.3节"搜索引擎营销的用户行为研究"之"用户对搜索结果内容的偏好")。

网络营销视野

加多宝"官司营销"之搜索引擎营销

加多宝与王老吉之间旷日持久的商标官司已经成为加多宝开展事件营销、话题营销的重要选题。加多宝利用此官司的高曝光率，开展了立体化的全面阻击战，力图通过"官司营销"，成功地将消费者对王老吉的感情迁移至加多宝。

搜索引擎作为一个重要的网络营销工具，加多宝当然也不会放过。如图7.15所示，当用户通过"市场营销经典案例"作为关键词进行搜索时，会在搜索结果页面上的第二条看到一条关于"加多宝凉茶王@老吉年销售量达200亿元！成为市场营销经典案例该市场营销经典案例是如何创造出的"的搜索结果，这是一则典型的"软文广告"。

当用户点击此搜索结果时，就会进入如图7.16所示的网页。该网页是广州成美营销顾问公司在其官网中介绍的关于2003年年初为加多宝公司进行营销定位策划的过程剖析。当此网页打开之后，首先看到的是一则"证明"——"成美营销顾问公司关于加多宝(原红罐王老吉)案例的说明"。在这则"说明"中，读者可以非常清楚地了解到，今天的王老吉是由加多宝公司发展起来的基本事实。该事实也是加多宝在"官司营销"中一直试图表达和向公众说明的，以此博得公众的理解、支撑和认可，从而实现将公众对王老吉的品牌认同迁移至加多宝。

图 7.15 加多宝在搜索引擎中的"软文"营销策略

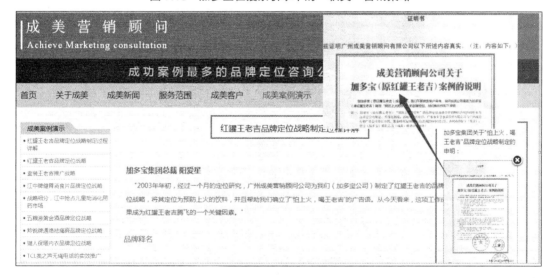

图 7.16 加多宝借他人之口说明王老吉的"前世今生"

资料来源：广州成美营销顾问有限公司．http://www.chengmei-trout.com/[2015-6-29]．

2) 规范网页标题与网页描述

规范性是吸引力和可信度的重要前提。用户主要从两个方面对搜索结果进行判断和评价：一是搜索结果的标题；二是搜索结果中关于网页内容的网页描述。当然搜索引擎本身也在通过其他形式尽可能地帮助用户筛选搜索结果。例如，百度在反馈部分搜索结果时，还会披露过往用户对此搜索结果所链接的网页内容的评价(图 7.17)。

(1) 网页标题优化。在建设和优化信息源时，需要给网页提炼网页标题。网页标题长度不宜超过 25 个字。网页标题提炼要着重解决三个问题：一是网页标题要规范，规范是一切工作的基础，是对提炼网页标题的基本要求(详见第 10 章 10.2 节"企业网络营销平台优化");二是网页标题要能准确概括网页内容;三是网页标题要对用户有吸引力。从信息传递的角度来看,搜索引擎反馈的搜索结果中的网页标题与网页描述其实质就是一则关于网站/网页的"广告"。网页标题能否准确概括网页内容体现了"广告"的真实性,而是否对用户有吸引力则体现了"广告"的创意及表现。

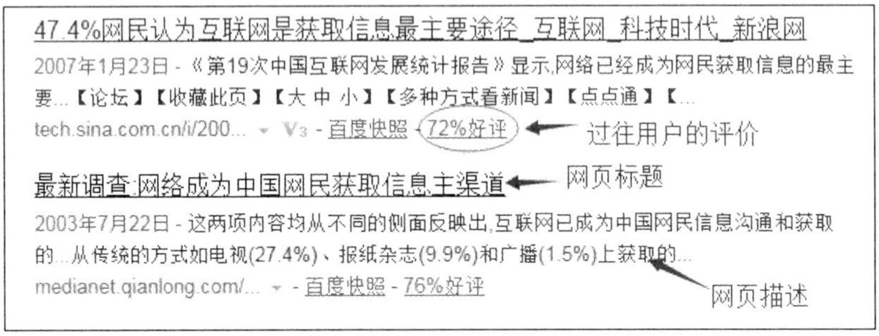

图7.17 搜索结果的标题与网页描述

(2) 网页描述优化。在建设和优化信息源时,需要给每个网页完成一则关于网页内容的网页描述。网页描述除了要符合上述网页标题的三个要求外(详见第10章10.2节"企业网络营销平台优化"),该网页描述是摘要性质的,它既要准确,又要简洁。简洁是因为搜索引擎不会在搜索结果页面中为每一则搜索结果提供太多的空间用来展示网页描述,一般不超过两行(45个字)。因此,若不能在搜索引擎要求的字数范围内说清楚网页内容,多余的文字描述既无从展示,也影响网页描述的完整性。

3) 网页标题与网页描述需提供有吸引力的内容

一则关于用户关注什么类型的搜索结果的调查表明:用户最关注的搜索结果依次是价值表现、功能描述、信誉权威、价格比较、情感沟通、简介陈述和其他。[13]研究发现,当搜索结果的内容消极时,更能吸引用户关注;而内容积极时,更能吸引用户做出点击决策。[26]

例如,在百度搜索引擎中以"联想手机"为关键词进行检索,反馈的第一条搜索结果中关于联想手机的网页标题与网页描述的用语表述就很好地抓住了用户的信息需求心理,强调联想手机的外观(高颜值)、功能(描述安卓5.1操作系统、四核64位处理器等)、价值表现(体现更顺滑流畅、畅快体验等)、信誉权威(获得网友83%的好评)等(图7.18)。

图7.18 搜索结果的表述用语案例

7.4.5 优化内容着陆页

用户根据搜索结果的标题与网页描述判断其背后链接的网页内容是自己所需要的,就会点击进入企业网络营销信息源。当进入企业网络营销信息源后,用户需要在最短的时间内,以最便捷的方式查看到所需的网页内容。因此,此阶段的搜索引擎营销任务主要包括:一是搜索结果的网页标题和网页描述所展示和传递的网页信息与内容着陆页的内容的相关性;二是网页内容的策划;三是精准链接到相关内容。

1. 相关性设计

搜索结果传递的信息与内容着陆页的相关性主要体现在两个方面:一是搜索结果的标题与网页描述所概括的网页内容信息能很好地反映内容着陆页的内容本身;二是搜索结果所概括的网页内容信息能在内容着陆页中的显著位置快速便捷地找到,如图7.19和图7.20所示。

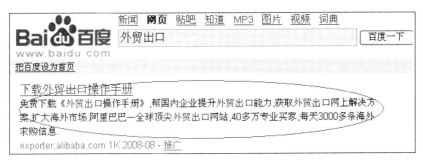

图 7.19 阿里巴巴出口频道的搜索结果反馈结果

图 7.20 阿里巴巴出口频道内容着陆页的设计

图 7.19 展示了百度搜索引擎反馈的以"外贸出口"为搜索关键词的搜索结果,这个搜索结果不论是从标题还是网页描述都重点介绍了"免费外贸出口操作手册"的信息。当用户点击此搜索结果,进入内容着陆页后(图 7.20),即可在该页的显著位置看到"免费下载外贸操作手册"的信息。这种设计与策划很好地体现了搜索结果要与内容着陆页相关的设计思想。

2. 网页设计与策划

当用户进入企业网络营销信息源之后,一方面需要快速便捷地在网站/网页内找到其所需的信息;另一方面就是网站内容对其有用。因此,需要重点关注网站/网页的结构、内容、服务与功能的设计,尤其是网页内容的策划与优化(详见第 10 章 10.2 节"企业网络营销平台优化")。

当搜索结果与内容着陆页的相关性很低时,或者是即使两者有较高的相关性,但网页内容对于用户价值很低,甚至是无用时,抑或用户并不能便捷地在网页中找到所需信息时,用户就会离开网页。对于搜索引擎营销来讲,虽然已经完成了引流的营销任务,但当用户失望地离开网站/网页时,企业的网络营销其实是失败的。

3. 精准链接到相关内容

所谓的精准链接到相关内容是指搜索引擎中反馈结果的链接应该直接链接到网络营销信息源(网站)的相关内容网页,而不是首页,以减少用户搜索信息的障碍。因为用户不愿意花时间在网站上慢慢查找,因此在企业网络营销信息源的构建与优化时,就要为每个网页设计标题、主题、关键词。

最后,开展搜索引擎营销还需注意实践快速迭代的互联网思维,即不断优化,循环改进。任何营销行为在开展之前都无法事先准确预计其营销效果,搜索引擎营销也不例外,因此需要对搜索引擎营销的效果进行评估,分析短板所在,不断进行优化改进。

7.4.6 构建搜索引擎传播渠道

由于用户使用搜索引擎的习惯不同,以及各个搜索引擎技术特点的不同,不同用户往往会选择不同的搜索引擎进行检索。因此,在此阶段的主要营销任务是让尽可能多的搜索引擎收录企业网站/网页。基本策略包括:一是通过网站或网页优化,获得更多搜索引擎的收录;二是免费主动提交网站/网页信息;三是多处提交;四是付费登录搜索引擎(见本章 7.2.2 "付费登录分类目录"和 7.2.4 "关键词广告")。

1. 网站/网页优化

网站/网页优化的根本原则是坚持用户导向。但在具体工作中,网站建设与设计人员并不是特别清楚用户导向的具体要求和可操作的规范是什么。因此,基于搜索引擎优化就是一个可借鉴和可操作的思路与工作方法。因为搜索引擎也是为用户服务的,因而基于搜索引擎进行优化与坚持用户导向的宗旨与方向是一致的。所以,网站/网页建设与设计要进行搜索引擎优化,提高网站/网页被搜索引擎收录的可能性。

这方面的工作具体可以参见各大搜索引擎网站中的站长建议。这些搜索引擎网站都会告诉网站建设者如何建设网站,以便提高搜索引擎收录网站/网页的机会。图 7.21 所示为百度的"站长平台"(http://zhanzhang.baidu.com/site/index)。

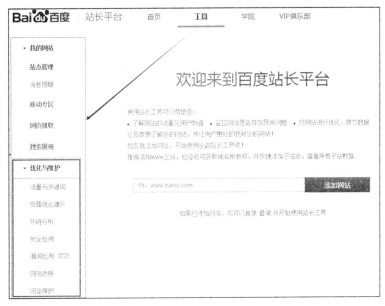

图 7.21　百度的"站长平台"及其网站"优化与维护"工具

2. 主动提交网站/网页信息

如前所述，今天的技术型搜索引擎仍然保留了分类目录搜索引擎的工作特点，即给网站/网页建设者提供了一个主动将网站/网页的网址提交给搜索引擎的端口。因此，网站/网页建设者在完成网站建设工作之后，可以通过主动提交的方式，使搜索引擎尽快能收录企业网站，为网站增添曝光机会。

3. 多处提交

由于搜索引擎市场的逐渐分化，没有任何一个搜索引擎能独占市场，因此需要网站/网页建设者能将网站/网页信息同时提交给更多的搜索引擎；同时基于多个搜索引擎的要求，进行网站/网页优化工作，以增加网站/网页在整个搜索引擎市场的曝光机会。

 网络营销视野

国内搜索引擎市场竞争状况

根据中国互联网信息中心发布的《第 35 次中国互联网络发展状况统计报告》，2014 年中国搜索引擎市场格局基本保持稳定。使用过百度搜索的比例为 92.1%；搜搜/搜狗搜索位列第二，渗透率为 45.8%；360 搜索位列第三，渗透率为 38.6%。专注于移动搜索的神马搜索和宜搜搜索的渗透率较低，分别为 3.5%和 1.9%。在手机端综合搜索引擎市场中，品牌表现也比较一致：百度搜索以 90.3%的使用率排名第一，其后分别是搜搜/搜狗搜索和 360 搜索，使用率分别为 29.7%和 21.9%。这就显示，不论是在 PC 端，还是在移动端，很多用户是同时在使用多种搜索引擎进行信息搜索行为。

资料来源：CNNIC. 第 35 次中国互联网络发展状况统计报告[EB/OL]. http://www.cnnic.net.cn/hlwfzyj/hlwxzbg/hlwtjbg/201502/t20150203_51634.htm /[2015-2-3].

7.4.7 启动用户的搜索行为

如前所述,搜索引擎营销是一种用户主动,企业被动的网络营销工具。当完成了以上六步的任务之后,企业需要整合其他传播手段与工具(如电子邮件、广告等),来启动用户的搜索行为。

对于搜索引擎营销人员来讲,需要明确的是当通过其他营销工具或手段启动用户的搜索行为后,这些营销工具或手段能给用户留下什么样的"搜索线索",这些搜索线索往往就是用户使用的搜索关键词。通常的情况是其他营销工具和手段给用户留下的搜索线索并非是产品或服务的具体信息,而是一些关于产品或服务的模糊的、形象化信息。

 网络营销视野

企业营销行为与顾客的搜索线索

2002 年,诺基亚曾推出一款面向商务人群的中高端商务手机,产品型号为 6108。该款产品是当时诺基亚首款手写输入手机,书写笔插在手机背后(图 7.22)。诺基亚分别以"智能机器人"和"背剑武士"为主要诉求,制作了两则视频广告,分别在上海电视台和分众传媒上进行了一次对比试验。

图 7.22 诺基亚的 6108 手机

事后调查发现,消费者根本记不住两则广告视频中介绍的产品型号、名称和功能,只有模糊印象,而跑到柜台咨询的消费者中,咨询"广告中带剑的那种手机"的人数远远多于询问"智能机器人"。

这个案例说明:第一,消费者能从企业营销活动中获取(或记住)的信息是非常有限的;第二,形象化的传播信息更容易给消费者留下印象;第三,消费者留下的这些有限印象往往是进一步查询更多信息的"线索"。

资料来源:姜旭平.网络营销[M].北京:中国人民大学出版社,2011:261,有删改.

7.5 搜索引擎营销的效果分析

7.5.1 搜索引擎营销的目标层次

如前所述,搜索引擎营销需要经历一系列步骤,每个步骤都有自己的营销任务,因而搜索引擎营销的营销目标就构成了一个目标层次(图7.23)。

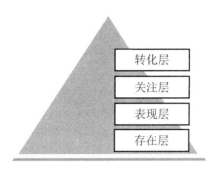

图 7.23 搜索引擎营销的目标层次

从图 7.23 可以看出，搜索引擎营销的目标层次由四个层次构成，分别是存在层、表现层、关注层和转化层。[27]

1. 第一层：存在层

存在层的基本目标包括两个"尽可能多"：一是尽可能多地让网站中更多的网页能被搜索引擎收录；二是尽可能多地让网站及其网页能被更多的搜索引擎收录，至少是被市场现有的主要搜索引擎收录。这是增加企业网站及网页在互联网中曝光机会的基础。一个网站能被搜索引擎收录的网页数量是衡量搜索引擎营销效果的指标之一。

2. 第二层：表现层

表现层的基本目标就是被搜索引擎收录的网站的网页要在搜索引擎反馈的搜索结果页面中排名靠前。换言之，仅仅被收录是不够的，还必须在搜索结果页面中靠前。唯有如此，才可能被用户看到。

3. 第三层：关注层

关注层的基本目标就是要让用户点击搜索结果，进入企业网络营销信息源。换言之，只是靠前也是不够的，还必须让用户有兴趣去点击搜索结果。唯有如此，才可能引导进入网络营销信息源，实现更进一步的营销目标。

4. 第四层：转化层

转化层的基本目标就是将进入企业网络营销信息源的用户转化为企业现实的顾客，从而实现访问量最终转化为企业收益。前三层的目标实现都是为了转化目标的实现打好基础。而能否实现从潜在顾客向现实顾客的转化则取决于信息源的建设与优化。

7.5.2 搜索引擎营销的绩效指标

结合前述搜索引擎营销的目标层次，搜索引擎营销的绩效指标(表7-4)主要包括：被搜索引擎收录的网页数量、点击率、流量、转化率，以及投资收益率(ROI)。其中，前四者是收益指标，而投资收益率则考虑搜索引擎的投入效益。

表 7-4　搜索引擎营销的绩效指标说明

序号	绩效指标	说　　明
1	收录网页数量	不仅是一个搜索引擎收录,而且是市场所有主要搜索引擎的收录网页数量总和
2	点击率	指用户点击广告的次数占搜索结果页面展示总次数的比例
3	流量	网站的访问量是用来描述访问一个网站的用户数量以及用户所浏览的页面数量的指标,常用的统计指标包括网站的独立用户数量(一般指 IP)、总用户数量(含重复访问者)、页面浏览数量、每个用户的页面浏览数量、用户在网站的平均停留时间等
4	转化率	指访问广告主页面并完成目标动作的用户点击占总点击次数的比例
5	ROI	指通过投资而应返回的价值,一般以年利润或年均利润/投资总额×100%计算

7.5.3　提高搜索引擎营销的分析管理工具

一方面,对于开展搜索引擎营销的企业来讲,开展搜索引擎优化能够提高企业网站/网页在搜索引擎中的排名,进而为搜索用户提供高质量的搜索信息;另一方面,对于搜索引擎企业来讲,尽管网站/网页的搜索引擎优化不能带来直接效益,但从长远角度来讲,能够增强用户对搜索引擎的依赖,进而为搜索引擎企业带来效益。因此,搜索引擎企业都会在其网站上提供用于帮助提高搜索引擎营销效果的免费网站分析管理工具。

百度搜索引擎在其网站(https://www.baidu.com/more/)中的"站长与开发者服务"中提供了"百度推荐""搜索开放平台""站长平台""百度统计"等管理工具。

Google 也在其官方网站提供了诸如"免费 Google 网站地图""Google 网站管理员区""Google 所获取的关于你的网站信息""Google 网站访问统计""Google 顾客转化大学""Google AdWords 网站优化测试工具 Website Optimizer"等工具。

积极学习并善于利用这些免费的网站分析管理工具是开展搜索引擎营销的重要任务。

 本章小结

搜索引擎营销就是企业根据用户使用搜索引擎的方式,尽可能地在用户通过搜索引擎检索信息的各个环节,将企业营销信息传递给目标用户,其本质就是利用用户通过关键词检索信息的机会将企业的营销信息传递给用户。要开展搜索引擎营销首先要了解搜索引擎的工作原理。目前的搜索引擎类型有技术型搜索引擎、分类目录搜索引擎、元搜索引擎。

通常情况下,搜索引擎营销具有四种常见的方式:一是免费登录搜索引擎;二是付费登录;三是搜索引擎优化;四是关键词广告。其中后两者是搜索引擎营销的主要方式。

搜索引擎营销的用户行为研究是开展搜索引擎营销的基本前提。本章主要介绍了用户检索信息行为、用户浏览搜索结果的行为和长尾理论。

开展搜索引擎营销是一个具有相对规范流程的营销活动。其大致步骤是:第一步,明确企业搜索引擎营销的对象;第二步,需要从用户的角度来理解用户的搜索动机;第三步,提炼关键词、构建搜索结果和优化内容着陆页;第四步,确定搜索渠道;第五步,启动用户的搜索行为。其中,对用户使

用的关键词进行提炼是最重要,也是最困难的任务。它需要网络营销人员对产品/服务、用户、竞争对手有全面了解。另外,搜索引擎是一种被动型营销,因此网络营销人员需要思考如何启动用户的搜索行为。

搜索引擎效果分析建立在对搜索引擎任务和各任务目标理解的基础之上。搜索引擎营销的目标分为存在层、表现层、关注层和转化层。

习　　题

一、名词解释

搜索引擎、目录搜索引擎、技术型搜索引擎、元搜索引擎、META 标签、关键词、网页标题、网页描述、长尾理论、Google 金三角

二、分析题

梳理一名"剁手党"的购买过程

大家都在淘宝(天猫)、京东等购物平台上淘过宝贝,有些甚至成了一名"剁手党"。那么,请思考如下问题:如果你准备买一件换季的衣服,你如何在这些购物平台上找到心仪的衣服呢?这中间你经过了哪些环节?每个环节你会看到什么?哪些元素(如图片、文字、色彩、位置等)会吸引和打动你?

请用流程图的形式,梳理出一名"剁手党"找到心仪衣服的全过程。

本章参考文献

[1] CNNIC. 2014 年中国网民搜索行为研究报告[EB/OL]. http://www.cnnic.net.cn/hlwfzyj/hlwmrtj/201410/t20141017_49359.htm[2014-10-15].

[2] Telang R, Rajan U, Mukhopadhyay T. The market structure for internet search engines[J]. Journal of Management Information Systems, 2004, 2(21): 137—160.

[3] [美]朱迪·斯特劳斯,阿德尔·埃尔-安萨瑞,雷蒙德·弗罗斯特. 网络营销[M]. 4 版. 时启亮,金玲慧,译. 北京:中国人民大学出版社,2007:148.

[4] 陈志新. 搜索引擎的发展趋向和建设思路[J]. 农业图书情报学刊,2009(10):43—46.

[5] 李凯,邓智文,严建援. 搜索引擎营销研究综述及展望[J]. 外国经济与管理,2014(10):13—21.

[6] Hotchkiss G, Steve A, Edwards G. Eye Tracking study research white paper[R]. Enquiro Search Solutions Inc, 2005.

[7] Robyn Greenspan. Search engine usage ranks high[EB/OL]. http://cyberatlas.internet.com[2002-11].

[8] 新竞争力网络营销管理顾问. 多数互联网用户仅关注搜索结果第一页的内容[EB/OL]. http://www.jingzhengli.cn/baogao/f20060413.htm[2009-4-13].

[9] Johnson E J, Moe W W, Fader P S, et al. On the depth and dynamics of online search behavior[J]. Management Science, 2004, 50(3): 299—308.

[10] Sherman C. A new F-word for google search results[EB/OL]. http://searchenginewatch.com/sew/news/2066806/a-new-f-word-google-search-results[2005-3-7].

[11] 新浪科技. 3 成用户对某次搜索不满意后会更换搜索引擎[EB/OL]. http://tech.proc.sina.cn/w/?c=i&d=2004-12-28&i=0901486853&from=mbaidu&vt=[2004-12-28].

[12] 新竞争力网络营销管理顾问.搜索引擎用户使用关键词组合检索的比例逐年递增[EB/OL]. http://www.jingzhengli.cn/report/F2005/0903.htm[2005-9-5].

[13] 姜旭平. 网络营销[M]. 北京：中国人民大学出版社，2011.

[14] [美]克里斯·安德森. 长尾理论[M]. 北京：中信出版社，2006.

[15] 张昱. 从"蓝海"到"长尾"——大规模定制的高级形态[J]. 商场现代化，2007(8)：85.

[16] 姜奇平. 长尾战略[M]. 北京：中信出版社，2007.

[17] 王婧，宋培建，周耿，等. 搜索引擎营销中关键词广告研究综述:基于用户行为的视角[J]. 南大商学评论，2013(1)：121—140.

[18] [美] 菲利普·科特勒.营销管理(新千年版·第十版)[M]. 梅汝和，梅清豪，周安柱，译. 中国人民大学出版社，2001：193.

[19] Katherine S, Malaga R A. Contrast and assimilation effects on consumers' trust in internet companies[J]. International Journal of Electronic Commerce, 2009, 13(3): 71—93.

[20] Rutz J, Bueklin R E. A model of individual keyword performance in paid search advertising[J]. 2007.

[21] Yang S, Ghose A. Analyzing the relationship between organic and sponsored search advertising: positive, negative, or zero interdependence? [J]. Marketing Science, 2010: 602—623.

[22] Broder A. A taxonomy of web search[R]. ACM SIGIR Forum New York, NY, USA,2002,36(2):3—10.

[23] Mu-hsuan H. Pausal behavior of end-users in online searching[J]. Information Processing and Management, 2003, 39(1): 425—444.

[24] Jansen B J, Spink A. The effect on click-through of combining sponsored and non-sponsored search engine results in a single listing [R]. WWW 2007, Banff, Canada, 2007.

[25] Brooks N. The atlas Rank report: how search engine ranks impacts traffic[R]. Digital Marketing Insights, Atlas Institute, 2008.

[26] Yoo C Y. Inter play of message framing, keyword insertion and levels of product involvement in click-through of keyword search ads[J]. International Journal of Advertising. 2011, 30(3): 399—424.

[27] 冯英健. 网络营销基础与实践[M]. 4 版. 北京：清华大学出版社，2013：150.

第8章 电子邮件营销

学习目标

◆ **知识目标**
- 能识别和区分电子邮件营销的不同许可方式；
- 能口头或使用文字、图表等书面语言陈述电子邮件营销的工作步骤及各步骤的任务。

◆ **能力目标**
- 结合企业网络营销的实际需要，设计电子邮件营销的工作流程；
- 结合企业实际，为电子邮件营销策划邮件列表资源与内容资源的来源渠道；
- 结合企业实际，为电子邮件营销策划一个主题明确、内容有吸引力、要素完整的电子邮件；
- 设计电子邮件营销的绩效考核体系。

■ 导入案例

对于电邦公司来讲，打造多元化、立体式的引流通道，除了可以利用淘宝(天猫)平台所提供的引流工具之外，还可以利用合作厂商已有的客户资源，即将合作厂商原来在线下经营过程中积累的众多老客户通过网络营销推广工具引到淘宝(天猫)店铺中，推动店铺流量提升。

作为最早的网络营销推广工具之一，电子邮件一直是网络营销人员常用的推广工具。如果合作伙伴企业在之前线下的营销活动中有积累的顾客电子邮件地址资源，在这种情形下，发挥好这些电子邮箱地址资源的潜在价值就是一项非常重要的营销工作。即使合作伙伴没有积累的顾客电子邮件地址资源，为了配合搜索引擎营销，也可能需要通过电子邮件营销来"启动"用户的搜索行为。因此，如果你或团队中的某个成员在店铺经营中负责电子邮件营销，请思考(或完成)以下问题(或任务)：

1. 电邦开展电子邮件营销所需要的客户的电子邮件地址资源从何而来？如何扩大客户邮箱资源的规模？
2. 电邦开展电子邮件营销的营销目标应该包括哪些？
3. 在营销目标指导下，电邦电子邮件营销的内容从何而来？
4. 电邦电子邮件营销的绩效考核包括哪些指标？

规范是开展电子邮件营销的前提

如今，几乎人人都会发送电子邮件，但对于开展规范的电子邮件营销并不是人人或任何企业都能做到做好的。在开展电子邮件营销时，规范性着重体现在两个环节：一是用户邮件地址资源获取；二是邮件本身的策划和设计。前者的关键是用户许可，后者的关键是要素完整和内容合理。

8.1 电子邮件营销的基础知识

电子邮件是在 20 世纪 70 年代初发明的，直到 90 年代才得到广泛应用，是互联网最早的应用工具之一，也是最早被用于开展营销的网络工具之一。有史可查的最早应用电子邮件开展网络营销的是 1994 年美国两名从事移民签证咨询服务的律师利用电子邮件开展"绿卡抽奖"的广告邮件事件。[1]尽管今天由于互联网应用工具的迅速发展，电子邮件营销的效果受到了影响，但仍然是企业最常用的网络营销工具之一。

8.1.1 电子邮件营销的概念与现状

1. 电子邮件营销的概念

简言之，电子邮件营销就是利用电子邮件开展网络营销。冯英健对于电子邮件营销给出了如下定义："电子邮件营销是在用户事先许可的前提下，通过电子邮件的方式向目标用户传递有价值信息的一种网络营销手段。"[1]因此，规范的电子邮件营销就是许可电子邮件营销。在不特别说明的情况下，本书所提的电子邮件营销皆指许可电子邮件营销。

基于前述的定义，电子邮件营销有三个基本要素：一是用户许可；二是利用电子邮件传递信息；三是信息是有价值的，"有价值"是指对于用户是有价值的，而不是电子邮件营销人员自身认为有价值。

2. 电子邮件营销的发展现状

中国互联网信息中心发布的《第35次中国互联网络发展状况统计报告》数据显示，2014年PC端的电子邮件用户规模为2.5178亿人，网民使用率为38.8%，较2013年的2.5921亿人的用户规模和42.0%的用户使用率，下降了2.9%；同时，手机端的电子邮件的用户使用规模为1.4040亿人，使用率为25.2%，较2013年的1.2714亿人，增长了10.4%；另外，企业利用电子邮件开展网络营销的使用率为40.1%。[2]

Focussend所做的一则针对2014年中国企业邮件营销趋势的调查数据显示，62.92%的企业使用电子邮件作为网络营销工具，使用比例仅次于微信的63.64%，居于第二。其中，在互联网和电子商务行业对邮件营销的使用程度最高，占据87.23%；36.12%的受访者表示在未来的12个月中，将增加对电子邮件的利用，此比例大致与网络广告、搜索引擎增加比例相当。在费用支出方面，超过4成企业的花费在5万元以下，但2014年百万级以上邮件营销花费的企业增加了3.46%，而且有超过7成的企业管理层认为邮件营销是重要的。[3]美国直复营销协会的另一项调查发现，电子邮件已经成为企业开展个性化营销的首选工具，使用率达到55%。[4]

8.1.2 电子邮件营销的许可方式

如前电子邮件营销的概念所述，规范的电子邮件营销都是基于用户许可的。用户许可不仅是电子邮件营销的基本前提，而且不同的许可方式对于电子邮件营销的工作开展及效果有着重要影响。

根据用户许可方式的不同，常见的电子邮件营销的用户许可方式主要有Opt-In、Double Opt-In、Opt-Out。

Opt-In通常被称为"单向确认"，即用户在网页上主动输入自己的邮件地址，即被视为许可。Double Opt-In则被称为"双重确认"，即用户在网页中主动输入自己的邮箱地址确认之后(一重许可)，网站会向用户的注册邮箱发送一份确认邮件，用户需按照邮件要求，或点击某个链接，或回复邮件，进一步完成确认(二重许可)，方才完成最终许可。Opt-Out常被称为"选择退出"许可，即企业给用户发送的第一份邮件是未经用户许可的(常常是在网络中自行收集或购买的用户邮件地址资源)，但在首封邮件中存在退订或退出功能，如果用户完成退订，则视为不愿加入；否则默认是许可的。由此可以看出，三种方式的差异不仅表现在技术上，更反映在用户参与电子邮件的方式和程度上(表8-1)。

表8-1 电子邮件营销的用户许可方式比较

比较项目 \ 许可方式	Double Opt-In	Opt-In	Opt-Out
用户许可与信任程度	最高	中等	最低(接近于垃圾邮件)
用户邮件地址准确性	最高	中等	最低

续表

比较项目 \ 许可方式	Double Opt-In	Opt-In	Opt-Out
主要优点	规范程度高、用户参与度高、关注度高、邮件阅读率高	用户主动加入，且加入程度比较简单，用户负担轻	可以在短期内获得大量用户邮件地址资源
主要缺点	技术复杂、加入程序复杂、存在着用户中途有意、无意放弃的现象	由于未经确认，存在着用户邮件地址错误的可能；由于人为原则，用户收到的并非订阅的邮件，招致抱怨	用户定位程度低，事先未经用户同意，招致用户反感；即使反感，也可能懒于退订，从而影响电子邮件营销效果
应用建议	建议内部列表电子邮件营销采用	可作为一种过渡手段，尽量避免使用	不规范，不推荐使用

资料来源：冯英健. 网络营销基础与实践[M]. 4 版. 北京：清华大学出版社，2013：283.

8.1.3 电子邮件营销的三大基础条件

开展电子邮件营销需要一些基本条件，除了人的因素之外，大致有三个基础条件：一是用户的电子邮件地址资源、二是电子邮件系统；三是电子邮件内容。

1. 电子邮件地址资源

根据许可方式，电子邮件地址资源有两种基本形式：一是内部的邮件列表；二是外部的邮件列表。简单地讲，内部邮件列表是指企业在营销过程中，基于用户许可而自行收集的用户电子邮件地址资源。而外部邮件列表是指第三方(通常是专业服务商)所拥有的用户电子邮件地址资源。此时专业服务商是用户电子邮件地址资源的拥有者，而企业仅仅是"广告主"。

2. 电子邮件系统

电子邮件系统是开展电子邮件营销的技术基础。这个电子邮件系统应能基本实现用户加入、退出、发送邮件、接收邮件、后台邮件管理等基本功能。对于绝大多数的网络营销人员并不需要了解电子邮件系统的技术知识，但是从用户角度了解邮件订阅、接收、退订等流程，对于开展电子邮件营销是一项基本工作。今天，使用电子邮件进行沟通是一项基本网络应用，很多人都有发送、接收、阅读电子邮件的日常经验。在开展电子邮件营销之前，企业网络营销人员可以尝试着理解自身的电子邮件使用行为，这对于开展电子邮件营销是一项非常重要而有意义的事情。

3. 电子邮件内容

内容是开展包括电子邮件营销在内的几乎所有网络营销工作的基础，关乎网络营销的成败。不论利用电子邮件开展网络营销的目的是什么，从用户的角度来看，都是信息的传递行为。因此，对用户有价值、有吸引力的邮件内容才是根本。电子邮件内容不仅涉及内容本身，还包括内容形式。简而言之，内容本身关乎邮件的价值，内容的形式关乎邮件的吸引力。

8.2 电子邮件营销的步骤与任务

从工具性角度来看,电子邮件是企业实现网络营销信息传递,达成自身网络营销意图的工具与手段。因此,对于网络营销人员,电子邮件营销的步骤大致分以下七步:一是明确电子邮件的营销功能;二是明确电子邮件营销的目标受众;三是明确电子邮件营销的目标;四是选择电子邮件列表;五是策划与设计邮件内容;六是按计划发送邮件;七是定期开展电子邮件营销效果评估(图 8.1)。

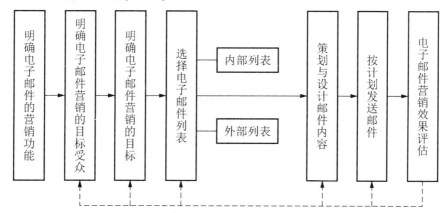

图 8.1 电子邮件营销的步骤

8.2.1 明确电子邮件的营销功能

作为一种网络营销工具,网络营销人员在开展电子邮件营销之前,必须明确的是电子邮件营销在企业网络营销体系中扮演什么角色?即"我们拿电子邮件来干什么营销工作?"Focussend 发布的《2014 年中国企业邮件营销趋势与 ROI 的调查报告》显示,中国企业进行邮件营销的目的主要是维护客户关系(70.81%)、提升品牌知名度(64.83%)和获取新用户(58.37%),尤其是互联网电子商务行业通过电子邮件营销来获取新用户相当倚重,比例达到 61.7%。[3]大致来说,电子邮件可以实现的营销功能有:

市场调查、市场开发、品牌推广、产品展示、产品促销、顾客关系管理、顾客服务等。

8.2.2 确定电子邮件营销的目标受众

在明确了电子邮件的营销功能之后,基于营销思维,首先必须明确的是电子邮件营销的目标受众。这是后续一切工作的基础和起点。目标受众应该是明确的、精准的,能实实在在描述出来的。

因此,网络营销人员可以在通过电子邮件开展市场调查、产品展示、产品促销时,借助"购买角色理论"梳理和明确电子邮件的目标受众;在进行顾客关系管理和顾客服务时,可以通过对现有和潜在顾客进行细分或分类,确定电子邮件营销目标受众。

8.2.3 明确电子邮件营销的目标

首先,与其他任何一种企业营销行为一样,电子邮件营销的目标也应该符合 SMART

原则。其次，确定电子邮件营销的目标。确定电子邮件营销目标的方法大致有两个思路：一是结合电子邮件的营销功能和目标受众，确定电子邮件营销的目标；二是结合电子邮件营销功能和效果递进关系，确定电子邮件营销的目标。

1. 结合邮件营销的功能与目标受众，确定邮件营销目标

按此思路确定电子邮件营销目标时，可以将目标受众划分为新/旧客户，分别确定各个营销功能的营销目标。

1) 市场调查

通过电子邮件进行市场调查的目标取决于调查问题，以及具体调研方案的设计。

2) 市场开发

简单地讲，市场开发就是企业拓展新区域市场或新顾客群。此时，新区域市场的市场占有率、销售量(额)、新顾客的数量(比例)、销售量(额)；如果是多产品开拓新区域市场的话，则单品的市场占有率、销售量(额)，以及各个单品的上述目标的比重等都可以作为电子邮件营销的目标。

3) 产品展示

当利用电子邮件进行产品展示，此时电子邮件发挥"广告工具"的作用。因此，广告传播目标(接触效果、记忆效果、理解效果、态度效果和行为效果)就可以作为产品展示的电子邮件营销的目标。

4) 产品促销

产品促销可以分为新产品促销和旧产品促销。新产品促销的目标不仅包括交易目标，如销售量(额)，还包括消费者对产品的认知目标。旧产品促销的目标则需要区分产品类型，如淘汰产品和正常产品。对于淘汰产品，产品促销的目标往往是清理库存，加快现金回收。因此，销售量和销售金额，甚至是销售速度都可以作为电子邮件营销的目标。对于正常产品，则旧产品的促销目标主要包括销售量和销售金额。

5) 顾客关系管理(CRM)

通过电子邮件开展顾客关系管理的营销目标取决于顾客关系管理的阶段，如新顾客比重、老顾客比重、顾客回头率、客单价，以及特定顾客群的销售数据等。

6) 顾客服务

在网络营销过程中，顾客服务是一项重要工作，俗称"客服"。一般考核客服的指标包括：与新客户的沟通(传播)效果、新客户开发(引流)、新客户购买比例(转化率)、老顾客维持比率、重购率、促进客户一次购买单量(客单价)、鼓励客户分享数量等。

【知识拓展】

2. 结合邮件营销的功能与递进效果，确定电子邮件营销目标

按此思路确定电子邮件营销目标时，主要将电子邮件当作企业营销信息的传递工具，随着信息传递的深入，一系列的效果可能会显现。基本思路是当顾客接收到企业的电子邮件后(完成传播效果)，部分顾客会进入企业营销网站，然后依次是转化率、客单价、重购率和分享行为(表8-2)。其中，市场调查主要有将问卷发送给多少人(接触效果)，其中有多少人填写了问卷(引流)，又有多少人向可能的被调查对象分享了调查问卷(分享行为)，其他指标与市场调查无关。

表 8-2 电子邮件营销的目标

序号	项目	传播效果				引流	转化率	客单价	重购率	分享
		接触效果	理解效果	记忆效果	态度行为					
1	市场调查	√				√				√
2	市场开发	√	√	√	√	√	√	√	√	√
3	产品展示	√	√	√	√	√	√	√	√	√
4	产品促销	√	√	√	√	√	√	√	√	√
5	CRM	√	√	√	√	√	√	√	√	√
6	顾客服务	√	√	√	√	√	√	√	√	√

8.2.4 选择电子邮件列表

用户的电子邮件地址资源构成了企业开展电子邮件营销的邮件列表。一般来讲，邮件列表可以分为内部邮件列表和外部邮件列表两类。

1. 内部邮件列表地址资源的获取与积累

内部邮件列表是由企业在包括电子邮件营销在内的各类企业营销活动过程中逐步积累的用户电子邮件地址资源构成的。当企业选择内部邮件列表，开展电子邮件营销时，首先面对的是自身有没有必要数量的用户电子邮件地址资源；如果没有，则需要获取和积累用户电子邮件地址资源。获取和积累用户电子邮件地址资源的方法包括但不限于以下几种。

1) 简化用户加入邮件列表的手续，降低用户加入负担

首先，电子邮件营销人员必须梳理一下，用户加入企业邮件列表的程序和过程，剔除一切非必须的环节和手续；其次，尽量降低收集用户信息的强度，一些不必要的用户信息就不要收集，一来是为了降低用户加入的门槛；二来是为了避免用户反感。今天许多企业已经将用户注册简化至只需要用电子邮箱和密码注册即可，不再收集其他的用户信息(图 8.2)。

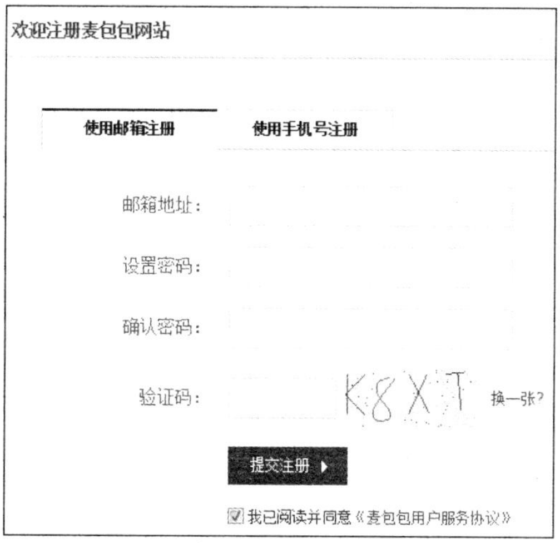

图 8.2 极简化的注册手续

2) 注意提醒用户及时选择加入

如果采用的是 Double Opt-In 许可方式，则需要在用户完成注册或订阅后，在网页显著位置上及时提醒用户到注册邮箱完成注册或订阅手续。

3) 发送给用户的确认邮件须要素完备

常常可见的情况是许多用户并不会在注册当下就去注册邮箱中完成最终注册确认，如果发送给用户的确认邮件要素不完备和规范，用户在遗忘的情况下，很可能会当作是垃圾邮件而删除。

4) 充分发挥企业网站的推介作用

企业网站是企业很重要的网络营销阵地，因此要发挥好企业网站的用户推介作用，需要做以下三个方面的工作。

(1) 在企业网站首页的显著位置设置注册或订阅窗口。很多情况下，仅仅设置了注册或订阅窗口是不够的，注册或订阅窗口在页面的位置也很重要，尤其是在需要吸引用户注册或订阅的情形下更需如此。

(2) 在企业网站主要页面也需设置注册或订阅窗口。很多情况下，用户并不是从首页进入企业网站的。

(3) 在用户浏览企业网站的主要路径的各个环节设置注册或订阅窗口。这种情形对于交易型的企业网站更是必要。因此需要模拟用户购物的主要流程和环节，然后在这些环节的显著位置设置注册或订阅窗口。

5) 合理挖掘现有用户资源

合理挖掘现有用户资源，吸引更多潜在用户注册加入企业邮件列表，主要体现在两个方面：一是企业在开展线下营销活动时可以通过必要手段，将现有的线下客户资源，吸引到线上，完成注册或订阅，或直接在线下活动过程中收集顾客的电子邮件地址资源；二是对于线上已有的客户资源，通过必要的促销手段，积极引导他们向其身边的亲朋好友做推荐，吸引潜在用户加入。

6) 开展吸引用户注册或订阅的专门促销活动

当电子邮件是企业开展网络营销的重要手段时，常常有必要通过提供一些奖励，如优惠券、送礼品、返现等促销手段，专门吸引目标用户完成注册或订阅。

7) 必要的个人信息保护政策

企业需要在吸引用户注册或订阅的各个环节或活动的过程中，公布自己对用户个人信息的保护政策，这既体现了企业电子邮件营销的专业性，更是增强用户对企业信任的重要举措。

2. 外部邮件列表服务提供商的选择

当选择外部邮件列表开展电子邮件营销时，需要解决的主要问题就是邮件列表服务商的选择。选择邮件列表服务商需要重点考察三个方面：一是其邮件列表的技术功能是否完备，能否满足企业开展电子邮件营销的前台推广与后台管理的需要；二是其所拥有的邮件列表资源是否与企业的目标市场一致，以及在多大程度上是一致的；三是其是否拥有良好的电子邮件营销效果的评估与反馈能力，能否为企业及时提供电子邮件营销服务的绩效反馈，以便企业进行后续改进。

8.2.5 策划与设计邮件内容

从用户的角度来讲，电子邮件营销的内容才是与他们密切相关的，用户最关心的是邮件营销的内容是否对其有价值。电子邮件营销的内容策划与设计是网络营销人员需要经常面对的问题，也是构建电子邮件营销三大基础条件中难度最大的。

1. 电子邮件营销内容策略的基本原则

1) 功能导向原则

如前述，在开展电子邮件营销时，需要明确的第一个问题就是电子邮件营销在企业网络营销体系，甚至是整体营销体系中，发挥什么功能，扮演什么角色。企业的电子邮件内容应该首先要切合企业关于电子邮件营销的功能定位。例如，如果电子邮件营销的功能是进行顾客售后服务的，在这种功能定位下，如果电子邮件内容中的产品广告内容占据主导地位，就偏离了电子邮件营销的功能定位。

2) 用户导向原则

用户导向原则其实质就是电子邮件营销的营销理念的具体体现。"用户需要什么内容，我们就提供什么内容。"当然也要坚持基本的营销道德底线。今天的网络世界，存在着许多为了企业营销私利，打社会道德的擦边球，甚至罔顾社会道德底线的营销事件。因此，坚持用户导向原则就需要了解用户对企业有哪些方面的信息需求；或者讲，用户需要的内容能否与企业的电子邮件营销目的相结合。这就涉及企业电子邮件营销内容的来源问题。

3) 目标导向原则

电子邮件营销的内容是为了实现企业电子邮件营销的目的。因此，在确定了企业的电子邮件营销目标之后，要基于目标来选择合适的内容。离开了营销目标去策划和设计电子邮件内容可能就会出现电子邮件内容缺乏系统性，即用户从接收到的电子邮件内容看不出企业电子邮件营销的目的是什么，到底能解决他们的什么问题或满足他们什么需求。

4) 内容精简原则

从信息传递的角度来看，电子邮件其实是企业的一种广告工具。内容精简是广告策划与设计的重要原则之一，对于电子邮件营销来讲也不例外。一方面，电子邮件内容过多即意味着复杂，人是讨厌复杂，喜欢简单的；另一方面，电子邮件内容过多往往会使得电子邮件营销的主题趋于模糊，降低了电子邮件营销的效果；同时，由于网络速度和用户邮箱的空间资源有限，过大的邮件内容也不利于用户接收和阅读。总而言之，营销人员不能奢望用户在一次电子邮件营销中接受过量的信息。

5) 稳定发送频率原则

从培养用户接收和阅读电子邮件习惯的角度来看，必须确保一个合适的、稳定的发送频率。切忌一段时间过于密集的发送，一段时间又疏于发送。时断时续没有稳定发送频率的电子邮件营销，要么会造成对用户的干扰，引起用户反感；要么会造成用户遗忘，导致用户将企业电子邮件当成垃圾邮件。一般来讲，每周一到两次是合适的。同时还要保持在一个固定的时间点上发送。

2. 电子邮件营销内容的来源

内容是许多网络营销工具运用时的最大挑战。例如，Focussend 的调查数据显示，数据细分(48.80%)、个性化邮件(39.23%)、邮件内容吸引人(41.15%)是企业营销邮件目前面临的挑战。[3]保持电子邮件营销能坚持围绕着某个主题，导向具体的营销目标，同时还保持稳定的发送频率，对于电子邮件营销的内容策划是一个非常大的挑战。因此，企业在开展电子邮件营销时，在明确了营销目标之后，就必须思考邮件内容的来源问题。从普遍意义上讲，企业电子邮件营销的内容大致有三个基本来源。

1) 产品/服务

产品/服务既是企业电子邮件营销需要推广的，也是企业电子邮件营销的内容来源之一。定期地向用户进行固定数量的产品/服务的推荐是最常见的电子邮件营销方式。现在越来越多的企业已经开始通过对用户过往的购买记录进行数据挖掘与分析，向用户进行个性化的产品/服务推荐。当然这也是企业开展电子邮件营销的难题之一。当产品/服务本身是知识的、技术密集型时，与产品/服务相关的技术、知识也可以构成电子邮件内容来源。

2) 企业/品牌

企业/品牌的相关资讯也是电子邮件营销的内容来源之一。对于电子邮件营销人员来讲，善于从企业/品牌的历史、市场活动、公共关系等方面捕捉和挖掘对用户有价值、有意思的内容是策划电子邮件营销内容的重要工作。

3) 用户

从用户角度挖掘电子邮件营销的内容来源最能体现营销理念的内容策划思路。此时，电子邮件营销人员需要了解用户关注哪些资讯。这些资讯可以与企业/品牌、产品/服务相关，也可以是不相关的。例如，对于一家化妆品企业来讲，美容护肤知识就是与企业产品/服务相关的，而其他健康类的知识可能就是不相关的。了解用户平时对哪类资讯感兴趣的方法有两种：一是如果是 C2C 或 B2C 的企业，可以从以往顾客对产品或服务的评价内容进行分析；二是可以在一些社交工具或网站上，通过对用户阅读、评论、转发的网络帖子进行内容分析而明确。

3. 电子邮件营销内容的形式

电子邮件营销内容的形式主要涉及两个层次：一是电子邮件营销内容的平面设计形式。如果把电子邮件当作一个广告工具，电子邮件内容平面设计可以参照平面广告设计和网页设计的基本原理。二是电子邮件的格式问题，常用的电子邮件的格式有纯文本格式、HTML 格式和 Rich Media 格式，以及它们的混合。从信息传递的视觉效果来讲，HTML 格式和 Rich Media 格式的效果会更好，但考虑到用户网络的速度等基础设施问题，HTML 格式和 Rich Media 格式可能会造成用户无法正常显示等问题。因此，在具体运用时，需要综合考虑各种影响因素，如果可能，可以提供多种内容格式供用户自己选择。

4. 电子邮件营销内容的一般要素

任何一种网络营销工具都面临着内容是否可信与内容是否具有吸引力两个基本问题。从操作技术层次来看，电子邮件营销没有过于复杂的操作问题。因此，规范性是取得用户信任的最基本要求，而确保电子邮件营销的规范性首先就是确保其要素完整。完整的电子邮件应该包括以下一些基本要素。

1) 邮件主题

邮件主题是邮件内容的概括，也是用户在打开邮件之前能看到的两个基本要素之一。用户是否打开和阅读电子邮件的一个判断点就是看邮件主题。调查显示，有64%的人表示打开一封邮件是因为邮件标题，为了提高邮件标题的吸引力，尽量让邮件标题控制在50个字符，即25个汉字以内。[5]邮件主题有三种基本形式：一是本次邮件内容的标题，当邮件只有一个内容时，常用此形式；二是本次邮件主要内容的标题，当邮件有两个及以上的内容时，往往将最重要内容的标题当作本次邮件的主题；三是邮件列表名+期号，邮件列表名往往是用户订阅的栏目名称。

2) 邮件列表名称

当用户在企业网站订阅两个以上专栏时，只有邮件主题是无法表现邮件内容的，因此需要用邮件列表名称进行区分和强调。

3) 发件人

发件人也是用户在打开邮件之前就能看到的两个基本要素之一。规范的发件人是电子邮件规范的重要体现，也是用户判断邮件是否是垃圾邮件的最重要依据。

4) 邮件内容目录或摘要

这种情形往往出现在邮件有多个主题的内容时，需要通过目录和摘要让用户快速了解本次邮件内容，也是企业体贴用户的体现。向用户提供邮件内容的预览是刺激用户打开电子邮件的重要机会。

5) 邮件正文

这是邮件的具体内容，也是邮件最为重要的要素。一般安排在邮件的中心位置。

6) 阅读方式提醒

当邮件有多种阅读格式供用户选择时，需要在邮件的一定位置给予提醒，从而让用户选择最适合自己阅读情形的格式进行阅读。

7) 退出与其他声明

许可的电子邮件营销是必须为用户提供退出机制，不能将用户当成企业的终生财产。因此，在邮件中还必须设计用户退出订阅的端口或按钮。其他声明一般包括免责声明、个人信息安全承诺、版权声明、页脚广告等。

8.2.6 按计划发送邮件

当完成了电子邮件营销的内容策划与设计之后，电子邮件营销人员就需要根据计划进行邮件发送了。此环节没有过多的技术要求，但需制订一个执行计划。执行计划至少需要包括发送对象、内容与主题、发送周期、发送时点、负责人、协作人员或部门等。

发送时点要遵循用户打开邮件的习惯。数据显示，23.63%的邮件会在发送后1小时内被收件人打开，2小时内的打开率则骤降到9.52%，3小时后的打开率则只有6.33%，24小时后的打开率趋近于0。[6]这意味着要选择好合适的邮件发送时点，以便让用户尽量在1小时内打开邮件。因此，应该避免在下班高峰时间进行邮件推广，因为通常人们在下班后忙于自身的日常生活，无暇查收邮件。调查显示，在一天内，邮件点击率最高的时段分别是早上8:00~9:00和下午3:00~8:00，而打开率最高的时段分别是早上8:00~9:00和下午

3:00～4:00。[6]因此，可以结合这几个时段，前置1小时是商家发送电子邮件的最佳时段。

8.2.7 定期开展电子邮件营销效果评估

企业要定期开展电子邮件营销效果的评估。评估是为了发现邮件营销过程中存在的问题。这些问题可能出现在营销对象、营销目标、邮件列表的选择、邮件内容和邮件发送等环节(图8.1)。因此，电子邮件营销人员需要根据电子邮件营销的过程，设计评估指标，以此衡量电子邮件营销的效果。

8.3 电子邮件营销的绩效考评

8.3.1 电子邮件营销绩效评估的指标

构建评价指标体系是任何营销活动效果评估的第一步，也是最重要的一步。从信息传递的角度来看，结合电子邮件营销的工作步骤，电子邮件营销效果评价指标包括四大类：一是用户回应的评价指标；二是用户对信息接收的评价指标；三是邮件传递的评价指标；四是用户获取和维持的评价指标。选择哪些指标来衡量企业电子邮件营销的效果取决于企业电子邮件营销的功能定位。

1. 邮件传递的评价指标

邮件传递的评价指标衡量的是企业是否以及多大程度上将邮件有效地发送到用户邮箱。一般用送达率或退信率来衡量：送达率+退信率=100%。

2. 用户对信息接受的评价指标

用户对信息的接受评价指标包括：开信率、阅读率、删除率、记忆效果、理解效果、态度效果。这些效果指标不仅衡量用户"物理"上是否看过企业的电子邮件，还包括用户"心理"上是否看过企业的电子邮件，用户在多大程度上记住了邮件内容、理解了邮件内容，以及对邮件内容，及至企业(品牌)、产品等的态度倾向性。

3. 用户回应的评价指标

用户回应的评价指标主要包括：点击率、转化率、销售量(额)、客单价、转信率、ROI等。这些指标是企业电子邮件营销的最终指标，也是企业开展电子邮件营销的最终目的。其中，点击率是这些指标的前提指标，而销售量(额)和客单价可能并不完全受电子邮件营销工作效果的影响，还涉及其他部门或人员的工作。另外，其他指标都是只衡量收益，ROI则综合考虑了投入与产出。数据显示，40.91%企业邮件营销的ROI比例集中在10%～49%区间，39.71%企业邮件营销的ROI小于10%。外资企业邮件营销ROI相对更高，ROI在75%以上的比例达到11.48%。[3]

4. 用户获取或维持的评价指标

用户邮件地址资源的获取和维持是电子邮件营销的前提。这些指标大致包括：有效用户数量、用户增长率、用户退出率等。

8.3.2 重视用户多元化阅读终端对电子邮件营销的影响

Focussend 的调查显示，71.53%的企业认为未来智能手机和平板对邮件营销会有影响。[3]另外一项调查显示，当前 38%的邮件是在移动终端上被打开的，预计到 2017 年 78%的美国用户会通过移动端登录邮箱。[4]而根据全球领先的多渠道智能化营销服务商 webpower 的邮件客户数据分析，中国地区电子邮件移动设备打开率也增速迅猛，达到 30%以上，而这一比例预计在未来几年将继续增长；[7]同时，至少 80%的移动用户将关闭或者删除没有优化阅读的电子邮件。[8]因此，企业要重视用户阅读习惯的变化给企业电子邮件营销的影响。为了适应用户邮件阅读习惯的变化，响应式邮件设计已经成为企业电子邮件营销的一种趋势。

响应式电子邮件是基于 CSS3 来进行邮件 HTML 制作，其呈现效果会根据用户阅读的不同设备环境(系统平台、屏幕尺寸、屏幕定向等)，进行邮件网页层次、邮件导航、邮件字体、邮件颜色、邮件布局、图像缩放、邮件内容的填空、改变和隐藏等方面的自动响应和调整，以此实现最优的阅读显示效果，提升了用户的阅读体验。[9]

网络营销视野

Crocs 响应式电子邮件营销

创立于 2002 年的全功能时尚的轻便鞋零售商 Crocs(卡骆驰)，其总部位于美国科罗拉多州。随着移动电子商务的发展，Crocs 也意识到用户多元化的阅读终端对企业开展网络营销，尤其是电子邮件营销的影响。在响应式电子邮件逐渐成为人们认可和接受时，Crocs 也计划开展响应式电子邮件营销，但在这之前，Crocs 对其不同形式的电子邮件效果进行了测试，以便进行优化设计。

测试 1

A 组收到一个静态的桌面版本。B 组收到一个静态的移动版本。C 组收到一个响应电子邮件设计版本(图 8.3)。

图 8.3　Crocs 的静态桌面、静态移动和响应式电子邮件营销设计

测试结果：

(1) 所有三个版本的点击率、打开率基本上是一致的，但响应式设计稍高。

(2) 在总收入和单封邮件的收入上，响应式设计版本最高，其次是桌面版本，然后是移动版本。

测试 2

在测试验 2 中，Crocs 使用较少的折扣优惠，并修改链接跟踪的方式以期望获得更精确的结果。该测试邮件被分为两组，其中一半收到桌面电子邮件，另一半接收响应电子邮件(图 8.4)。

测试结果：

(1) 响应式设计版本点击打开率整体提升 7.66%。

(2) 响应式设计版本的移动"阅读"互动提升 8.82%，其中，在 iPhone 终端上的"阅读"互动上有 15.63%的提升，均超过桌面版本。

(3) 超过 25%的邮件打开出现在 iPhone 上，因此其针对 iPhone 设备的优化尤为重要。

(4) 两个版本在移动网站上的收益是一致的。

(5) 在收入上，响应式设计网站高于桌面网站。

图 8.4　Crocs 的桌面与响应式电子邮件设计对比

资料来源：sunny-ho.响应式邮件设计创意技巧[EB/OL]. http://www.douban.com/note/358742342/[2014-3-5]，有删改.

本章小结

电子邮件是最早的互联网应用工具之一，也是企业开展网络营销使用最早的网络工具之一。尽管面对着垃圾邮件泛滥的负面影响，但以其自身高效、低成本等优势，电子邮件仍然是企业开展网络营销时最常选用的网络工具之一。

电子邮件营销就是利用电子邮件开展网络营销。真正的电子邮件营销是经用户许可的。严格来讲，未经用户许可的电子邮件都可以视为垃圾邮件。通常来看，电子邮件营销的用户许可方式依照许可规范程度从低到高依次是 Opt-Out、Opt-In、Double Opt-In。

开展电子邮件营销需要具备三大基础条件：一是用户的电子邮件地址资源；二是电子邮件系统；三是电子邮件内容。根据用户邮件地址资源的来源，电子邮件地址资源有两种基本形式：内部的邮件列表和外部的邮件列表。

第8章 电子邮件营销

对于网络营销人员,电子邮件营销的步骤大致分以下七步:一是明确电子邮件的营销功能;二是明确电子邮件营销的目标受众;三是明确电子邮件营销的目标;四是选择电子邮件列表;五是策划与设计邮件内容;六是按计划发送邮件;七是定期开展电子邮件营销的效果评估。

与其他网络营销工具一样,电子邮件营销是一个过程,其效果是渐进转化的。因此结合电子邮件营销的工作步骤,构建出来的电子邮件营销的指标大致分为四类:一是用户回应的评价指标;二是用户对信息接受的评价指标;三是邮件传递的评价指标;四是用户获取和维持的评价指标。具体选择哪些绩效衡量指标,取决于电子邮件营销的功能和目标。

习 题

一、名词解释

电子邮件营销、用户许可、Opt-In、Double Opt-In、Opt-Out、邮件列表、内部邮件列表、外部邮件列表

二、案例分析题

BuzzFeed 邮件一切从简,但真的不简单

BuzzFeed 是一个美国的新闻聚合网站,由乔纳·佩雷蒂(Jonah Peretti)2006 年创建于美国纽约,致力于提供时下最流行热门的内容。有媒体人士对其历史、模式进行了总结,具体如下:运作模式(机器+人工)、理念(分享比搜索更重要)、内容特点(病毒式内容制作)。如果从网站流量数据来看,BuzzFeed 也许是全美国增长最快,最能吸引大众眼球的新闻网站了。网站每月独立访客 4000 万人,网站估值 2 亿美元。

用户主动订阅是 BuzzFeed 进行内容分享、扩散以及留住用户的主要渠道之一。BuzzFeed 几乎每封邮件的标题都超级简单直接。作为标题界的大神,BuzzFeed 一出手,那些轻松又兼具"爆点"的标题就带动文章,成为各社交平台上的转发利器。BuzzFeed 共有 14 种内容的邮件类型,主题分别是 BuzzFeed、Animals、Book、Business、CELEB、DIY、Entertainment、FASHION、Food、BuzzReads、Politics、SPORTS、FWD、VIDEO。这 14 种类型的邮件对应着其网站的不同频道。在邮件的设计布局上,采用"标题+图片+摘要"的搭配形式,内容主次较为分明、图文恰当,整体的资讯数量也保持 10 条以内。例如,以发件人 BuzzFeed,每日发送的是集合了当日全部精华内容的邮件。这些精华内容主要源于其网站,选自观众评判:"FTW"(喜爱至极)、"LOL"(很好笑)、"Trashy"(没价值)、"Fail"(不及格)、OMG(感叹、惊讶)、CUTE(可爱)、WUT(=what)。

BuzzFeed 为各类设备优化了邮件,移动端为 BuzzFeed 带来了 40%的流量,而运用自适应响应式邮件设计,对保障移动端用户阅读体验功不可没。

问题:

请注册登录 BuzzFeed 网站,订阅其某些频道,查收其发送给你的电子邮件,了解 BuzzFeed 的邮件都包含哪些要素?每个要素的策划与设计亮点是什么?

资料来源:e-sight. BuzzFeed 邮件一切从简,但真的不简单[EB/OL]. http://www.e-sight.cn/7574.html?utm_source=tuicool&utm_medium=referral[2014-3-11].有删改。

本章参考文献

[1] 冯英健. 网络营销基础与实践[M]. 4 版. 北京：清华大学出版社，2013.

[2] CNNIC. 第 35 次中国互联网络发展状况统计报告[EB/OL]. http://www.cnnic.net.cn/hlwfzyj/hlwxzbg/hlwtjbg/201502/t20150203_51634.htm/[2015-2-3].

[3] Focussend. 2014 中国企业邮件营销趋势与 ROI 的调查报告[EB/OL]. http://app.focussend.com/focussend/cust/FocussendSurvey/ROI2014.pdf [2015-3-19].

[4] 美国直复营销协会(DMA). 电子邮件是使用最为普遍的实时营销策略[EB/OL]. http://www.199it.com/archives/135627.html[2013-7-28].

[5] 腾讯科技. 提高邮件打开率的 10 个小技巧[EB/OL]. http://news.xinhuanet.com/info/2013-09/02/c_132682982.htm[2013-9-2].

[6] 谢晶. 营销人员应该知道的邮件发送黄金时段[EB/OL]. http://www.webpowerchina.com/knowledge/page.php?id=366[2015-8-11].

[7] 创业邦. 小屏幕改变了哪些邮件设计规则？7 个最新潮的响应式设计[EB/OL]. http://www.cyzone.cn/article/11754.html [2014-11-12].

[8] Webpower.2014 年中国邮件营销行业数据报告[EB/OL]. http://www.meihua.info/a/62990[2014-4-14].

[9] e-sight.响应式电子邮件设计如何改变邮件营销[EB/OL]. http://www.e-sight.cn/7747.html[2014-4-9].

第9章 社会化网络营销

学习目标

◆ **知识目标**
  ◇ 口述社会化网络营销的概念，并举例说明；
  ◇ 口述病毒营销的概念与要素；
  ◇ 用流程图表述社会化网络营销的过程。

◆ **能力目标**
  ◇ 结合企业网络营销的实际需要，设计社会化网络营销的工作流程；
  ◇ 策划社会化网络营销的用户积累策略和内容策略；
  ◇ 设计社会化网络营销的绩效考核体系。

导入案例

对于打造多元化、立体式的引流通道的电邦公司来讲，除了可以利用淘宝(天猫)平台所提供的各种站内引流工具之外，以微博、微信、即时通信工具等为代表的社会化媒体的迅猛发展为企业提供了新的引流工具。

对于电邦的运营团队来讲，如何利用社会化媒体进行店铺推广、产品宣传、促销信息推广是必须面对的重要问题。因此，如果你或团队中的某个成员在店铺经营中负责运营社会化网络媒体时，请思考(或完成)以下问题(或任务)：

1. 哪些社会化媒体可以纳入企业的网络营销体系中？它们将发挥哪些营销职能？
2. 发挥不同营销职能的社会化网络营销工具的营销目标是什么？
3. 在营销目标指导下，那些扮演推广或宣传职能的社会化网络营销工具的用户从何而来？有哪些吸引和积累用户资源的策略？这些社会化媒体营销的内容主题是什么？
4. 如何结合社会化媒体的营销职能设定绩效考核指标？

思考如何把营销交给用户

社会化网络工具是互联网提供给企业的最具互联网特点的营销工具。其本质是利用用户的社会网络来传播企业的营销信息。思考如何引爆用户，让其主动传播是利用社会化网络工具开展网络营销的关键所在。马尔科姆·格拉德威尔在《引爆点》一书中提供了三个法则，即个别人物法则、附着力因素及环境威力法则。个别人物法则就是找到目标客户中的关键客户，这些关键客户往往是联系人(认识了很多人的人)、内行(什么都懂的人)与推销员(什么人都能够说服的人)。附着力因素是在诸多卖点中提炼出高质量的信息，并让信息变得容易注意和记忆。环境威力法则是指策划或寻找信息易于传播的环境和情景。

9.1 社会化网络营销的概念与基础

随着博客、社交网站，尤其是微博、微信等社会化网络工具的迅猛发展，网络营销的思想与模式都发生了深刻变化。在社会化网络环境下，传统营销环境下提倡的全员营销不仅将成为可能，而且已经成为必须。

9.1.1 社会化网络营销的概念

在传统营销环境与其他网络情境下，人们认为网络营销是一门专业知识，只能由少数专业人士来完成。然而每个人都是一个创造主体，只是这种创造性无法在传统营销环境下实现，至少是实现的难度较大。而在社会化网络环境下，人人都有了参与的可能性。因此，从信息创造与传播角度来看，社会化网络工具为人们进行信息创造与传播提供了机会。例如，在网络中备受质疑的"人肉搜索"就是典型的通过人人创造和提供信息与传播信息来实现找到某个人的目的。因此，社会化网络(Social Network Service，SNS)营销是利用社会化网络服务网站而开展的营销活动。[1]其核心是利用社会化网络工具所提供的良好互动功能，借助于用户在社会化网络工具上形成的社会关系网络，通过与用户互动，引发用户自动传播企业网络营销信息。[2]

9.1.2 社会化网络营销的基础

与其他网络营销工具相比，社会化网络营销的基础不仅仅是技术，更是嫁接于人及其社会关系。[1]因此，社会化网络营销的基础主要有技术基础(Web 2.0)和社会学基础(社会网络、邓巴法则和六度分隔理论等)。

1. 技术基础：Web 2.0 与社会化网络营销

Web 2.0 始于 2004 年 3 月 O'Reilly Media 公司和 Media Live 国际公司的一次头脑风暴会议。[3]Tim O'Reilly 发表的 *What Is Web 2.0* 一文认为，Web 2.0 就是有效利用消费者的自助服务和算法上的数据管理，以便能够将触角延伸至整个互联网，延伸至各个边缘而不仅仅是中心，延伸至长尾而不仅仅是头部。[4]方兴东认为，Web 2.0 是以个人为主体、以自组织为中心，通过这两大核心特点，互联网可以最大限度地发挥"人民群众"的创造力。[4]中国互联网协会认为，Web 2.0 不单纯是技术或者解决方案，而是一套可执行的理念体系，实践着网络社会化和个性化的理想，使个人成为真正意义的主体，实现互联网生产方式的变革，从而解放生产力。[4]

从以上关于 Web 2.0 的定义中可以看出，Web 2.0 具备几个显著特征：一是去中心化，人人是中心，人与人之间更加平等，权威的影响力在下降；二是用户参与，人人都是开发者和传播者；三是交互性，在 Web 2.0 环境下，人们相互提供信息和传播信息，通过相互协作，实现信息与内容的丰富化和无边界传播；四是网络效应，通过分享和参与，实现信息增加、更新和传播，因而用户越多，服务越好。

Web 2.0 对于社会化网络营销的意义在于通过一些代表性的网络技术或工具，如博客、维基、RSS、社会化标签、P2P、即时通信(IM)、SNS、Ajax 技术及其应用，实现了在传统营销环境下无法实现，或实现起来难度较大而企业又梦想实现的用户参与、分享、互动等营销追求。

2. 社会学基础：社会学理论与社会化网络营销

1) 六度分隔理论与社会化网络营销

六度分隔理论是 1967 年哈佛大学的社会心理学家 Stanley 在美国内布拉斯加州通过一个实验发现的。在这个实验中，Stanley 邀请了约 300 名志愿者，通过志愿者们通过给陌生人转发信件的方式，测试人与特定陌生人之间的关系距离。结果发现，通过平均六次转发信件即可到达目的地，并由此推论，一个人和任何一个陌生人之间所间隔的人不会超过六个，这就是著名的六度分隔(Six Degree of Separation)现象。[5]2001 年，美国哥伦比亚大学的 Watts 等在互联网上发动 6 万余名志愿者通过转发电子邮件的方式验证了六度分隔的理论。[6]

2) 150 人法则与社会化网络营销

150 人法则是由英国人类学家邓巴提出来的。邓巴通过对人脑皮层的研究以及对大量数据观测分析，认为由于人类的大脑认知能力有限，限制了个体的社交网络规模，大脑所能提供的认知能力只能使一个人与大约 150 人保持较为密切和稳定的人际关系。从对澳大利亚的瓦尔比利族到新几内亚岛的图阿德族、格陵兰岛的安玛萨利克族和南美洲火地岛的昂纳族等的观察，其村落的平均人数为 148.4。这些都印证了人类的有效社会网络规模符合 150 人法则(邓巴法则)。当然，在现实生活中，我们常常会与远超过 150 人建立联系，但会发现，其中只有 150 人是比较常联系的(一年联系一次)。

今天由于互联网技术，尤其是社会化网络工具的发展，人们之间的沟通与交流快捷和方便了许多，但这些社会化网络工具的发展并没有改善人类大脑皮层，提升人类的认知能力，因此，即使在社会化网络工具中，150 人法则也是适用的。

9.1.3 社会化网络环境下的信息传播

1. 传统媒体环境下的信息传播

在传统媒体环境下，首先企业需要借助于各种媒体，尤其是大众媒体，通过大规模的广告投放让尽可能多的目标顾客知道企业产品或品牌的存在(知道阶段)；其次，寄希望于通过大众媒体知道企业产品或品牌的消费者中有一部分能进行购买，有时为了激励消费者购买企业的产品或品牌，企业还需要在终端进行各种促销活动(购买)；然后，企业还希望购买过企业产品或品牌的顾客中有一部分能重复购买，成为企业的忠诚顾客(重复购买)；最后，可能还希望这些忠诚顾客向周围人进行品牌或产品推荐，为企业带来新客户(口碑相传)。

上述企业营销信息的传播全过程都需要企业投入资源，其中以广而告之的知道阶段花费最多，其他阶段也各有花费。而从消费者对企业营销信息的接受强度来看，花费最多的知道阶段，企业营销信息的接受强度是最低的；在重复购买阶段，老顾客对企业营销信息的接受强度是最高的；在购买和口碑相传阶段，可能是因为有现场促销人员的讲解或近距离对产品的感知，以及个人人际关系的背书，企业营销信息的可信度可能会高于知道阶段的自卖自夸。

2. 社会化网络媒体环境下的信息传播

在传统媒体环境下，对消费者来讲，企业要么是"居高临下"，喋喋不休地说教；要么是"居下临高"，卑躬屈膝地哀求。企业总是一副"我对你说"的脸谱。而在社会化网络媒体环境下，每个人都是创造者和传播者，企业与消费者的关系应该是平等的，企业应该把过去的"我对你说"转变为现在的"我和你说"。

Beloved Brands^{TM} 认为，与传统媒体环境下的"知道—购买—忠诚—新客户"的营销传播逻辑不同，在社会化网络媒体环境下，信息的传播逻辑是"忠诚顾客传播—扩大知名度—更多顾客购买—新客户"。[7]在这个过程中，企业只有在创造忠诚顾客阶段需要投入资源，但这些资源不一定是直接的花费，企业可以在这个阶段通过在一些社会化网站发帖、讨论等沟通方式，建立起企业的第一批忠实顾客。而在后续的"扩大知名度、更多顾客购买、形成新客户"阶段，都是通过用户在社会化网络媒体中的口碑相传进行的。此时，顾客就成了企业营销信息的免费传播者。而从信息接收强度来看，由于各个阶段都是与顾客进行平等沟通和依赖顾客的口碑相传，因而各个阶段的信息接收强度都是很高的。

可以看出，在社会化网络媒体环境下，企业营销信息的传播具有以下一些鲜明特点。

1) 用户是传播主体

在社会化网络媒体环境下，是否参与传播、传播什么都取决于用户。利用社会化网络媒体进行传播时，企业也应该放弃传统的企业主导思维，树立用户主导思维，探索如何发挥用户主导性和积极性的工作机制与方式。如果在社会化网络媒体中，还是采取企业主导思维，其传播效果可能就是事倍功半。

2) 企业营销信息的传播依赖顾客背书

这是所有口碑营销的基本特点，社会化网络媒体也不例外。只是与传统的口碑相传相比，社会化网络媒体显然为顾客的口碑相传"插上了翅膀"。

3) 企业营销信息在传播过程中不只是单向的衰减

在传统媒体环境下，企业营销信息在传播过程中存在单向衰减现象，真正购买的消费者肯定比知道的消费者要少，而重复购买的一定比一次购买的要少。而在社会化网络媒体环境下，企业营销信息的传播有两个基本特点：一是信息的传播范围和力度存在着一个"倒U形"现象，即开始传播范围和力度较小，慢慢逐渐扩大和增强，然后才会衰减；二是信息量在传播过程中还会更加丰富。这是因为顾客在传播企业营销信息的过程中会加入一些自己的感受和体验等信息。与此同时，这些加入了顾客体验与感受的营销信息不同于最初的企业营销信息，存在着"扭曲和涂抹"。但这种"扭曲和涂抹"使得企业的产品或品牌的特点更加丰富、生动和拟人化，当然也更具传播力。

4) 产品/服务本身才是顾客参与传播的根本驱动力

在社会化网络媒体环境下，企业的产品会彻底赤裸裸地暴露在广大消费者面前。只有让消费者惊叹的产品才可能获得消费者的自发传播。当将营销传播交给顾客去完成时，企业应该回归到本质——做好产品或服务。例如，如果苹果公司的产品在功能、设计上没有让消费者惊叹，何来媒体和消费者的追捧；如果小米公司的产品没有在性价比上做到让消费者惊叹，又何来今天的小米品牌。"没有惊叹，就没有传播"已经成为社会化网络媒体环境下传播的基本特点。

5) 传播范围有赖于用户社会网络

尽管产品本身才是驱动用户参与传播的根本能力，但营销信息在实际上能传播多广，还有赖于用户的社会网络大小，以及用户在社会网络中的"节点"影响力。显然，明星在社会化网络媒体中拥有比普遍人更多的"粉丝"，也拥有更多的"节点"影响力。在同等条件下，通过明星的社会化网络进行营销信息传播显然会超过普通用户。

9.2 社会化网络营销的营销理论：病毒营销

9.2.1 病毒营销的概念

病毒营销并不是伴随着社会化网络媒体的发展而诞生的。传统营销中常常提及的口碑营销从某种意义讲就是今天病毒营销的前身。口碑营销就是一种基于人们社会网络的口口相传而开展的营销方式。口碑传播以其免费性(传播者和受传者都是用户，相对于企业来讲就是免费资源)和可信度较高而为企业所推崇，但在传统社会网络关系情形下，口碑营销虽有较好的效果，但传播效率太低。

虽然在社会化网络媒体发展之前，企业已经利用一些传统网络工具开展病毒营销，如电子邮件等，但只有社会化媒体的迅猛发展以及其工具优势，才使得病毒营销的适用性和效率得到大大拓展。

1997年，Jurvetson S 和 Draper T 在其《病毒营销》一文中首先提出病毒营销的概念，并将其定义为"基于网络的口碑传播"。[8]病毒营销就是通过提供有价值的服务和信息，利用用户之间的主动传播来实现网络营销信息的传播目的。[1]作为一种营销思想，病毒营销背后的含义是如何充分利用和调动外部网络资源扩大企业网络营销信息传递渠道。[1]

9.2.2 病毒营销的基本要素

病毒营销并不是传播病毒，而是希望企业的营销信息能像病毒传播一样，具备几何数字的扩散威力。一个成功的病毒营销必须具备四个基本要素：营销信息、内容载体、用户参与和传播媒介(图9.1)。

病毒营销 = 营销信息 + 内容载体 + 用户参与 + 传播媒介

图9.1 病毒营销的基本要素

1. 营销信息

营销信息可以是新产品信息、促销信息、品牌故事、品牌理念以及品牌本身、企业信息等。企业要实现病毒营销，其初衷就必须思考什么样的营销信息对消费者具有杀伤力。炫酷的产品(如苹果产品)、超性价比的产品(如小米手机)，还是有趣的品牌故事等。当企业的营销信息本身对用户有极强的吸引力时，营销信息本身就具备了一定的传播力。

2. 内容载体

通常情况下，单纯的营销信息的传播力是有限的，用户往往不会传播直白的企业营销信息。当企业网络营销人员无法通过在营销信息本身上做出创新的努力打动用户时，就必须思考可以嫁接哪些有意思的内容载体。在此情况下，网络营销必须了解哪些内容是对用户有吸引力且乐于分享的(见本章9.3节"社会化网络营销的过程"之"策划内容与设计形式")。

3. 用户参与

病毒营销的最大优势之一就是利用用户参与来传播企业营销信息，因此开展病毒营销的前提条件之一就是积累高质量的用户资源。如果企业拥有强大的用户资源，那么直接就可以利用已有的用户资源进行传播；相反，如果企业没有用户资源，此时就要思考如何嫁接和利用社会上已有的用户资源，如一些网络达人、大V和明星等。

4. 传播媒介

传统的口碑营销之所以效率低是因为只能利用用户的口口相传，因而传播效率和范围都是极其有限的。社会化网络媒体的发展给开展病毒营销提供了工具优势。不同的社会化网络媒体有其本身的传播特点。例如，相对于微信来讲，微博具有更强的开放性，因而也具备更强的扩散性；反过来，相对于微博来讲，微信又因其封闭性而具备了更强的可信度。因此，对于营销人员来讲，要结合病毒营销开展的阶段而针对性地使用社会化网络媒体。

9.3 社会化网络营销的过程

作为一种传播媒体，社会化网络营销过程与其他网络工具的营销过程基本类似，但也存在显著的差异。一般来讲，社会网络营销的过程可以分为八个阶段：一是确定营销目标；二是分析传播受众、产品(品牌)和企业；三是确定传播主题；四是选择传播媒体；五是积累用户资源；六是策划内容与设计形式；七是确定传播时间；八是社会化网络营销效果评估(图9.2)。

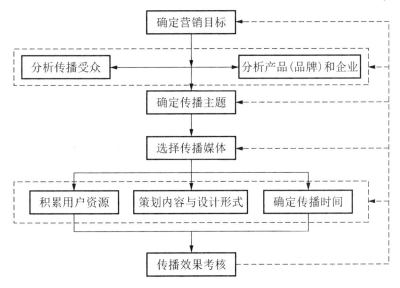

图 9.2 社会化网络营销的过程

9.3.1 确定营销目标

与其他的网络营销工具一样，开展社会化网络营销必须首先明确营销目标；同样，营销目标需要符合 SMART 原则。社会化网络营销目标的确定可以结合社会化网络营销工具的职能定位进行(可以参考第8章8.2节"电子邮件营销的步骤与任务"之"明确电子邮件营销的目标")。

9.3.2 分析传播受众、产品(品牌)和企业

1. 分析传播受众

分析传播受众有两个方面的工作：一是确定目标受众；二是分析其信息需求，以便为后续传播内容的确定提供依据。前者可以参考购买角色理论；后者需要结合产品(品牌)和企业与社会心理的分析。

2. 分析产品(品牌)和企业

营销是投消费者所好，因此如前所述产品(品牌)和企业的分析应与传播受众的需求相

结合。分析产品(品牌)和企业有哪些"故事"是传播受众的喜好。产品的"故事"可能源于产品某些可以令消费者喜欢甚至是狂热的属性。例如，小米手机的"超性价比"。分析品牌与企业是找到品牌与企业有哪些事迹或理念可以令受众感动、喜好和狂热。例如，在网络上热销的坚果品牌"三只松鼠"就以超萌的松鼠动漫形象和倡导"慢食快活"的品牌理念迎合了80后、90后群体的观念。

9.3.3 确定传播主题

在分析产品(品牌)和企业的属性或事迹与传播受众的需求之后，就要明确在社会化网络媒体中可以创作传播内容的主题，即企业的社会化网络传播应围绕着哪些内容主题展开。例如，杜蕾斯结合产品与受众偏好，一直围绕着"性"这一消费者最基本的生理需求创造了许多在社会化网络媒体中广为传播的内容。

9.3.4 选择传播媒体

随着互联网技术的发展，已经诞生了许多企业可资利用的社会化网络工具(表9-1)。选择社会化网络传播媒体需要考虑三方面因素：一是受众的媒体偏好，这是选择社会化网络媒体时需要考虑的第一要素。了解受众的媒体偏好不但要了解受众偏好哪些媒体，还需要了解他们的媒体习惯，如什么时候使用媒体，什么时候离开媒体。二是媒体本身的特性。三是企业关于媒体的营销功能定位。例如，一些网络营销人员认为微博更适合做推广，而微信更适合做服务。这不仅是因为两种社会化网络媒体本身的特征差异，更重要的是企业用社会化网络媒体做什么营销工作。

表9-1 国内外社会化网络媒体概览表

序号	媒体类型	代表性媒体	
		国 外	国 内
1	视频分享	YouTube	土豆、优酷、酷6、爱奇艺、腾讯视频、PPTV 等
2	论坛/论坛聚合	Big Boards	天涯社区、猫扑、百度贴吧、搜狐社区、帖易等
3	社交游戏	Zynga	腾讯游戏、淘米网、网易游戏、五分钟等
4	社交网络	Facebook	开心网、人人网、腾讯朋友、豆瓣、QQ空间、白社会等
5	商务社交网络	LinkedIn	天际网、若邻网、优士网、人和网等
6	社会化电子商务	Groupon	百度糯米、拉手网、美团网、聚划算、窝窝团等
7	博客/博客聚合	Blogger	新浪博客、和讯网、BlogBus 等
8	音乐/图片分享	Flickr	虾米、巴巴变、百度音乐/图片、一听音乐等
9	社会化书签	Delicious	新浪ViVi收藏夹、抽屉、QQ书签、百度搜藏等
10	问答	Answers	雅虎知识堂、百度知道、新浪爱问、天涯问答等
11	百科	Wiki	百度百科、搜搜百科、MBAlib、互动百科等
12	消费点评	Yelp	大众点评、口碑网、饭统网等
13	RSS订阅	Google Reader	鲜果网、Feedsky、抓虾网等
14	即时通信	MSN	QQ、陌陌、阿里旺旺等
15	微博	Twitter	新浪微博、腾讯微博、搜狐微博、网易微博等
16	签到/位置服务	Sprint PCS	街旁、开开、切客、新浪微领地等

9.3.5 积累用户资源

前述社会化网络营销的一个重要特点是依赖于用户及其社会网络。因此，当确定了即将使用的社会化网络媒体后，接下来的一个重要工作就是基于这种媒体积累用户资源（"粉丝"）。

1. 树立产品运营思维

基于社会化网络媒体积累用户资源时，需要树立产品运营思维。也就是说，将企业的社会化网络媒体当作一个产品去运营。因为用户不会无缘无故去通过"关注"企业的社会化网络媒体而成为企业(品牌)的"粉丝"。

2. 找到"关键少数"

基于社会化网络媒体积累用户资源时，需要找到"关键少数"。尽管从普遍意义上讲，社会化网络媒体的重要特征是"去中心化"，但现实生活中，社会化网络中的各个节点的影响力并不相同。那些"关键少数"就是社会化网络媒体中的意见领袖，如论坛中的"坛主""楼主""行业专家"。这些"关键少数"对该社会化网络媒体中的其他用户有着重要影响力。

3. 多方法积累用户资源

1) 利用好社会化网络媒体平台的功能

基于社会化网络媒体积累用户资源时，可以借助于社会化网络媒体平台提供的诸如"查找""邀请""关注"等功能，找到并邀请自己希望关注的好友及其他有影响力的个人或媒体。也可以通过这些功能将自己介绍给其他人，进一步通过这些个人或媒体与其他媒体或个人建立联系，不断扩大用户资源规模。

2) 发起签名主题活动

可以通过在社会化网络媒体中发起一次签名主题活动，这个签名活动可以是与企业相关的，也可以是与企业无关的活动。这就需要网络营销人员树立事件营销思维。

3) 奖励用户

可以通过社会化网络媒体发起一些有奖活动，如抽奖销售，以奖励企业社会化媒体上的忠诚用户。例如，小米经常通过其官方社会化媒体开展抽奖销售活动，以回馈那些铁杆的"米粉"用户，同时从这些用户反馈中获得产品改进意见。

4) 打造企业领导人影响力

企业的灵魂人物往往都对业内人士及企业用户拥有极大的影响力，如小米的雷军、360的周鸿祎等。

5) 积极与用户互动

社会化媒体的最大特征在于其良好的互动性，互动不仅体现了企业对用户的重视，也是企业运营社会化媒体的必需，通过与用户互动不但可以及时反馈用户的关心，还能从用户那儿获得关于企业、产品的意见。但是，实际上许多企业并未重视在社交媒体上与用户互动。一则调查结果表明，利用社会化媒体与企业联系的消费者中 1/3 从未得到过回应，将社会化媒体作为客户服务工具时，超过四成的消费者希望能在 1 小时内解决问题，1/3

的消费者表示,社会化媒体作为客户服务工具并没达到预期。[9]该调查报告还发现,社会化媒体并不是消费者寻求解决问题的第一选择手段。相比来讲,利用社会化媒体发表评论、问题和投诉的比例远高于寻求解决问题的比例。[9]该调查结果对于企业开展SNS营销具有启发意义。

6) 打通多个平台

在开展社会化网络营销时,企业要树立全网营销思维,积极打造多个社会化网络营销平台,有时甚至一个社会化网络媒体中开设多个企业账号,通过打通这些平台进行平台间的互动,扩大社会化网络营销的影响力。

7) 数量与质量并重

基于社会化网络媒体积累用户资源时,不能仅关注数量,还要重视质量,即重视用户的活跃度,重点关注那些活跃用户。

 网络营销视野

小米手机260多万次转发量和150万粉丝如何炼成?

2012年11月21日,小米手机在其官方微博发布了一条有关"新浪微博社会化网购首单"的微博。截止到2012年12月31日,这条微博被转发了近260万次,近150万用户参与了转发,覆盖了近5亿人次,微博中的网站链接被点击了30多万次。从2012年12月19日至2012年12月21日,"@小米手机"由之前的76万粉丝,迅速增长为152万粉丝,平均每天增长近40万粉丝(图9.3)。

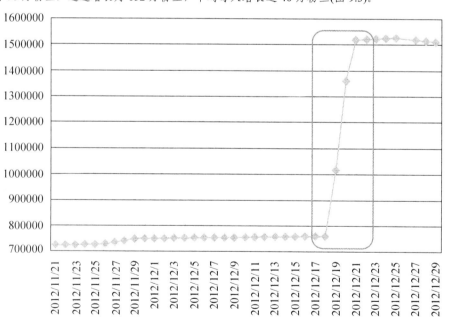

图9.3 2012年11月21日到2012年12月29日小米手机的用户增长趋势

小米手机是如何做到的呢?首先,从2012年12月19日上午9点开始"转发送手机",共有三股势力参与到此条微博的转发过程中(图9.4)。

首先是"小米军团"转发此微博。"小米军团"主要是由小米公司各类官方微博组成,如员工微博、粉丝后援团。其中不乏粉丝众多的大号，如"@小米手机""@小米公司""@黎万强"等。

同时联合"新浪军团"转发，瞬间就将每小时转发量带至 8 万次，且热度持续性较好。"新浪军团"主要由新浪微博的各类官方大号构成，如"@微博客服""@手机微博""@微博 Android 客户端"等。

接着，到了 12 月 19 日下午 3 点，营销类草根大号才开始陆续出现身影。"草根大号军团"由微博上知名的草根大 V 构成，如"@冷笑话精选""@微博搞笑排行榜""@全球热门排行榜"等。

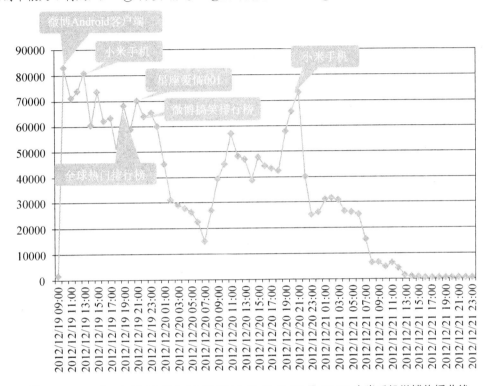

图 9.4　2012 年 12 月 19 日 9:00 到 2012 年 12 月 21 日 23:00 小米手机微博传播曲线

上述三大军团中，"小米军团"一共带来了 347669 次转发，95685 条评论；"新浪军团"共带来了 16305 次转发，2936 条评论；"草根大号军团"共带来了 49666 条转发，1740 条评论。

资料来源：品牌中国网. 小米的微博营销之道：150 万粉丝如何炼成？[EB/OL]. http://market.brandcn.com/wangluoyingxiao/130118_342739.html[2013-1-18].

9.3.6　策划内容与设计形式

1. 策划内容

基于社会化网络媒体积累企业(品牌)的社会网络关系的前提是企业通过这些社会化网络媒体能源源不断地为用户提供有价值的内容。只有内容受欢迎，才能留住用户。从这个意义上讲，社会化网络营销与邮件营销、企业网站运营有类似之处——内容为王。但相比于电子邮件与企业网站，社会化网络营销对内容的要求更高。另外，社会化网络媒体中用户对信息的及时性要求非常高，因而企业的营销内容需要不断且及时更新才能吸引并不断扩大用户资源规模。

1) 社会化网络营销的内容类型

在社会化网络媒体中,以下几类信息是最受用户欢迎的。

(1) 技术类信息。用户关注的行业知识、最新技术、业内信息类。

(2) 娱乐类信息。星座、笑话、语录、励志、明星八卦、搞笑幽默等。

(3) 情感类信息。公益活动、爱心传播、心灵鸡汤等。

(4) 资讯类信息。网络热点新闻、热门事件等。

(5) 健康类信息。养生、修性、健康饮食等。

(6) 节日类信息。与节日热点结合的信息。

(7) 利益类信息。各类免费使用、免费领取、打折优惠类信息,这些信息可以是利己的,也可以是利人的。

(8) 负面类信息。涉及个人财产、人身安全方面的信息,如拐卖信息、交通安全信息、网络财产安全等。

(9) 性暗示类信息。围绕着"性"这一人类基本需求的各类性暗示、性幽默类的信息。

(10) 育儿类信息。这类信息包括如何生育、教育孩子的信息。

 网络营销视野

用户在社会化媒体中乐分享的内容

(1) 信息性。属于比较功能性的内容,如最新的新闻、有用的情报、好看的信息、特殊的知识等。网友分享这类内容时,信息的价值(新、快、实用、特殊、好看、稀有性)是影响分享意愿与散布效果的关键。

(2) 趣味性。比较感性层面的内容,除了有趣之外,感动或激励也可以归于这种类型。例如,流行一时的"扑街照""漂浮照",或是各种Kuso(恶搞)图片,情节或效果引人入胜的影片都可以归于这一类。

(3) 交流性。提供网友与他的朋友可以进行互动的因子,通常不是纯内容,如心理测验、小游戏、占卜等可以归于此类。这一类的内容除了具有趣味性之外,也可以作为网友与不熟的朋友"破冰"的因子。

资料来源:199IT.社会化媒体时代,"内容营销"才"给力"[EB/OL]. http://www.199it.com/archives/35978.html[2012-4-26].

2) 社会化网络营销的内容特点

如前所述,内容策划需要坚持用户需求导向。"有趣""实用""实惠"是内容策划的三个基本特点。"有趣"不仅是指内容本身,而且还包括内容形式;"实用"用网络语言表述即为"干货",一个基本策略就是将用户需要的信息与产品(品牌)和企业完美结合;"实惠"即用户能通过阅读内容获得实实在在的利益。提供打折、优惠促销信息就是提供"实惠"信息的具体做法。

3) 内容标题

与平面广告策划一样,内容标题的设计直接关系到内容的曝光度、用户的阅读率等。内容标题不要过长,控制在15个字以内。

标题的表达方式可以参考广告文案的标题表达方式,有直接式(开口见山,直奔主题)、间接式(拐弯抹角,讳莫如深)、提问式(问题直切用户痛点)等。

4) 内容摘要(引文)

对于一些内容较长的文章,为了让用户在第一时间明了文章的主要思想,摘要就必不可少。摘要放在正文之前,不超过 140 字。摘要既要概括文章主要内容,更要吸引用户进一步阅读。

5) 内容标签

内容标签相当于内容的主要关键词。内容标签需要结合两个方面进行提炼:一是标签要能反映和概括内容主题。二是标签要考虑用户的内容搜索,即标签所用关键词是用户经常会用到的关键词。因为常常同一个意思有不同的词汇可以表达,但不同的词汇用户使用搜索的习惯是不同的。

2. 设计形式

首先,有价值的内容需要有意思的形式才能真正打动用户阅读。相比于单纯的文字信息,信息图、动漫、视频等多媒体形式更能吸引用户打开、阅读和传播。Bruzzstream 和 Fractl 的调查表明,分别有 22%和 15%的用户关注企业发布图片和视频类型的内容,位列用户关注的内容类型的前两位。[10]

其次,图文并茂当然比纯文字的内容更受欢迎:一是图要与文相关,尽量少用无关图片;二是图的数量不宜太多,否则不仅会影响下载浏览的速度,而且影响用户阅读体验。

再次,由于用户使用社会化网络媒体的终端越来越多样化,因此,与响应式电子邮件一样,内容形式也必须随用户终端的变化而变化,以便给用户最好的阅读体验。

最后,注意内容形式的规范和细节。例如,图片会不会变形,段落是不是散乱、有无错误字、内容中的链接是否异常等。

 网络营销视野

内容营销越来越受青睐

今天随着社会化媒体的发展,内容营销(Content Marketing)越来越受到企业的关注和认可。在 Google Trends 中以"content marketing"为关键词进行搜索的结果显示,自 2009 年以来,该词的搜索量呈现直接上升。但是关于什么是内容营销,学术界并没有统一的定义,国内外一些学者也从不同角度对内容营销进行界定。①简单地讲,内容营销就是以多样化的形式,创作和传播有教育意义的、引人注目的内容,以达到吸引或留住顾客的目的。②一些调查发现,③传统的广告正在失去消费者的信任。例如,86%的消费者会跳过贴片广告,而 44%的消费者会忽略邮件广告,相比来讲,有 60%的消费者会在阅读了一些"有意思的内容"后搜索相关产品,而 70%的消费者在被"内容营销"后会感觉与企业更亲近了。内容营销受到企业的重视不仅是因为消费者的喜好已经发生转移,也是因为内容营销能产生的销售机会是传统营销的 3 倍,而且花费只相当于传统营销的 62%。因此,78%的被调查企业的首席营销官认为原创内容是营销的未来。

资料来源:

① 周懿瑾,陈嘉卉. 社会化媒体时代的内容营销:概念初探与研究展望[J]. 外国经济与管理. 2013(6):61—72.

② Handley A, Chapman C C. Content Rules: How to Create Killer Blogs, Podcasts, Videos, Ebooks, Webinars (And More)That En-Gage Customers and Ignite Your Business[M]. John Wiley & Sons Inc,2010.

③ Picsays. 网络营销的杀手级武器——内容营销[EB/OL]. http://www.wshang.com/media/info/pid/338.html[2013-10-25].

9.3.7 确定传播时间

1. 确定传播时间的基本原则

确定传播时间的基本原则有以下两点。

1) 用户的需求产生时点

用户阅读社会化网络媒体有两种基本状态：一是基于现实需求有目的的阅读或查找，此时确定传播时间要考虑用户现实需求激发的时间与状态；二是无目的的休闲式阅读，此时就要考虑第二基本原则，即用户的社会化媒体阅读习惯。

2) 用户的社会化媒体阅读习惯

大多数媒体都有自身的用户使用习惯。例如，广播的使用高峰期是早上 7:00~8:00，电视的黄金时间是晚上 19:00~21:30。因此，确定社会化媒体的传播时间还要结合用户的社会化媒体阅读习惯。

2. 确定传播时间的层次

可以按两个层次确定传播时间：一是以周为单位，确定在一周内的哪几天进行内容发布或传播；二是以天为单位，确定在一天的哪几个时段进行内容发布和传播。

1) 以周为单位，确定传播时间

要区分工作日和周末。以微博为例，如果企业的产品或服务是以本地需求为主，则需要重视周末营销。因为有研究表明，用户在周末对本地服务类信息需求最强。[11]

2) 以天为单位，确定传播时间

以微博为例，在工作日(周一到周五)，下班前和晚间需要得到更多的重视。具体就是晚间 17:00~凌晨 1:00 的用户活跃度最高；在周末，早上 7:00 之后会有更多的互动，晚 19:00 之后，用户的互动热情进入高峰期，一直持续到凌晨 2:00。[9]

以微信为例，每天有两个"公交时段"，即早上 7:00~9:00 和下午 17:00~18:00，以及午间休息时段(11:30~13:00)和睡前浏览时段(21:30~23:00)都是用户微信使用的高峰时段。

3. 确定传播频率

利用社会化媒体多长时间发送一次内容没有固定的规定，以不对用户形成打扰为基本原则，企业可以结合自身内容创作的能力和投放时间进行确定。另外，发送的频率和具体时间点要尽量保持不变，以便随着时间推移，让用户养成阅读习惯。

9.3.8 社会化网络营销效果评估

1. 效果评估的基本原则

首先，传播效果评估取决于企业社会化网络营销的功能定位。其次，传播效果评估取决于传播目标。最后，传播效果评估不仅要评估最终效果，还要评估过程效果，即全过程评估社会化网络营销的效果。

2. 效果评估的主要指标

与其他网络营销工具一样，可以结合社会化网络营销的功能定位与过程，分阶段确定社会化网络营销的效果评估指标。

1) 信息传递的评价指标

信息传递的评价指标衡量企业是否，以及多大程度上通过社会化媒体将信息有效地传递给用户。代表性的指标包括独立访问量、发送内容数量、接收的用户数量、打开率等。

2) 用户对信息接收的评价指标

用户对信息的接受评价指标包括点击率、阅读率、用户评论数、弹出率/停留时间、网页浏览量、记忆效果、理解效果、态度效果。这些效果指标不仅衡量用户"物理"上是否看过企业的社会化媒体的内容，还包括用户"心理"上是否看过企业的社会化网络，用户在多大程度上记住了内容、理解了内容，以及对内容，及至企业(品牌)、产品等的态度倾向性。

3) 用户回应的评价指标

用户回应评价指标主要包括点击率、转化率、顾客忠诚度、销售量(额)、重购量(额)、客单价、分享量、ROI 等。这些指标是企业社会化网络营销的经济指标，也是企业开展社会化网络营销的最终目的。

4) 用户获取或维持的评价指标

用户邮件地址资源的获取和维持是社会化网络营销的前提。这些指标大致包括有效用户数量、用户增长率、用户退出率、地域分布、移动设备读者群、活跃用户数量(比例)等。

本章小结

伴随着社会化网络工具的迅猛发展，社会化网络营销正以其独特优势为企业所重视。社会化网络营销就是利用社会化网络工具所提供的良好互动功能，借助于用户在社会化网络工具上形成的社会关系网络，通过与用户互动，引发用户自动传播企业网络营销信息。与其他网络营销工具相比，社会化网络营销的基础不仅仅是技术，而且是人及其社会关系。因此，社会化网络营销的基础主要有 Web 2.0(技术基础)和社会网络、邓巴法则和六度分隔理论等。

与传统媒体环境下的"知道—购买—忠诚—新客户"的营销传播逻辑不同，在社会化网络媒体环境下，信息的传播逻辑是"忠诚顾客传播—扩大知名度—更多顾客购买—新客户"。这个传播过程具有鲜明的特点：用户是传播主体，主导和参与信息传播。而要用户参与到信息传播过程中，从根本上讲需要产品/服务让顾客感动"惊叹"。"没有惊叹，就没有传播。"

社会化网络营销背后的营销理论是病毒营销。一个成功的病毒营销必须具备四个基本要素：营销信息、内容载体、用户参与和传播媒介。

一般来讲，社会网络营销的过程可以分为八个阶段：确定营销目标；分析传播受众、产品(品牌)和企业；确定传播主题；选择传播媒体；积累用户资源；策划内容与设计形式；确定传播时间；社会化网络营销效果评估。在这个过程中，重点和难点就是源源不断地策划用户乐于传播的社会化网络营销内容。

网络营销：创业导向

习 题

一、名词解释

社会化网络、社会化网络营销、六度分隔理论、邓巴法则、社会网络、病毒营销

二、案例分析

支付宝集福活动，阳谋中的阴谋？

2016年除夕前的红包话题只有两个：微信发红包看照片和支付宝集福活动。支付宝集福活动是从2016年1月28日开始的，为了除夕的爆发，支付宝做了长达11天的预热期。而在之前，支付宝已经花2.688亿元拿下了2016年央视春晚摇红包的独家合作商资格，自然需要设计一套红包活动的组合拳来推广营销。集福活动就是在这样一个背景下诞生的。那么，支付宝集福活动的营销目标是什么？概括起来包括以下几个。

(1) 提高支付宝的下载量。具体来讲是提高50岁以上的老年人群对支付宝的下载。而春晚主要人群就是老年人，这是支付宝需要的。

(2) 提高支付宝用户的活跃度，改变大家支付习惯。以前支付宝只是一个支付工具，用户只有想付款的时候才使用，场景实在太单一，而通过全民集福活动场景就丰富起来。

(3) 阻击对手。拦截竞争对手的市场营销活动。如果今年央视春晚的合作伙伴还是微信的话，那后果就不是当年微信靠红包偷袭上位这么简单了，对支付宝就是一场营销灾难。所以有时候营销活动不是为了做什么，而是为了不让对手做什么。

作者不同意有人认为集福活动是支付宝为了打通社交功能，剑指微信社交的观点，认为阿里想切入社交网络，但真正离IM还差很远，那么，支付宝的目标还有哪些呢？且听作者进一步分析。

(4) 建立人与人的链接。在微信上，朋友之间转账付款非常方便，只需要聊天中直接转账就行，因为关系链已经建立起来了。但是，支付宝不是好友关系就没办法方便地转账，更谈不上社交通信了。因此，在本次集福活动中，支付宝要求新添加10位好友就可以提前获得3张福的规则就是为了建立朋友之间的链接。注意，是新添加10位好友，所以前几天大家疯狂地在拉关系。而支付宝官方也竭力建议大家添加自己的父母、亲戚朋友这种强关系，这可以为以后的即时通信做准备。

(5) 打开你的通讯录。用户的好友彼此都有支付宝，但在支付宝上，建立朋友关系的却很少。因此，支付宝希望大家把自己手机通讯录中的好友都添加进支付宝，从而在支付宝上建立强关系。支付宝是默认不能调取手机通讯录的。而集福活动要添加新的好友必须要到设置中去允许支付宝调用你的通讯录。因此，打开通讯录按钮，这是支付宝集福活动的重要目的，只要打开了用户的通讯录，等于打开了一扇关系链的大门。除了非常方便地添加好友外，未来的朋友间转账、AA收款、赞助、众筹等就很方便了。

(6) 偷袭微信的关系链。这两天缺"福"，特别是缺"敬业福"的人特别多，于是微信朋友圈充斥着各种求福、换福的信息。支付宝成功将朋友圈变成了自己的"集福"市场，换福或者赠送必须是支付宝好友关系，所以很多微信的关系链就移植到支付宝中了去了。

问题：

请查阅资料，还原支付宝在2016年春节前后的集福活动，明确支付宝为实现上述营销目标，是如何策划和设计集福活动的程序和规则，从而实现营销活动对营销目标的支撑作用的。

资料来源：黄成明.支付宝集福活动，阳谋中的阴谋[EB/OL]. http://weibo.com/ttarticle/p/show?id=2309403939647305701147[2016-02-06]. 有删改。

本章参考文献

[1] 冯英健. 网络营销基础与实践[M]. 4版. 北京：清华大学出版社，2013.

[2] 华瑶，赵东霞. 社会化网络营销模式研究[J]. 现代营销，2014(8)：44—45.

[3] 王伟军，孙晶. Web 2.0的研究与应用综述[J]. 情报科学，2007(12)：1907—1913.

[4] Travers J, Milgram S. An experimental study of the small world problem[J]. Sociometry, 1969, 32 (4): 425—443.

[5] Newman M, Strogatz S, Watts D. Random graphs with arbitrary degree distributions and their applications [J]. Physical Review E. 2001, 64 (2): 26118

[6] Beloved Brands. When it comes to social media, here's why most brand leaders still don't get it. [EB/OL].http://beloved-brands.com/[2013-9-29].

[7] Jurvetson S, Draper T. Viral Marketing [M].The Netscape M-Files,1997.

[8] Northridg. 2015消费体验状况调查报告[EB/OL]. http://www.199it.com/archives/360270.html, 2015-7-27.

[9] Bruzzstream, Fractl. Why have people stopped following your brand? [EB/OL].Marketing TechBlog，https://www.marketingtechblog.com/unsubscribe-unfollow-reasons/[2015-3-21].

[10] 赢新微博营销研究院. 发布微博的三个建议[EB/OL]. http://weibo.com/2589550434/C6sXuzTb9?from=page_1005052589550434_profile&wvr=6&mod=weibotime&type=comment#_rnd1468815364539 / [2015-2-8].

第 5 篇　提升篇

追求卓越的重要一点就是要为客户提供最优服务和最优质量。

——汤姆·彼得斯

第 10 章　网络营销转化率提升策略
第 11 章　网络营销客单价与重购率提升策略

第10章

网络营销转化率提升策略

学习目标

◆ **知识目标**
◇ 结合一个具体的网络营销工具,陈述其转化率的内涵;
◇ 陈述企业网络营销平台优化的基本思想和三大目的。

◆ **能力目标**
◇ 打开一个企业网站的某个内容页面(非首页),查看其源代码,了解其网页 META 标签三要素的内容,并提出优化方案;
◇ 根据本章"10.2.3 企业网络营销平台优化的流程与内容"之"用户购买前的网页优化"的内容,为一个淘宝宝贝策划、设计一个宝贝详情页。

导入案例

对于电邦的网络营销人员,在完成了企业网络营销平台的引流工作之后,接下来的重要任务就是促成顾客转化。可以想象当顾客进入企业网络营销平台后,通过让他们看到什么内容或者企业网络营销人员需要做哪些工作才能实现顾客下单购买(转化)?由于电邦主要是在淘宝(天猫)平台开店经营,因此网络营销平台的后台优化工作已经由平台企业或第三方企业完成。对于电邦的网络营销人员来讲,主要的工作就是做好顾客咨询服务和平台(店铺)的前台优化。

因此,如果你是电邦项目的网页策划与设计成员,你如何建立起自己的店铺优化思路,它应该包括哪些步骤与内容?如果你是客服人员,你的客服理念是什么?你如何在实践中运用它?

转化需要步步为营

从潜在顾客到现实顾客不是一步之遥,中间往往需要经历一系列的环节。因此,促进顾客转化需要步步为营。首先,网络营销人员必须理解和梳理用户从潜在顾客转化为现实顾客的过程和路径。其次,这些过程和路径包含了哪些环节?再次,在每个环节上,促进顾客"向前"转化需要做哪些工作?接着,这些工作有无前后关系,有无轻重缓急?最后,制订工作计划,分步实施,逐步优化。

当完成了企业网站引流工作后,即意味着顾客进入企业网络营销平台,那么接下来的重要工作就是实现顾客转化。但必须强调的是提升顾客转化的根本策略是精准引流。换言之,如果网络营销推广人员通过网络推广工具获得的流量不是企业的"目标流量",即引进来的潜在顾客不是企业的目标顾客,那么之后的顾客转化也就无从谈起,至少是难度很大。因此,没有精准引流,顾客转化就成了"无源之水"。

10.1 网络营销转化率概述

对于企业来讲,用户进入企业的网络营销平台并不是企业网络营销的最终目的,网络营销人员希望用户在进入企业营销平台后,"再往前走一步",以实现企业更进一步的网络营销目标。这个目标可能是简单的信息浏览,也可能是企业网络营销平台某个功能和服务的使用,还可能是直接购买企业的产品或服务。只有潜在顾客转化为企业的现实顾客,企业才实现了网络营销目标。

10.1.1 转化率的概念与界定

1. 转化率的概念

所谓转化率是指达成某个网络营销目标的用户数量与实现此网络营销目标的用户基数的比。转化率是一个运用于多领域的多层次概念。多领域是指在不同的网络营销领域都存在着其特定的转化率,如搜索引擎营销、电子邮件营销、网络广告、社会化网络营销都存在着自身的转化率概念。多层次是指在具体网络营销过程的各个环节都存在着具体的转化率。这是因为在企业的网络营销过程中,用户常常处于一种由浅及深,逐渐转化的过程。

2. 不同网络营销领域的转化率界定

在绝大多数网络营销领域,都存在多层次的转化率现象。如本书前面所述的搜索引擎营销、电子邮件营销、社会化网络营销及未谈及的网络广告都存在多层次的转化率问题。分层次衡量转化率的最大好处在于可以让网络营销人员很好地找到导致企业网络营销整体转化效果好(或不好)的原因(或问题)到底发生在哪个环节,从而制定针对性的解决办法。

1) 搜索引擎营销

结合搜索引擎营销的目标层次,搜索引擎营销活动各个环节的转化率包括:

搜索引擎营销存在层的转化率=被搜索引擎收录的企业网页数量/企业网页总数量;

搜索引擎营销表现层的转化率=排在搜索结果页面特定位置(如第一页)的网页数量/被搜索引擎收录的企业网页数量;

搜索引擎营销关注层的转化率=被点击的网页数量/被搜索引擎收录的网页数量;

搜索引擎营销转化层的转化率=采取了企业预期的网络行为(如购买)的用户数/进入企业网站的用户数。

2) 电子邮件营销

结合用户浏览电子邮件的行为,在电子邮件营销中的转化率包括:

以打开率为代表的转化率=打开电子邮件的用户数量/被发送邮件的用户数;

以阅读率为代表的转化率=阅读邮件的用户数/打开邮件的用户数;

以点击率为代表的转化率=点击邮件的用户数/阅读邮件的用户数;

购买环节的转化率=购买的产品或服务的用户数/点击邮件的用户数;

以转信率为代表的转化率=被共享和转化的邮件数量/阅读邮件的用户数。

3) 社会化网络营销

结合互联网环境下消费者的 AISAS 模型,社会化网络营销的各层次转化率主要包括:[1]

引起注意环节的转化率=引起注意的客户数/企业社会化网络媒体的被关注总数;

【相关链接】

激发兴趣环节的转化率=激发兴趣的客户数/引起注意的目标客户数;

信息搜索环节的转化率=进行信息搜索的客户数/激发兴趣的客户数;

购买环节的转化率=购买的客户数/进行信息搜索的客户数;

信息分享环节的转化率=分享信息的客户数/购买的客户数。

4) 网络广告

从广告传播效果层面来看,衡量网络广告的转化率主要包括:

接触环节的转化率=看过网络广告的用户数/网络媒体的潜在用户数;

记忆环节的转化率=能回忆起广告信息的用户数/看过网络广告的用户数；
理解环节的转化率=能理解广告信息的用户数/能回忆起广告信息的用户数；
态度环节的转化率=对广告有特定态度倾向的用户数/能理解广告信息的用户数；
购买环节的转化率=购买产品(服务)的用户数/对广告有特定态度倾向的用户数；
分享环节的转化率=分享产品(服务)信息的用户数/购买过产品(服务)的用户数。

10.1.2 提升转化率的基本策略

本章所讨论的转化率是指当用户进入企业网络营销平台之后，由潜在顾客转化为现实顾客(如购买了产品或服务)的比例。换言之，本章主要探讨用户进入网络营销平台之后，如何促进顾客由潜在顾客转化为现实顾客。

1. 用户在企业网络营销平台的转化率体系

用户进入企业网络营销平台后，其自身的网络行为不是一次行为，而是多次行为，且这些多次行为存在着前后的逻辑关系，并构成了逐渐加深的行为过程。以用户到网店的购买行为为例，其过程大致如下：首先是用户到访问网络营销平台，一般用户到达的企业网络营销平台有三类页面：一是平台首页；二是一级栏目首页；三是内容详情页。当到达前两类页面后，用户会先行在企业网络营销平台浏览查寻并到达内容详情页；在浏览内容详情页后，用户可能会点击感兴趣的产品，从而可能形成购买；如果需要进一步了解店铺或产品，则可能会向客服进一步咨询；满意接着可能会购买；也可能不经咨询直接购买(实际上在用户真正购买之前，还存在着一个过程，即将商品放入购物车、生成订单、付款，在这三个环节还存在用户丢失的风险)；如果本次购买满意，则还可能会返回平台，并可能再次购买；也可能会向亲朋好友推荐(图10.1)。

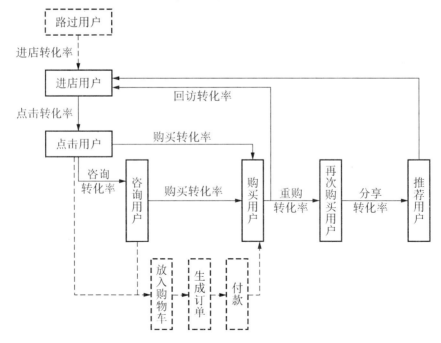

图 10.1 用户在网络营销平台的转化率体系

第10章 网络营销转化率提升策略

本章主要探讨从用户进入企业网络营销平台到第一次购买行为发生的这个过程,即获取新用户的问题。至于用户在发生了第一次购买行为之后的后续行为是下一章探讨的主要内容。

2. 提升转化率的基本策略

如图10.1所示,从用户进入企业网络营销平台到第一次购买行为发生之间大致经历两个过程:一是先点击感兴趣的产品服务,如有疑问会咨询客服,满意后再购买;二是直接浏览产品或服务,满意后直接购买。而这两个过程分别对应企业网络营销的两个主要工作是客户服务和网页设计与优化。换言之,当用户进入企业网络营销平台后,企业主要是通过两个途径或策略——客服和网站(页)——向用户展示和说明企业的产品或服务,以实现用户由潜在顾客向现实顾客的转化。因此,本书认为提升企业网络营销转化率的两个基本策略就是企业网络营销平台的优化和改善企业客服人员的服务策略。

网络营销人员必须明确,转化率是一个受到多种因素影响的网络营销绩效指标。这些因素至少包括:品牌、商品、客户服务、顾客行为、用户体验、流量质量。[2]除了流量质量(精准引流)外,产品、品牌也是两个重要因素,但本书认为这两个因素应该在探讨转化率之前就已经解决了,即从逻辑上讲,企业的网络营销应该是先有品牌、产品,然后才有包括顾客转化在内的其他内容。此外,顾客行为、用户体验,甚至是产品吸引力等都涉及网页策划、设计与优化。

学习提示

可以想象自己一次典型的网购过程。假设你到淘宝(天猫)或京东商城购买一件自己想要的T恤,想象一下自己的购物过程,并思考影响你每一步选择或点击的因素都包括哪些?试用概念图把自己的网购过程画出来,并用关键词概括全过程各阶段的影响因素。

10.2 企业网络营销平台优化

10.2.1 企业网络营销平台优化的概述

1. 企业网络营销平台优化的概念

企业网络营销平台优化是企业网络营销平台运营的重要任务之一,是以结果为导向的网络营销平台运营的指导思想。在大多数网络营销教材中,类似的问题都是在讨论企业网站优化。不论是企业网站,还是其他形式的网络营销平台,其背后的优化思想都是一致的。

所谓的企业网络营销平台优化(以下简称"平台优化")是指在平台诊断的基础上,对企业网络营销平台从策划到建设、运营、维持和升级等一系列过程和环节进行全方位优化,以达到网络营销平台运营的最优化效果,实现企业网络营销平台的网络营销职能。这是一个"查缺补漏,提质增效"的工作。在实际工作中,平台优化主要是指平台四个基本要素——结构、内容、功能和服务——的优化。

2. 企业网络营销平台优化的基本内容

平台优化的基本内容包括三个方面：对用户优化、对网络环境优化(主要是指对搜索引擎优化)和对平台维护人员优化。[3]因此，平台优化的对象包括用户、搜索引擎和平台运营人员。

从营销角度来看，对用户优化是平台优化最根本的任务，也是平台优化的终极目标。对搜索引擎优化主要是因为一方面企业网络营销平台能否被搜索引擎收录，是企业网络营销平台能否在互联网世界中被用户找到、看到的重要前提；另一方面，搜索引擎也是为用户服务的，对搜索引擎优化说到底也是对用户优化，而且相对于对用户优化，对搜索引擎优化具有更多的可操作性。这是因为各主要搜索引擎在其官方网站都提供了大量的平台(网站)优化的可操作的建议、方法和工具。平台运营人员维护优化主要是让平台运营维护人员有一个更全面、更易于操作、更高效和灵活的平台运营维护管理后台，在保证发挥平台网络营销职能的同时，降低后台运营维护的难度和成本。

10.2.2 企业网络营销平台优化的目的

从最终目的来看，平台优化的目的是实现顾客转化，即提升顾客转化率。但不论是点击转化还是购物转化都存在着重要的前提条件，即网络营销平台对用户使用的易用性、可信度以及网络营销平台的内容与设计能否打动用户。

1. 网络营销平台的易用性

所谓的易用性是指企业网络营销平台的设计要坚持用户导向，要通过简洁、醒目、易用的网络平台要素设计，使得用户可以更方便地获取信息。[3]简言之，平台易用性是指方便用户在网络营销平台上以最方便的方式找到所需信息。

在网络资源越来越丰富和用户容忍度越来越低的今天，企业网络营销平台的易用性直接影响着用户使用平台的感受和对平台的反应。这其中易于浏览是影响用户使用平台的重要因素。例如，淘宝网的用户研究部门对买家所做的调查发现，用户在宝贝详情页停留的平均时长大约为 70 秒，50.07%的用户不到 30 秒就会离开网页。[4]2013 年，LivePerson 进行的一项调查显示，易于浏览或搜索是网络消费者选择某一网站的最主要原因，占据调查比例的 74%。而 UPS 的另一项调查也发现，有 53%的被访者认为网页浏览困难且无法找到被搜索的东西是他们放弃网购的重要原因。[5]

尽管让用户对企业网络营销平台满意是一件不容易的事，但我们常常又发现，导致用户不满意地离开网站的问题也并不难以解决。一项关于"用户 10 秒钟离开你网站的原因"的调查发现，15 个原因促使用户过早地放弃企业网站。它们分别是：自动播放声音、自动弹出窗口、插入式广告、分页显示明明可以用一页显示完的内容、缓慢载入、对广告的优化大于对内容的优化(先载入广告后载入内容)、糟糕的导航栏(导航需要直观、描述清晰、直来直去)、结构混乱、缺乏关键信息、过早地要求注册、错别字、年久失修(不及时更新)、网站主题模糊、浏览器不兼容、主页只有视频无文字。[6]

之所以出现这种状况，是因为企业网站建设人员缺乏基本营销思维，没有将用户及用户感受放在第一位，要么是过度考虑自身的要求，要么就是过度设计，仅仅是为了网站美

第10章 网络营销转化率提升策略

观、好看而设计,而忘了设计是为营销服务的基本理念。

2. 网络营销平台的可信度

顾名思义,网络营销平台的可信度就是指用户对企业网络营销平台的信任程度。当用户进入企业网络营销平台后,能与用户进行沟通的除了客服外,剩下的就是平台及平台的每个页面了。因此平台及平台网页的策划、设计和表现的每一个细节都是赢得用户信任的重要因素。

作为国内著名的网络营销顾问公司,新竞争力网络营销管理顾问公司发现,影响网站可信度的八个常见问题是:网站基本信息不完整、产品介绍过于简略、没有明确的个人信息保护声明、没有固定联系方式、使用免费邮箱、网站信息久不更新、网页计数器泄密(暴露出网站少有人访问)、付款方式不正式和不规范。[3]

这些细节表现在企业网络营销平台的结构、内容、功能和服务的各个方面,要通过网络平台各方面的专业性、真实性、准确性、有效性和完整性获取用户信任。

3. 打动用户

网络营销平台的易用性是可信度的前提,可信度是打动用户的前提。在网络营销竞争越来越激烈的情形下,企业网络营销平台之间的规范性越来越高,仅仅是易用和可信并不一定能赢得用户"芳心",还需要通过网页内容及内容表现来打动用户。此时,平台内容及内容表现形式策划就是一项非常重要的工作。以购物网站为例,大致遵循以下步骤。

1) 分析消费者

分析消费者的目的在于调查和了解消费者对企业产品或服务的需求是什么?他们的"痛点""痒点""兴奋点"是什么?这是任何营销工作的逻辑起点。

2) 分析竞争对手

要打动用户,除了自身优秀外,还需要与别人不一样,即具备差异化。因此,分析竞争对手必不可少。除了分析竞争对手的产品卖点之外,还需要分析对手产品卖点的表现形式。

3) 提炼产品卖点

在完成了消费者需求和竞争对手分析之后,接下来的工作自然是提炼自己产品或服务的卖点,卖点要切合消费者的"痛点""痒点"或"兴奋点",还需要与竞争对手形成差异化。

4) 诠释卖点

同样一个故事,有人就讲得生动有趣,而有人就讲得索然无味。因此,一个好的创意,还需要一个优秀的创意表达。用一种用户能听得明白、看得明白,且轻松、自然、有趣的方式进行表达是开展网络营销策划的重要工作。

5) 设计卖点

在网络世界里,网络营销人员无法与用户直接面对面地沟通和交流,一切的沟通工作全有赖于网络营销平台中每一个页面内容的设计。好的创意及创意表达最终都要归为一个个设计好的图片或文字等。因此,设计人员本身的设计表达水平及对策划人员的创意的理解就显得非常重要。

10.2.3　企业网络营销平台优化的流程与内容

要思考和梳理平台优化的流程与内容必须首先理解和梳理用户如何进入企业网络营销平台，经历了哪些过程，每个过程用户需要什么。当理解了用户的流程和行为后，企业网络营销平台优化的流程与内容自然就清晰和明了了。

如图10.2所示，第一步，用户通过各种途径或入口进入企业网络营销平台(参见图5.5)，因此，针对这些途径和入口的优化就构成了平台优化第一阶段的任务，其中最重要的是搜索引擎优化；第二步，当用户进入企业网络营销平台之后开始浏览寻找所需信息，因此如何帮助用户很快找到所需信息就是此阶段的主要任务；第三步，找到信息到实现转化(如购买)，因此如何做到内容可信并能打动用户就是此阶段的重要任务。

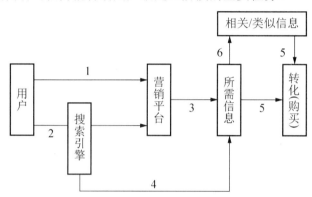

图 10.2　网络营销平台优化流程

1. 用户直接到达网络营销平台前的优化

1) 直接登录优化

用户直接到达企业网站营销平台的优化主要是方便直接登录。对于一般企业来讲，企业网站常常是企业最重要甚至是唯一的网络营销平台。尽管用户直接登录企业网站的可能性较低，但也不能排除此类情形(图10.2：1)，因此也需要做好这方面的优化工作，这主要涉及企业域名的注册和保护。首先，企业网站域名要容易记忆。例如，2013年国内著名的电商企业京东商城将公司域名由 www.360buy.com 域名更换为 www.jd.com，其中的"jd"是京东汉语拼音首字母组合。显然，新的域名更适合于消费者使用。另外，也能用企业名称或品牌名称直接在网站栏中登录。

2) 通过搜索引擎登录优化

除了直接登录企业网络营销平台外，用户通过搜索引擎虽然并不是唯一的间接登录方式，但却是最重要的登录方式(更多的登录方式详见图5.5)。因此，要了解用户通过哪些搜索引擎进入企业网络营销平台(图10.2：2)。对应的优化工作主要包括以下内容。

(1) 让尽可能多的搜索引擎，至少是市场主流的搜索引擎收录企业网络营销平台。收录方式有两种：一是免费主动向搜索引擎提交网络营销平台的网址；二是付费登录搜索引擎。

(2) 进行搜索引擎优化。让各个搜索引擎收录尽可能多的企业网站的网页，并尽量在搜索结果中排名靠前。

2. 用户到达内容页面前的优化

如图 10.2 所示,用户到达具体的内容页面有两个基本途径:一是从网络营销平台首页(或栏目首页)查找到具体内容页面(图 10.2:3);二是通过浏览搜索引擎反馈的搜索结果,并点击进入具体内容页面(图 10.2:4)。此阶段的优化工作主要有二:一是开展面向搜索引擎的优化工作;二是开展面向用户的优化工作。

1) 面向搜索引擎的优化

搜索引擎优化(Search Engine Optimization, SEO)是指通过对企业网络营销平台的栏目、导航、网页布局、内容、功能和服务等要素的合理化设计和优化,使得企业网络营销平台及其页面更容易被搜索引擎收录,从而使得用户能更加方便通过搜索引擎搜索到有价值的信息。因此,虽然是基于搜索引擎对企业网络营销平台进行优化,但是其目的不是简单地迎合搜索引擎的标准或要求,更不是利用搜索引擎的规则漏洞进行恶意优化。搜索引擎提供的优化规则只是企业网络营销平台优化的参考,并不是最终目的。

良好的搜索引擎优化不仅仅能增加企业网络营销平台的易用性、可信度,而且还对打动用户,提升用户转化率具有重要影响;同时,还能对竞争对手形成竞争壁垒,这是因为不论是搜索引擎的反馈结果页面空间,还是用户的注意力都是有限的,当企业网络营销平台优化工作做得比较好时,就会有更多平台网页被收录和被用户关注,从而挤占竞争对手的空间和用户注意力。

搜索引擎优化主要包括:平台结构(导航、栏目、网页布局、URL 层次)的优化、网页格式优化、外部链接优化、内容优化等。

(1) 企业网络营销平台的结构优化。导航、栏目、网页布局和 URL 层次构成了企业网络营销平台的结构。

① 企业网络营销平台的导航优化。导航构成企业网络营销平台的"骨架",同时也体现了平台构建的思路。从用户使用的角度来看,导航首先要符合用户浏览平台的习惯;其次,平台"骨架"各构成要素的相互关系(链接)要清晰,从而能方便搜索引擎根据平台内部的链接逐次检索平台信息并进行收录。在进行平台建设与优化时,建设或优化人员可以利用思维导图来梳理平台导航,以梳理和查看平台导航是否合理和清晰。

【相关链接】

② 企业网络营销平台的栏目优化。栏目优化的技术问题包括:[3]

- 通过主页可以到达任何一个一级栏目首页、二级栏目首页以及最终内容页面;
- 通过任何一个网页可以返回上一级栏目页面并逐级返回主页;
- 主栏目清晰并且全站统一;
- 通过任何一个网页可以进入任何一个一级栏目首页;
- 每个页面有一个辅助导航;
- 如果产品类别/信息类别较多,设计一个专门的分类目录是必要的;
- 设计一个表明站内各个栏目和页面链接关系的网站地图;

- 通过网站首页一次点击可以直接到达某些最重要内容页面；
- 通过任何一个网页经过最多 3 次点击可以进入任何一个内容页面。

③ 企业网络营销平台的网页布局优化。网页布局涉及网页内容在网页中的展示位置及方式。因此，网页优化的首要原则可参照用户浏览网页的"F 现象"和"Google 金三角"。其次还要思考每个网页中重要信息的表现形式；最后还包括以下内容：[3]

- 希望搜索引擎抓取的网页摘要信息要出现在最高位置(根据网页 HTML 代码顺序)；
- 网页最高位置的重要信息保持相对稳定，以利于搜索引擎抓取信息；
- 首页滚动更新的信息应该有一定的稳定性，以便于搜索引擎收录。

④ 企业网络营销平台的 URL 层次优化。如第 5 章所述，平台的 URL 层次越多，即意味着网页的重要性越低，因而被搜索引擎收录的可能性就越低。因此，URL 层次优化主要包括：[3]

- 网站首页：必须保证把 Index 文件放在根目录下；
- 一级栏目首页：网页 URL 最好不要超过 2 层；
- 详细内容页面：网页 URL 最好不要超过 3 层，至多是 4 层。

(2) 企业网络营销平台的网页格式优化。网页格式主要包括静态网页和动态网页两种基本格式。

① 静态网页是指随着 HTML 代码的生成，页面的内容和显示效果基本上不会发生变化的网页。从对搜索引擎的友好性方面来讲，静态网页有利于搜索引擎收录网页。

② 动态网页是指采用了动态网站技术生成的网页，其表现特点就是网页 URL 的后缀不是.htm、.html、.shtml、.xml 等静态网页的常见形式，而是以.aspx、.asp、.jsp、.php、.perl、.cgi 等形式为后缀，并且在网址中有一个标志性的符号"?"。动态网页与网页是否具有动态文字、图像和视频是两回事。与静态网页相比，动态网页一般以数据库技术为基础，因此其优势在于交互性好、维护工作量低、后台管理功能强大等。由于动态网页实际上并不是独立存在于服务器上的网页文件，只有当用户请求时服务器才返回一个完整的网页，因此动态网页不利于搜索引擎抓取网页。

综上所述，网页格式优化的基本原则就是"能静即静，动静结合"，即能用静态网页技术的尽可能用静态网页设计，考虑到动态网页的优势，也可以将动态网页与静态网页结合运用。

必须明确的一点是，静态化设计并不是网页被搜索引擎收录的主要标准，换言之，并不是所有的静态网页就一定会被收录，所有的动态网页一定不会被收录。这需要从搜索引擎的工作原理来理解。以百度和 Google 为代表的技术型搜索引擎主要是通过各个网站或网页之间的超级链接来检索网站或网页的。此时，超级链接就像一个个线索一样，把各个网站或网页链接在一起，搜索引擎只需要"顺藤摸瓜"即可以找到任何一个网站或网页。因此，一个新的网页不论是动态网页，还是静态网页，只有其被相关链接网站或网页(已经被搜索引擎收录)链接了才可能会被收录。之所以是"可能被收录"是因为搜索引擎收录网页的标准是多方面的，被链接只是其中一个标准而已。相对于动态网页，静态网页的这种链接关系是固定的，因而更易于被检索到。

(3) 网络营销平台的外部链接优化。之所以进行网络营销平台的外部链接优化，是因为搜索引擎将企业网络营销平台外部链接的数量与质量作为评估企业网络营销平台重要性的重要影响因素。所谓数量,是指有多少外部网站链接了企业网络营销平台,显然链接数量越多,就代表企业网络营销平台的重要性越高;所谓质量,是指外部链接的网站与企业网络营销平台的相关性,显然相关性越强,重要性越高。尽管不同的搜索引擎判断外部链接的质量的权重标准不尽相同,但其指导思想都是一致的。

(4) 企业网络营销平台的内容优化。面向搜索引擎进行内容优化主要是指后台网页内容编码要符合搜索引擎收录要求。虽然此方面的优化结果用户无法直接感受到,但对于搜索引擎是否会收录平台网页具有重要影响,当然如果搜索引擎无法收录,用户也就几乎不会看到平台网页,更谈不上后续平台网页前台面向用户的优化。

面向搜索引擎的内容优化主要包括网页的 META 标签的优化,主要包括 META 标签中网页标题优化、关键词优化、网页描述优化,以及三者相关性的优化。[3]

① 网页标题优化。

META 标题中网页标题优化主要包括以下内容:
- 每个网页(不仅仅是首页)都应该有一个独立的能概括网页内容的标题;
- 每个网页标题都要包含能反映网页内容的关键词;
- 每个网页标题都要与网页内容具有一定的相关性(要注意同义不同词的情形对搜索引擎来讲也是不相关的);
- 每个网页标题不能过长或过短,通常情况是 6~10 个汉字比较合适,最长不要超过 30 个汉字。

② 网页关键词优化。

META 标题中网页关键词优化主要包括以下内容:
- 每个网页都应该包含能反映网页内容的关键词;
- 关键词应该出现在网页标题、网页描述和网页内容中;
- 关键词既能反映网页内容,同时也要符合用户的搜索习惯;
- 某些重要的关键词要在网页中保持相对的稳定性;
- 每个网页的关键词不必太多,更无须堆砌大量的关键词;
- 不同的关键词之间用逗号(英文标题符号)隔开。

③ 网页描述优化。

META 标签中网页描述优化主要包括以下内容:
- 每个网页都应该包含能反映网页内容的网页描述;
- 网页描述应该包括网页关键词;
- 网页描述应该是网页内容的"摘要",是一段自然表述段落;
- 网页描述不能简单地堆砌关键词;
- 网页描述不要过长(视搜索引擎具体情况而定),过长的网页描述无法在搜索结果页面完整展示,从而影响网页描述意思表达的完整性;
- 网页描述应该与网页标题和网页内容有高度相关性;
- 网页描述应该具备一定吸引力,用户在搜索引擎反馈结果中通过阅读网页描述来判断网页内容是否是价值。

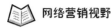

一个企业网站首页 META 标签的变迁

图 10.3 是美的集团 2009 年官网首页的 META 标签截图。从图中可以看到：①首页 META 标签的三要素，即标题、关键词和网页描述都是具备的，无一缺漏；②网页标题是美的集团的"广告语"；③关键词是集团产品名称，且关键词过多，有堆砌之感；④网页描述前半句是自然语言表达，后半句是产品名称关键词的简单罗列。

图 10.3　2009 年美的集团官网首页的 META 标签

图 10.4 是 2015 年美的集团官网首页的 META 标签截图。从图中可以看出，经过改版优化升级后网页 META 标签有了很大改善，具体表现在：①网页标题、关键词和网页描述都具备且三者具有较强的相关性；②网页标题进行了修改，由原来的企业广告语变为企业定位描述，新的标题包含了更多的关键词；③关键词数量覆盖了用户可能使用的所有关键词且中英文都有，只是略显过多；④网页描述简洁明了且使用自然语言概括了网站的内容与定位，只是字数过多，无法在搜索引擎的搜索反馈结果页面中完整展示。

图 10.4　2015 年美的集团官网首页的 META 标签

2) 面向用户易用性的优化

当用户到达企业网络营销平台后，需要的是快速方便地到达内容页面找到所需信息。因此，面向用户的内容优化主要是帮助用户快速方便地找到所需信息。当用户需要通过企业网络营销平台首页到达内容页面时，面向用户的网页优化的工作主要包括三个方面：一是网站栏目优化；二是内容页面优化；三是链接优化。

(1) 网站栏目优化。如本书第 5 章所述，栏目其实质就是平台内容的分类。首先，优化的第一个任务就是栏目的设置要符合分类学的基本原则：各栏目内容的交集为空集，各栏目内容的并集为全集。其次,要为每个栏目拟定一个既通俗易懂又能概括栏目内容主题的名称,这样用户就不会"进错"栏目。经常有网站的栏目名称只有网站人员能看明白和理解其意思,用户看了以后则是一头雾水。

(2) 内容页面优化。当用户到达内容页面后,需要快速判断内容是否是其所需,因此内容页面的优化工作主要有三个方面:一是要有内容标题且标题能准确概括网页内容;二是如果内容过长,需要给内容设计一个摘要;三是内容页面的格式要规范整齐,规范整齐是基本要求,凌乱不堪的格式不会给用户好的浏览体验。

(3) 链接优化。链接优化包括前述的面向搜索引擎的栏目优化的所有内容。除此之外,可以借助于图 10.5 的概念图进行内容的梳理,从而构建一个"内容网络"。首先,每个栏目下的各个内容主题之间建立相互链接关系。这样用户不论是通过哪种路径到达某个内容页面后,都能通过这些链接关系,"顺藤摸瓜"找到需要的内容。其次,要构建栏目之间的链接关系。这种链接关系可以借助于两个栏目内某两个具体内容页面的相关性而建立,如此用户在查阅时,就很自然地过渡到其他栏目。

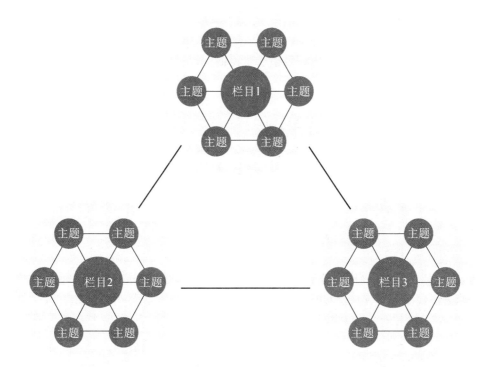

图 10.5　企业网络营销平台的内容链接关系概念图

具体可以通过三种链接完成用户信息查寻的引导(图 10.6):①内容页面中通过对某些关键词进行链接,将用户引导到相关内容页面中;②通过内容页面下方其他内容页面的标题链接,引导用户到达其他内容页面;③通过在内容页面的左侧或右侧设置专栏的形式,引导用户找到相关信息。这些链接优化为企业网络营销平台构建了一个"内容网络",通过良好有序的链接引导用户可以快捷到达任何内容页面。

网络营销：创业导向

图10.6　新竞争力网站的链接形式

3. 用户购买前的网页优化

用户在企业网络营销平台找到所需信息可能是用户"此行"的最终目的，这就意味着企业网络营销目标已经实现；也可能只是"中间过程"而已，这意味着用户还有进一步的行为，如购买等(图10.2：5)。在此情形下，网络营销人员需要树立"将每一个网页都当成一个推销员"的指导思想。因此，面向用户的网页优化不仅要用户直观地"看懂"网页内容，还需要"打动"用户。具体内容包括三个方面：提供用户所需信息、形象化表达信息、网页整体及布局优化(方便找到)。

1) 提供用户所需信息

企业网络营销平台要提供用户所需信息的前提是要知道用户需要哪些信息。以购物网站为例，企业可以通过四种方式了解用户对企业产品或服务信息的需求：一是调查分析用户的留言评论，梳理用户评论的关注点；二是通过客服人员与顾客的沟通有计划地收集用户对信息的需求；三是第三方调查报告往往也是此类信息的来源之一；四是对竞争对手网站/网页的调查。通过对一些在网页优化方面做得比较好的竞争对手的网页进行调查分析，也可以了解用户关注的一些信息点，毕竟别人做得好是有原因的。

2) 形象化表达信息

网页中的信息表达形式不外乎三种：文字、图片和视频。从用户浏览的角度来看，显然图片的关注度远高于文字。UPS 和 ComScore 的调查发现，有47%的美国消费者表示，商品(或企业)的视频对于其网购有重要影响；而在移动网购中，对消费者来说商品图像(54%)是零售应用最重要的功能。[7]因此，信息的形象化表达就是网页优化的重要工作。而用信息图进行信息表达是提升用户浏览体验的重要手段。设计信息图时要解决三个方面的问题：一是明确用户信息内容需求；二是信息图的表达要直观、明了，如果还能够做到有趣生动则更好；三是注意信息图的规格大小要求，它可能会影响到下载速度以及对不同阅读终端的适应状况。

(1) 用户的图片信息需求。用户需要的图片信息是指用户希望产品/服务的哪些方面的信息能用图片来表达。换言之，并不是所有用户需求的信息都必须使用图片进行表达。这可能源于两个方面的原因：一是客观上这些信息使用图片表达不如用文字表达更清晰和明了；二是主观上用户也不需要通过图像来了解产品或服务的信息。至于用户的图片信息需

第10章 网络营销转化率提升策略

求取决于产品/服务的类别。网络营销人员要设身处地地了解用户希望看到哪些产品或服务的图片。

2013年,淘宝用户研究部门曾调查了用户对服装、美妆、数码、家具四个行业的图片信息的需求,结果发现用户对服装的图片信息需求排在前五位的分别是:多角度全方位展示图(78.4%)、细节图(71.2%)、模特上身效果图(63.3%)、商品各个类型款式的图片(62.3%)、真假对比图(47.0%)。而用户对美妆产品的图片需求排在前五位的分别是:商品实拍图(如外包装、生产批号和保质期等)(68.5%)、真假对比图(60.5%)、多角度全方位展示图(52.8%)、实体店图片(52.4%)和第三方认证或质检报告(49.6%)。家具行业的图片信息需求排在前五位的分别是:商品实拍图(93.6%)、细节图(72.8%)、多角度全方位展示图(52.5%)、商品搭配效果图(41.3%)和商品尺寸对比图(35.2%)。用户对数码产品的图片信息需求排在前五名的是:多角度全方位展示图(81.2%)、商品实拍图(61.4%)、细节图(58.6%)、商品各类型款式图(47.0%)和第三方认证或质检报告(42.1%)。[8]

除了具体的产品或服务信息之外,用户往往对另一类信息也非常关注,即以往顾客评论和推荐信息。UPS和ComScore的一则调查显示,将近3/4的美国网购者在访问零售商网站时会受到商品评论的影响,其中,55%的消费者认为在搜索和选择商品时评论很重要。[9]

 网络营销视野

为什么要用信息图

所谓的信息图就是使用视觉化的方法整合复杂的数据与想法,并呈现给听众,让他们更快更好地消费与理解所要表述的想法的一种信息表达方式。信息图由图形设计、内容和用户理解三部分构成。为什么要用信息图表达想法呢?因为:①65%的人是视觉化动物,人们每天接收到的外界信息的99%几乎都被大脑过滤掉了,保留的1%几乎全部是视觉化信息;②大脑处理的信息90%以上是视觉的;③人们只能阅读网页中大约20%的文字,其他的文字内容则会被忽略掉;④大多数的人会在10~20秒内离开网站,因此需要在最短的时间抓取用户眼球,而人脑处理图片的速度是文字的60000倍,这是因为文字信息是被循序渐进处理的,图片是同步被处理的;⑤人们更乐于分享图片信息。

资料来源:SocialBeta. 为什么信息图是一个很棒的营销工具[EB/OL]. http://www.socialbeta.com/articles/why-inforgraphic-is-important-marketing-tool-2012.html[2012-9-21].

(2) 信息图的设计表达。信息图的设计表达首先要明确通过信息图要解决的营销问题,要切中用户的"痛点""痒点"或"兴奋点"。以购物平台为例,图片要解决的营销问题主要包括:产品卖点(为什么要买这个产品?)、本店(平台)优势(为什么要在我这儿买这个产品?)和关联销售(为什么还要再买上另外一件产品?)。其次,信息图的表达设计要能直观、明了、生动地传达产品/服务的卖点和店铺的优势。设计时需要注意:设计风格统一、注重视觉引导、注重用户体验、注重易用性、突出产品。此方面的工作主要涉及两个方面:一是图片策划;二是图片设计。前者是网络营销策划人员的工作,后者是平面设计人员的工作。

3) 网页整体及布局优化

除了本书第 5 章企业网络营销平台构建所介绍的网页布局的基本原则之外，还需要注意两点：一是企业网络营销平台的视觉化系统，即各种信息图片要与网页背景、背景色、主辅色调的选择等构成企业网络营销平台的整体视觉化系统；二是所有信息图在网页中的布局设计。

(1) 整体视觉化系统。许多人认为网络营销就是视觉营销。优秀的企业网络营销平台应该有一个形象鲜明的整体视觉系统。根据企业形象识别系统(Corporate Identity System，CIS)理论，企业的视觉识别(Visual Identity,VI)系统主要包括企业标志、企业的标准字、企业的标准色。因此，企业的网络营销平台也可以借鉴企业 VI 系统进行规划。

企业网络营销平台标志通常是企业或品牌 logo。网络营销人员要事先规范好企业标志的构成、出现的环节、出现的位置等。企业网络营销平台的标准字不仅包括企业名称的标准字，还需要根据企业理念或品牌理念，策划和规范好网页中所有环节的字体，如图片中出现的文字的字体。企业网络营销平台的标准色通常会选择企业 VI 系统的标准色作为主色调，同时还要规范辅助色的选择以及主辅色出现的环节。通常一个网页的色彩数量不要超过 3 个。除此之外，企业网络营销平台的整体视觉化系统还包括所有网页要有一个统一的网面布局框架。

(2) 信息图在网页中的布局。首先，不要无关信息图。美国网站易用性设计专家 Jakob Nielsen 认为，在企业网站中用户更青睐于与资讯相关的图像，而忽略单纯修饰的图片。[10] 因此，要特别注意图片信息对用户的价值、图片与网页文字内容的相关性、图片设计对用户视线的引导作用。其次，要重视图片本身的质量(色彩、对比度、清晰度)与大小等。质量差、对比度低、图片太小都会影响用户对图片的关注。

 网络营销视野

图片质量与内容相关性对用户浏览网页的影响

图 10.7 和图 10.8 中由浅色区域包围的区域表示受到用户关注，而其他区域表示被用户忽略。图 10.7 是美国 Adelphia 有线公司的首页。可以清晰地看到，所有图片都没有热区分布。Nielsen 和 Pernice 认为，这是因为这些图片太小、对比度太低且图片中的人物没有看着镜头，从而导致图片缺乏吸引力，更重要的是这些图片纯粹只是起到了填充网页空间的作用，与页面信息无关，图片不仅没有吸引用户的视线，还打断用户视线，加重用户的阅读负荷。

图 10.8 是一家纽约杂志网站的餐饮专栏页面，这个网页设计则展示了另外一种情形：尽管图片人物是真实人物，且是世界出名的厨师；同时，图片和网页中的内容有一定程度的相关性，但图片被关注的程度也并不高。这是因为这个网页的图片质量较差，图片的对比度较低且尺寸过小。因此，在网页优化中图片质量、图片与内容相关性是两个重要的环节。

第 10 章　网络营销转化率提升策略

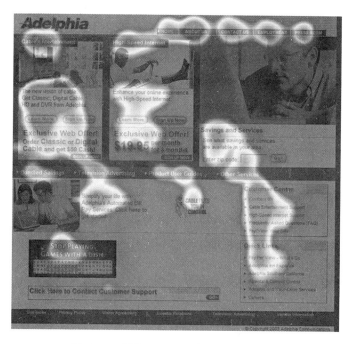

图 10.7　美国 Adelphia 有线公司的首页

图 10.8　一家纽约杂志网站的餐饮专栏页面

资料来源：Nielsen J, Pernice K. Eyetracking Web Usability[M]. Pearson Education, Inc. and New Riders, 2009: 198-201.

最后，优化各种图片在网页中的布局。当明确了用户对产品的信息需求以及完成的这些信息的形象化表达之后，接下的最重要工作就是如何在一个网页中布局这些图片信息，以便用户能在最短的时间内看到、看懂这些信息。

图片在网页中的布局要重点解决以下问题：一是图片放置的顺序问题，以便形成层次清晰、风格统一的网页风格；二是图片放置的数量问题。

① 图片放置的顺序。图片放置的顺序依照先是主推产品介绍，再是关联销售产品介绍，最后是店铺优势介绍。主推产品介绍通常包括产品效果大图、产品主要属性图(如尺寸)、产品细节图；关联销售图主要是包括两类：搭配产品图、同类产品图(这两类产品不要太多，最多不要超过4个)；店铺优势图包括：品牌介绍、店铺介绍、购买激励介绍和服务信息图(如物流、售后服务等)。有时企业需要在各个产品详情页中介绍本企业近期的促销活动，此类信息图的位置通常有两种：一是网页的最前面；二是网页的最后面。一般多放在最前面，但数量和图片不宜过大。

② 图片放置的数量及网页长度。对于企业来讲，图片越多网页越长，产品展示就越充分，但对于用户来讲，过多的图片和过长的网页并无暇浏览。根据淘宝网的调查，从PC端来看，优秀卖家的网页长度约为20屏(屏数是指手指滑动一下的次数)，图片数量不宜超过25张；移动端的网页长度为4页10屏，优秀的企业可短至4屏。[5]

10.3 顾客咨询服务策略

顾客服务至少可以解决网络营销中的三大问题：一是促进顾客购买，提升转化率；二是向顾客推荐，提升客单价；三是做好售后服务，提高顾客回头率。本节重点探讨促进顾客购买，提升转化率。

通过顾客服务提升转化率最终要落实到企业网络营销客服人员的客服行为上。对于客服人员来讲，良好的客服不外乎两个基本面：一是态度；二是行为。态度是根本，行为取决于态度，行为落实态度，行为需要技巧与方法。

10.3.1 客服人员的基本服务态度

客服人员的态度包括其思维、心态、爱心、真诚等多个方面。

1. 树立营销思维

一切的营销活动都要在营销思维的指导下进行。通俗地讲，客服人员的营销思维就是要有"感同身受"的情怀，要学会"换位思考"，要懂得"己所不欲，勿施于人"。客服人员的所有服务态度、服务方法与技巧都源于其服务的营销思维。

2. 从心态上认可顾客

客服的营销思维落实到服务心态上就是要认可顾客是对的。心态上认可顾客是对的，与事实上顾客是对的是两个不同的概念，许多客服人员混淆了两个概念。所谓事实上顾客是对的是指顾客客观所言所为是对的，而所谓心态上认可顾客是对的是指不管事实上顾客是对是错，从客服人员的角度来理解，都应该认为顾客是对的。即使顾客错了，要理解每个顾客之所以会有这样或那样的观点、看法都是受到他自身经历、经验、知识、能力等多方面的影响。"买的不如卖的精"是一种天然的客观事实,客服人员不应该以自己知道的、懂的多而居高临下,要换位思考,要先理解客户,再学会引导顾客认可你的理念。

3. 真诚是可以隔空传递的

真诚体现在客服人员的语言和行为之中。对于网络营销客服人员,即使不能与顾客面对面交流,顾客无从直接观察到你的行为,但你的态度和行为还是可以通过语言、文字隔空传递给顾客的,顾客也能够通过语言和文字感受你真诚与否。

4. 爱心是直接利他而间接利己的

客服人员对顾客的爱心体现在珍惜与顾客的每一次接触与交流的机会,用心呵护顾客关系。这种用心呵护常常并非直接指向交易达成,而是指向顾客的问题解决。作为客服人员,要有"真心一定有回报,并非在今日"的理念。

5. 态度的谦卑与专业的平等

所谓态度谦卑是指要在态度和理念上相信"顾客是上帝",要放低身段聆听顾客心声,即使顾客是错的,对于客服人员也是难得的学习机会,从中可以发现顾客想法背后的真正原因,思考说服顾客的理由和依据。所谓专业平等,是指在给顾客进行服务咨询时,要以自己的专业知识为顾客咨询,要将顾客当朋友,而不是一味地迎合顾客,要用自己的专业性赢得顾客认同。

10.3.2 客服人员的基本服务策略

服务态度决定了服务方法与策略,而服务方法与策略支撑了服务态度。好的服务态度还需要专业的服务策略、方法与技巧的支撑。

随着互联网信息大爆炸,信息供给和信息查询两个环节已经发生了巨大变化,信息缺乏不再是问题。依赖于搜索引擎技术的发展,查询信息也不再是难事,但信息的筛选和识别却仍有赖于顾客自己的判断,面对海量信息,顾客常常面临着选择性困难。因此,向顾客提供咨询服务仍然是客服人员的巨大优势。在此情形下,客服人员要在熟悉产品知识、品牌知识、企业知识、行业知识,以及顾客心理的基础上,为顾客提供顾问式销售服务,即在客服过程中,客服人员要以自己的专业知识和能力,为顾客的购买提供全程式的咨询顾问服务。关于顾客式销售在许多的材料和书本都有介绍,此处只强调以下几点。

1. 专业是顾问式销售的基础

客服人员必须对自己的产品、品牌、企业及至竞争对手的产品、企业,以及行业知识有充分的了解。对于一些知识型和技术型密集的产品,客服人员专业性的重要性自不待提。但一些日常生活类的产品,客服人员要善于挖掘与产品、行业相关的知识,拓宽知识视野,充实自己的知识体系。例如,服装是网络营销的最大品类之一,对于服装几乎每个顾客都有自己或多或少的知识基础和穿着经验,常常有客服人员认为服装不需要太多知识,也没机会给顾客当顾问。其实对于客服人员来讲,可以从肤色、职业、穿着场景、身型、服装搭配等多个方面储备知识,为顾客提供顾问咨询。因此,推而广之,对网络营销客服人员来讲,没有什么知识是无用的,广阔的知识面是一个基本素质。

2. 全过程、全方位提供顾问服务

所谓全过程,就是指在与顾客接触的售前、售中和售后的各个环节都要为顾客提供专业的咨询顾问服务。所谓全方位,是指要站在顾客的角度,认识顾客购买产品或服务的所有需求,提供不限于产品本身的咨询服务。

1) 售前的顾问服务

售前的顾问服务主要的目的是明确顾客需求。

明确顾客需求首先必须明白顾客买的不是产品/服务,是需求的满足、问题的解决。曾几何时,网络突然风靡一句"哥吃的不是面,是寂寞"。看似一句调侃,却道出营销的真谛。营销卖的不是具体的产品或服务,而是顾客无形的需求满足和问题解决。顾客常常在购买前对自己的需求认识并不明确,即使是明确的也常常可能会出现偏差。在现实中,绝大多数的产品都可以满足顾客的多层次需求。例如,顾客购买轿车可能既是为了代步,又需要有安全保障,也可能是为了加入某个团队需要,如"驴友会",还可能需要"开着有面子",这种有面子不仅仅是开车的人觉得有面子,还可能是坐车的人觉得有面子(如开车接送孩子上下学,孩子与同学之间可能会攀比谁家的车好)。因此客服人员常常需要通过与顾客沟通,在大背景下了解顾客需求。

当明确了顾客需求后,客服人员就有了更多的选择去应对顾客以及一些意外情况。网络营销中的客服人员常常遇到这么一种情形:顾客咨询和想购买的产品正好卖光了。在此情况下,客服人员除了表示抱歉和坐等顾客流失外,还能更积极地做点什么?向顾客推荐其他类似的产品就是一种更积极的选择。要知道顾客买的不是产品/服务,而是需求的满足和问题的解决。至于给顾客另外推荐一件什么样的产品,则需要客服人员通过与顾客的沟通快速对顾客的需求或问题做出判断,此时客服人员要扮演一个"专家"角色,并将这些角色传递给顾客,让顾客相信你的推荐是专业的,是帮助他解决问题的,而不是推销产品。

2) 售中的顾问服务

售中的顾问服务主要是为顾客提供可行性分析和达成交易。可行性分析是解决顾客购买的技术问题。可行性分析要全面、客观。全面是要考虑顾客购买的所有细节。这不仅关系到顾客在购买过程中的满意,而且关系到顾客在购买后的满意。客观是要站在顾客的角度进行分析,或者至少要让顾客感觉到你是客观的。既然是可行性分析就要为顾客提供多种选择方案,但不能太多,因为选择太多容易使人无所适从,客服人员要引导顾客考虑本企业的产品。

在达成交易时,客服人员应该树立"顾客要的不是便宜,而是想占便宜"的意识。客服人员常常遇到如下情形,顾客已经有购买产品/服务的意图了,突然提出能不能再便宜一点。在此情况下,客服人员必须意识到交易即将达成,产品的价格已经不是顾客考虑的最重要因素。之所以提出"能不能再便宜一点","你看人家×××那儿同款产品比你的要便宜×××"诸如此类的问题不是他(她)认为产品价格偏高了,不是想要便宜,只是想占便宜而已。此时客服人员有三个基本的应对策略。

(1) 强调本企业的产品价值,尤其是顾客看中的那个产品属性带给顾客的潜在价值。简言之,以价值答案应对顾客的价格问题。

(2) 强调本企业的服务,包括产品附加的服务和其他方面的服务。

(3) 赠送礼品。既然顾客要的不是便宜,而是想占便宜,那赠品就是理所当然的选择。但是赠品的选择并不是随意的。首先,赠品不能是质次产品。赠送礼品本是一个加分选择,如果赠品质次的话,反而成了一个减分项,不如不赠。其次,赠品应该与正品(顾客心仪的产品)相关或相配。这样做有几个好处:①顾客能感受到赠品的价值。产品的价值不仅取决于产品本身客观具备的使用价值,而且更取决于顾客主观感受,而顾客的主观感受主要源于顾客需求。例如,同样一瓶水,口渴的顾客对其的主观价值判断就远远大于不口渴的顾客;当赠品与正品相关或相配时,赠品的价值即使起不到"雪中送炭"的价值,至少也具有"锦上添花"的效果。②能在第一时间检验到赠品的价值。通常情况下大多数顾客会购买产品是因为马上需要,如果赠品与正品相关或相配,顾客会在收到正品的第一时间试用赠品,从而能在第一时间体验到赠品给他带来的价值,对企业留下好的印象。③赠品可以是企业的新产品或利润较高的产品。这样,赠品既是对顾客占便宜心理的满足,更是打开新交易的"敲门砖",赢得顾客回头的"诱饵"。例如,一个卖茶叶的网店老板,当新顾客购买了某一款茶叶(如 100 元一斤的铁观音)后,他都会主动赠送顾客该系列产品中更高档次(如 150 元一斤)的五小包茶叶。这样一来,既满足顾客的占便宜心理,也培养了顾客更高的饮茶品位,毕竟人都是"由俭入奢易,由奢入俭难"。

3) 售后的顾问服务

售后的顾问服务主要目的是让顾客在使用产品过程中最大化地、最方便地发挥产品的功效。售后咨询既能提升本次销售的顾客满意度,也为下次销售做好铺垫。

综上所述,网络营销人员必须意识到提升顾客转化率不仅仅限于网页优化和顾客服务。还有两个重要内容:一是维持和拓展企业的老顾客数量;二是促销刺激。

相对于新顾客,老顾客对企业及产品/服务有更深的了解。因而老客户往往具备更高的转化率,研究表明向老客户推销产品的成功率(50%)远高于向新客户推销产品的成功率(5%)。[11]如何维持和拓展老顾客数量是下一章重点探讨的问题。

在网络营销中常常使用的促销刺激手段主要包括:代金券、折扣(数量折扣、价格折扣、限时折扣等)、赠送样品、附加赠送、抽奖活动、包邮、送红包等。这些促销活动的策划与内容也构成了网页内容优化的重要方面。

本章小结

尽管转化率是集中探讨用户在进入企业网络营销平台之后,如何由潜在用户转化为企业的现实用户,但能否有一个好的转化率的前提是企业能否精准引流。

当用户进入企业网络营销平台后,主要是通过两种方式获得对企业网络营销平台的整体感知和判断,从而决定是否转化。一是浏览企业网络营销平台及其每个网页。此时企业的整体网络营销平台及其每个页面都在扮演着"推销员"的角色。二是向企业客服人员进行咨询。

企业网络营销平台的优化主要是面向搜索引擎、面向用户和面向平台运营维护人员三个主体,主要的目的有三:一是提高企业网络营销平台的易用性(方便性);二是提高企业网络营销平台的可信度;三是打动用户。

本教材建议依照用户进入企业网络营销平台的路径进行全过程全方位优化。进入企业网络营销平台之前的优化主要是依照用户的进入路径进行优化。而当用户到达企业网络营销平台之后的优化主要分两个方面进行：一是在后台基于搜索引擎优化；二是在前后基于用户优化。

基于搜索引擎的优化主要包括企业网络营销平台的结构(导航、栏目、网页布局、URL 层次)优化、内容优化、网页格式优化、外部链接优化等。其中，结构优化是关键。内容优化主要是基于搜索引擎进行网页 META 标签三要素(网页标题、网页关键词和网页描述)的优化。

面向用户的网页优化工作主要包括三个方面：一是网站栏目优化；二是内容页面优化；三是链接优化。当用户看到信息后，能不能打动用户则涉及三个方面的问题：一是用户需要什么信息，二是这些信息如何在网页上设计表达，三是这些信息如何在网页中布局。

企业网络营销的客服策略也是提升转化率的重要手段。首先是客服人员的态度与素质，主要包括其思维、心态、爱心、真诚等多个方面；其次是客服策略，即顾问式销售策略。客服人员在实践中要运用顾问式销售策略，首先要具备专业素质，专业性涉及产品、企业、行业、竞争对手，以及用户心理与行为方面的专业知识；其次要将顾问之销售策略分解运用于售前、售中和售后的全过程。

习 题

一、名词解释

转化率、顾问式销售、客户关系管理、网络营销平台优化、网络营销平台的易用性、网络营销平台的可信度

二、案例分析

如何把只有 0.3%的传单转化率提高 40 倍？

故事背景

2014 年 4~6 月，国内某点评网打响了一个进入国内三、四线市场的品牌推广项目。项目采用包括产品内部广告、写字楼 LCD 广告、楼宇框架广告、公交车候车亭广告、电影院片前广告、地面推广、PC 端在线推广、移动端在线推广、社会化媒体营销 9 个媒体渠道，覆盖全国 20 多个三、四线城市。

具体策略就是以 5 元爆款团购为主题，在线上线下所有推广渠道中搞大促销。也就是，顾客通过团购花 5 元钱，就可以选购线上线下所有产品。例如，花 5 元钱就可以看一场电影，或者买 20 块钱的面包甜点等。活动为期两个月，覆盖 25 个城市。显然，这是一个千万元级别投入的推广项目。

策划思路

发传单只是这个庞大推广计划中"地推"环节的一个环节。策划小组采用了场景策划法，具体就是在传单促销活动的策划时，思考用户通常是在什么样的场景下拿到我的传单的？此时，我们就会发现，用户拿传单的场景需要再被拆分成三个细分场景：①选择接受传单的场景；②阅读传单上内容的场景；③根据传单上的内容做出行动的场景。在这三个场景中，第一个场景的优化可以提高发传单的接受率；第二、第三个场景的优化可以提高传单的转化率。在每一个场景上提升 3~5 倍的转化率，最终就可以带来 20~40 倍的转化率差距。

第一个细分场景：选择接受传单

大部分的 O2O 公司的大促销地推人员在发传单的时候，会努力加上 15~30 秒的话术。例如说："你好，我是×××的。现在下载我们这个 APP 看电影只要 5 块钱啊，你只要扫一下这个二维码，然后点击下载，然后……就可以了。要记得回去下载噢！"这样做有三个问题：第一，用时太长，降低了地推的效

率；第二，话术越长，在将话术的指导从总部传递到一线地推人员的过程中，打折就越厉害，导致最后极其依赖于个人能力，而不是整体策略；第三，作为一个陌生的推人员，你说这么些话，与正常在商圈大街上走的人的情绪(或是匆忙，或是开心)是不匹配甚至相抵触的。

通常很多人以为发传单的关键只有一张传单的内容本身。非也！事实上，场景应该是立体的，至少有四个重要元素：传单、发传单的人、用户的心情，以及用户所处的环境。而且，大部分人决定接受或者不接受传单，只有不到0.3秒的时间，哪来什么逻辑思考，全是情绪驱动。现实的情景是用户看到地推人员时，往往是在商场或中央商务区来去匆匆的道路上。他是忙碌的，而他对陌生的地推人员的情绪往往是带着一定抵触的。请记住：你的"传单"不仅仅是传单本身，还有发传单的人和他所说的话，因此，需要思考三者如何适应这个场景？因此，如何做一个简单高效、容易传授，又充满情绪共鸣的第一步呢？当你围绕着这个场景去思考以后，答案就出来了。

第二个细分场景：阅读传单

通常用户阅读传单内容的时间一般也不超过1秒钟。人是一个情感动物，人类几乎所有行动决策的"临门一脚"都是情感驱动。因此，促销活动中"临门一脚"环节的促销应该基于一个情感诉求，而非逻辑诉求。所有优惠的存在都应该是为了推向一种情绪。因此，要从场景角度出发，思考通常大街上那些可能接到传单的用户都是处于什么状态。你的传单必须能切中要点，让他愿意阅读，而且瞬间(1秒)能看完。

第三个细分场景：做出行动

传统O2O电商的做法是，让用户扫二维码，然后到应用市场下载APP。这又是一个充满本位主义("我想要你下载我们动辄几十兆大小的 APP")，不思考用户场景的做法，最终结果就是转化率极低。正确的做法是，此时你要思考大部分用户的场景是什么呢？他们正行走在没有WiFi的大街上，而手机流量又特别贵。所以，你必须在这种非常恶劣的条件下，让用户非常轻松顺畅简单地完成整个操作。

问题：

1. 请结合用户接受传单的第一场景，策划派发策略，并为传单派发员策划推销话术；
2. 请结合用户接受传单的第一场景，策划传单内容；
3. 请结合用户接受传单的第三场景，策划推动用户完成APP下载。

资料来源：

奶牛Denny. 如何把发传单0.3%的转化率提高40倍,5张传单中1张有效![EB/OL]. http://www.chinaz.com/manage/2015/0608/412460.shtml[2015-06-08]. 有删改。

本章参考文献

[1] 丁守俊，瞿群臻. 基于AISAS模型的微博营销客户转化率优化[J]. 物流工程与管理，2015(4):126—128.

[2] 卞保武. 企业电子商务网站转化率问题的研究[J]. 中国管理信息化，2010(2)：97—99.

[3] 冯英健. 网络营销基础与实践[M]. 4版. 北京：清华大学出版社，2013：69.

[4] 淘宝网.买家浏览习惯的秘密[EB/OL]. https://bbs.taobao.com/catalog/thread/16029511-261908202.htm?spm=a210m.1001016.0.0.t0jTES[2013-4-28].

[5] LivePerson. 网络购物者指出易于浏览是他们选择网站的首要原因[EB/OL]. http://www.199it.com/archives/172950.html[2013-11-22].

[6] 天下网商. 用户十秒离开你网站的15大原因[EB/OL]. http://i.wshang.com/Post/Default/Index/pid/33886.html[2014-3-10].

[7] UPS, comScore. 3/4 的美国网购者会受到商品评论的影响[EB/OL]. http://www.199it.com/archives/355958.html[2015-6-25].

[8] 淘宝网. 四大行业的图片秘诀[EB/OL]. https://bbs.taobao.com/catalog/thread/16029511-262566347.htm?spm=a210m.1001016.0.0.kY8DGS[2013-5-23].

[9] UPS, comScore. 3/4 的美国网购者会受到商品评论的影响[EB/OL]. http://www.199it.com/archives/355958.html, 2015-6-25.

[10] Nielsen J, Pernice K. Eyetracking Web Usability[M]. Pearson Education, Inc. and New Riders, 2009：200.

[11] 亿邦动力网. 不可忽视的老客户价值[EB/OL]. http://www.ebrun.com/20120531/46959.shtml[2012-5-31].

第11章

网络营销客单价与重购率提升策略

学习目标

◆ **知识目标**
◇ 陈述客单价和重购率的内涵;
◇ 陈述向上营销、对比营销和交叉销售的内涵。

◆ **能力目标**
◇ 查看某个企业的网络营销平台,结合某款产品,为该产品梳理策划向上营销、对比营销和交叉销售的营销策略;同时,策划一个具体的提升客单价的促销活动;
◇ 结合企业的顾客资料,完成顾客生命周期各阶段的划分;
◇ 结合企业的顾客资料,基于RFM模型完成顾客的分类管理。

导入案例

对于电邦的网络营销人员,当顾客在企业网络营销平台(如狼途自行车天猫旗舰店)实现了下单购买产品后,还希望顾客能购买更多的其他产品,以提高客单价和重购率。

对于提高客单价来讲,首先,电邦网络营销人员需要寻找交叉销售机会,可以从两个方面进行思考:一是从产品角度,从整体层面梳理企业现有产品结构,寻找交叉销售机会;二是从顾客角度,对现有的顾客数据进行分析,寻找交叉销售机会,但电邦狼途自行车产品相对单一,从顾客角度寻找交叉销售机会的可能性较小。其次,结合具体某款产品,策划向上营销和对比营销,以及具体的促销活动。

对于提高重购率来讲,电邦网络营销人员可以从两个角度对已有顾客数据进行分析:一是基于顾客重购时间间隔长短,划分顾客生命周期,并制订针对性营销策略;二是基于对顾客的分类,尤其是基于 RFM 模型对顾客消费行为进行分析,然后制订针对性营销策略。

如果你是电邦项目的网络营销人员,具体如何建立起自己的客单价和重购率提升策略,它应该包括哪些步骤与方法?同时,分别策划一则提高客单价和重购率的具体网络营销方案。

客户是企业的重要资产

客户管理是营销管理的重要内容。客户管理首要的是树立客户资产思维。资产是能给企业带来经济效益的资源,而客户是企业所有经济效益的本源。通俗地讲,客户管理的终极目的是让客户更多地为企业掏腰包。更多的有两层含义:一是每次掏得更多;二是更多次地掏。前者关乎客单价,后者关乎回头率(重购率)。

客单价和重购率的高低受多种因素的影响,如产品本身、产品价格、品牌、顾客购买心理与习惯等。其中产品是最为根本的影响因素。因此,在进行网络营销创业项目的选择时,就要特别注意产品或服务项目组合的策划与规划。尽量选择本身就具备一定规模客单价和重购率的产品或服务。例如,具有品牌影响力的产品或服务的客单价和重购率往往都会高于无品牌影响力的产品或服务。但这些因素都不是本章讨论的重点,这些因素在企业进行网络营销策略设计之前就已经是事先规划和设计好的,它们属于企业网络营销战略层面的事情,本章主要在网络营销策略、方法和技巧方面探讨提升客单价和重购率的问题。

11.1 客单价与重购率的概述

11.1.1 客单价的概述

1. 客单价的概念

客单价(Per Customer Transaction)是指在一定时期内,每一个顾客平均单次购买产品或服务的金额。客单价的计算公式是:客单价=销售总金额÷成交总笔数。

2. 客单价的影响因素

客单价是顾客进店后购买行为的结果变量。促使顾客产生高的客单价受许多因素的影响。这些因素可以构成客单价公式：客单价=动线长度×停留率×注目率×购买率×购买个数×商品单价。因此，要提高客单价就需要针对这些影响因素有针对性开展营销操作。

1）动线长度

简单地讲，零售学中的动线长度就是顾客在店铺内行走路线的长度。显然，顾客在店铺内行走的路线越长，看到商品的数量和可能性就越高，也就越有可能产生购买。在进行店内通路设计时，其前提条件在于店铺的整体布局。

对于网络营销来讲，首先要解决平台内放置的商品结构策划；其次，网络营销平台的整体布局要考虑平台内的结构优化，尤其是产品详情页优化、栏目优化、链接优化和商品关联优化等。

2）停留率

停留率就是顾客在店铺内的总停留次数/动线长度。显然当顾客停留下来时，才可能产生购买。对于营销人员来说，需要策划和设计如何让顾客在店铺放慢脚步，并吸引其驻足察看。

对于网络营销来讲，要特别注意网络营销平台的优化，平台优化能让顾客愿意在网页中停留下来，因此要特别注重产品详情页的优化，规范是第一原则。

3）注目率

所谓注目率，就是顾客在店铺内的注目次数/总停留次数。对于网络营销来讲，要引起顾客注目就需要特别对产品介绍进行策划，尤其是能通过产品主图的策划在第一时间吸引顾客注意。

4）购买率

购买率就是购买次数/总注目次数。要促使顾客购买，除了产品介绍策划能吸引顾客注目外，更重要的是给顾客在此时此刻下单购买的理由。因此，除了策划产品卖点切合顾客需求外，还要通过促销策划给顾客即时下单的理由。

5）购买个数

顾客购买得越多，客单价就越大。通常是通过一些促销手段让顾客产生愿意购买更多量的动机。此时，关联营销是常常选择的一种做法。

6）商品单价

提高顾客购买商品的单价主要取决于企业的价格政策、价格配置、商品的质量、品牌影响力等。

11.1.2 重购率的概述

1. 重购率的概念

重购率就是在一定时间内一个企业回头客的人数占总顾客人数的百分比。重购率的高低体现了顾客对企业产品/服务的满意度，也反映了顾客对企业或品牌的忠诚度。显然只有满意的顾客才可能重复购买企业的产品或服务。

2. 提升重购率的意义

提升重购率不但体现了顾客对企业产品或服务的满意度,更直接的现实意义在于其经济价值。研究发现,向新顾客推销产品成功率是 15%,而向老顾客推销产品成功率是 50%;发展一个新顾客的成本是挽留一个老顾客的 3~10 倍;60%的新顾客来自老顾客推荐,一个忠诚的老顾客可以影响 25 个消费者,诱发 8 个潜在顾客产生购买动机,其中至少有一个人产生购买行为;顾客忠诚度下降 5%,企业利润下降 25%;如果将每年的顾客保持率增加 5%,利润将达 25%~85%。[1]数据统计显示,作为知名的服装 B2C 企业,玛萨玛索发现产生三次以上购买行为的顾客,占整体注册数的 19%,而这 19%的顾客为企业带来的销售额占到了日销售额的 83%。通过这组数据可以看出,核心顾客给电商带来的价值是不可估量的。[2]

11.2 提高客单价的策略

归根结底,提高客单价的策略主要有三种思路:一是以更高的价格出售产品或服务;二是说服顾客购买更高价值的产品或服务;三是让顾客购买更多的产品或服务。

以更高价格出售产品或服务是指网络营销人员需要思考让产品或服务在企业网络营销平台上更显高档,以价值打动顾客。这主要涉及对顾客需求的理解和挖掘,以及品牌、产品或服务卖点的策划与设计,此内容本章不做重点讨论。

说服顾客购买更高价值的产品或服务主要有两个基本思路:一是顾客购买了一件低价格产品或服务之后,如何给顾客推荐更高价值的产品或服务,即向上营销。二是对比营销,即将推荐的高价值产品或服务与同类型的低价值产品或服务进行对比,以凸显高价值产品或服务的优点,从而打动顾客购买高价值。低价值产品或服务可以是本企业的产品或服务,也可以是竞争对手的产品或服务。

让顾客购买更多的产品或服务主要涉及交叉销售和一些常见的促销策略。这是本书重点介绍的内容。需要说明的是,有的文献也将向上营销当作交叉销售的一种特例来看待。为表述清晰,本书将它们分开讨论。

11.2.1 向上营销

所谓的向上营销,是指根据既有顾客过去的消费喜好,为其提供更高价值或者其他用以加强其原有功能或者用途的产品或服务的营销方式。简言之,向上营销就是向顾客推荐更高价值的产品或服务。

与交叉销售向顾客推荐的新产品或服务是不同类的产品或服务不同,向上营销更倾向于向顾客推荐同类的更高级别的产品或服务。例如,如果顾客购买了一部苹果公司的 iPhone 4 手机,然后再向其推荐苹果的电脑、iPod 随身听则是交叉销售;如果该顾客购买过 iPhone 4 手机,接着向其推荐新上市的 iPhone 5 手机则属于向上营销。因此,要实现向上营销也需要对产品及顾客过往的网络购买行为进行分析和挖掘。

11.2.2 对比营销

1. 对比营销的概念

对比是市场竞争的核心，没有对比关系也就不存在竞争。对比几乎存在于企业市场营销活动的各个环节。一般认为，对比营销就是企业通过各种直观的方法将本企业的产品或服务与竞争对手的产品或服务在实际功能与质量上的异同，清晰地展示在消费者面前，方便消费者判断和选购。[3]

对比营销常常是处于市场劣势地位的企业采用的一种营销策略。对比营销强调的是让自己的产品或服务与著名品牌的产品或服务在"裸商品"状态下——脱去著名品牌产品或服务上用广告编织的华丽外衣——进行"公平"竞争。[4]

除了与竞争对手比较外，企业对比营销中的比较对象也可以是企业自己的产品或服务。通过与企业其他产品或服务的比较，突显出企业欲营销的产品或服务的优势，从而打动顾客。

2. 对比营销的实施要点

1) 选择好比较的对象

如前所述，本教材认为对比营销中的比较对象有两个基本的选择方向：一是竞争对手的产品或服务；二是企业自己的产品或服务。

当与竞争对手的产品或服务进行比较时，需要明确两个层次的比较对象：一是哪个竞争对手，二是竞争对手的哪个产品或服务。通常的做法是：选择比自己更强大的竞争对手，这种对比营销的思路体现了比附营销的思维。选择比自己强大的竞争对手作为比较对象往往存在着明显的好处：首先，塑造了自己的挑战者角色；其次，利用竞争对手强大的市场影响力，提升了自己的市场知名度；最后，当比较者之间实力差距较大时，挑战者的挑战往往会被挑战者忽视，甚至是嗤之以鼻，因而也不太可能招致被挑战者的反击。当然，这种对比思路也可能会招致对手的反击。

选择竞争对手的哪个产品或服务主要取决于两个影响因素：一是产品或服务的目标市场。通常的做法是选择与企业产品或服务的目标市场相一致的竞争对手的产品或服务。二是产品或服务本身，即大致同档次、同配套或同价位的产品或服务。之所以如此选择，其重要原因在于既然是比较，应当有共同的基础。不同层次间的比较其结果是无法令人信服的。

当选择与企业自己的产品或服务比较时，通常选择的产品或服务往往是同一系列的不同型号。

2) 选择好比较的属性

比较营销的真谛不在于与谁比较，而在于"裸比较"，即纯产品或服务本身的比较。产品或服务本身的比较往往需要归结为产品或服务属性间的比较。作为一种营销策略，企业不能奢望全面比较。这样既无必要，也不现实。无必要，是指一次营销传播顾客无法记住太多，说得多就等于没说。不现实，是指企业自身的产品或服务不可能在所有属性上全面超越竞争对手或自己之前的产品或服务。因此，在哪(几)个属性上进行比较就需要企业进行选择。

选择比较的属性主要取决于两个方面的影响：一是顾客的需求，即选择的属性须能对应顾客的需求,为顾客所看重。二是产品本身的优势所在。企业需要将两个方面结合起来进行选择。

3) 做好传播策划

比较营销不是为了比较而比较,而是为了营销而比较,营销需要传播。因此,对比营销重要的一个环节是对比较进行传播策划。策划至少涉及以下几个环节:一是比较过程或环节的展现策划,即如何将比较过程以令人信服且有冲击力的形式展现出来。二是传播内容的文案策划,即如何给传播受众讲一个"好故事"。三是传播媒介的选择。在网络营销中有许多网络传播工具可供企业选择,对企业来讲需要进行媒体整合策划。社会化网络媒体是一个重要的选择方向。四是传播载体的选择,即用什么样的媒体形式,图片、视频、文字或者它们的组合。这取决于主题、故事形式,以及传播媒介的特征。

4) 注意法律约束

与竞争对手的比较营销往往涉及法律、法规的限制。例如,《中华人民共和国广告法》第十三条规定:"广告不得贬低其他生产经营者的商品或者服务。"[5]《广告审查标准》第三十二条规定:"广告中的比较性内容,不得涉及具体的产品或服务,或采用其他直接的比较方式。对一般性同类产品或服务进行间接比较的广告,必须有科学的依据和证明。"[6]《中华人民共和国反不正当竞争法》第十三条规定:"经营者不得捏造、散布虚伪事实,损害竞争对手的商业信誉、商品声誉。"[7]

即使对比是公平的,但是仍然摆脱不了贬低别人抬高自己之嫌,这个过程中往往会涉及对比较对象的侵权问题。著名品牌在运用对比营销取得成功后纷纷推动政府制定法律、法规禁止对比营销,以保护其昂贵的品牌资产。在这种情况下,进行对比营销,不能简单地拿自己的产品或服务直接与著名品牌做对比,需要针对不同的产品、不同的竞争对手制定不同的对比方法,需要明确法律、法规限制和行业惯例。

11.2.3 交叉销售

1. 交叉销售的概念与效果

1) 交叉销售的概念

交叉销售(Cross-Selling),是借助顾客关系管理(CRM),以发现现有顾客的多种需求,并为满足其需求而销售多种产品或服务的一种新兴营销方式。[8]从企业角度来看,之所以进行交叉销售是因为产品或服务间存在着关联关系,即一种产品或服务的畅销往往会提升其他产品或服务的销售业绩;从顾客的角度来看,之所以进行交叉销售是因为顾客对多种产品或服务存在着共同的需求基础。

2) 交叉销售的效果

所谓产品或服务的交叉销售效果,是指一种产品或服务的销售在多大程度上促进了其他产品或服务的销售。理论上讲,交叉销售的效果可以从空间和时间两个维度进行分类。

从空间上讲,交叉销售效果可以分直接收益能力和间接收益能力两种结果。直接收益是指产品或服务本身的销售所带来的收益;间接收益则是指该产品或服务通过交叉销售而获得的间接收益。[9]

从时间上讲,产品或服务的交叉销售效果表现为即时效果和延时效果。所谓的即时效果，是指顾客当前一次购买行为所带来的收益；而延时效果则表现为多次购买所带来的收益。[10]

简单地讲，交叉销售的效果可以表述为当期顾客会购买哪些产品或服务(即时的直接收益)？除了这些产品或服务外，顾客现在还会购买哪些产品或服务(即时的间接收益)？未来顾客还会购买哪些产品或服务(延时的间接收益)？如图11.1所示。

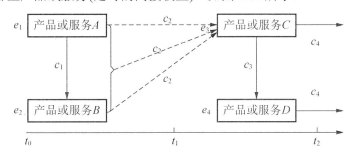

图 11.1　交叉销售效果概念图

从图11.1来看，在当期(t_0)，产品或服务A的销售效果(e_1)是即时的直接收益；A与B存在交叉销售机会(c_1)，因而会带动B的销售(e_2)是即时的间接收益；A或B或A和B的组合与C存在交叉销售机会(c_2)，由此会在未来(t_1)带来C的销售(e_3)是延时的间接收益；C与D存在交叉销售机会(c_3)，由此带来D的销售也是延时的间接收益；而C或D又可能会在未来(t_2)带来其他产品或服务的销售。

图11.1是交叉销售效果的概念图，它可以帮助网络营销人员梳理企业交叉销售的机会，尤其是对延时效果。因为对于一些购买历程较长的购买行为往往不会在一期发生完毕，因此需要特别关注延时效果。例如，当一个顾客准备装修新房时，他为装修新房而发生的购买行为就会持续一个较长的历程，在这个历程中可以划分为好几个阶段，每个阶段都存在着交叉销售的机会，而前后阶段又存在着延时交叉的机会。

在实践中，交叉销售给企业带来的效果并不仅仅表现为销售环节，还可能表现为顾客维持和挽留方面。例如，一些针对银行业的交叉销售效果的研究表明，如果顾客在银行中只有一个支票账户，银行留住顾客的概率是1%；如果顾客在银行只有一个存款账户，留住顾客的概率是0.5%；如果顾客同时拥有这两个账户，留住顾客的概率会提高到10%；如果顾客享受到银行3种服务，概率将会增大到18%；一旦顾客享受到4种及以上服务时，概率将会达到100%。[11]因此，交叉销售不仅能提高企业客单价和销售金额，同时还对维系顾客发挥着重要作用。

2．产品间的关联类型

交叉销售是借助于产品间的关联关系进行搭配销售的。因此，在进行交叉销售之前，要寻找产品间关联的依据，即根据什么(属性？价格？类型？等等)将产品关联在一起。产品间的关联类型主要包括以下四种：互补型关联、同类型关联、价格型关联和数据型关联。

1) 互补型关联

互补型关联是指配套销售的产品是互补品。互补品有两种基本类型：一是天然互补型；二是后天互补型。

(1) 天然互补型。天然互补型是指两个产品必须搭配才能正常发挥功能,如男士剃须刀与刀架、打印机与打印纸等,以及一些主产品与其配件的关联。

(2) 后天互补型。后天互补型是指两个产品无须搭配也能正常使用,但搭配使用效果可能更好。例如,服装搭配销售。几乎每件服装都可以单独销售,但服装之间毕竟也存在搭配学问,且并不是每个顾客都具备服装搭配的知识。因此,网络营销过程中,企业网络营销人员可以以自己的专业知识为顾客推荐产品间的搭配组合,不但可以给顾客提供专业级的销售咨询服务,赢得顾客信任,还可以提升客单价。

2) 同类型关联

与互补型关联不同,同类型关联是将几款同类型的产品关联在一起向顾客展示,激发顾客同时选择和购买。同类型关联是利用顾客常常会同时购买几件类似产品进行替换的使用情景。最为典型的情景就是服装,如顾客在夏天往往会同时购买几件同款式不同颜色的T恤以备替换。

3) 价格型关联

价格型关联常常是高低价关联。除了提高客单价外,价格型关联策略的另外一个重要目的是促进顾客转化。因为常常高低价关联之后的整套价格甚至低于高价产品的原价格,相当于打折销售,由此让顾客感觉到占了便宜。

4) 数据型关联

此处所谓的数据型关联主要是指关联产品可能既不是互补品,也不是同类型。从表面看,关联产品看似无关,之所以将两个产品关联起来销售的根本原因在于顾客常常同时购买两个产品。简言之,数据型关联主要基于对以往顾客购物篮进行分析,挖掘出顾客购买行为中的产品关联性,由此设计交叉销售策略。最为典型的案例就是沃尔玛的"啤酒+尿布"的交叉销售。

综上所述,可以发现互补型关联、同类型关联、价格型关联主要是基于产品分析的关联,即通过分析产品属性间的共同点而进行的交叉销售。因此,基于产品分析的交叉销售更多地倾向于"推式"销售。而数据型关联主要是基于顾客分析而进行的交叉销售。因此,基于顾客分析的交叉销售更倾向于"拉式"销售。

在网络营销中,交叉销售的具体表现就是个性化关联推荐。这种个性化关联推荐常常基于顾客之前的浏览和购买记录而进行推荐(图11.2)。

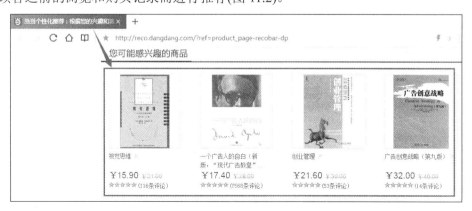

图11.2 当当网的个性化关联推荐

3. 交叉销售的基本条件

通过上述对关联销售类型的介绍，可以发现企业在网络营销实践中要实施关联销售，尤其是基于顾客分析的数据型交叉销售时，需要具备三个基本条件：能够有效识别顾客、具备顾客数据库和拥有数据分析能力。

1) 能够有效识别顾客

在网络营销实践中，主要是通过顾客注册来完成顾客识别，即当顾客在企业网络营销平台完成了注册后，其之后需要在登录情况下，完成在企业网络营销平台的使用工作，这就为顾客识别提供了最为有效的标识符，即顾客 ID。通常情况下，当顾客完成了注册之后，都拥有唯一一个能标识其身份的顾客 ID。除了利用顾客 ID 来识别顾客外，在网络营销中，还可以借助顾客的其他特征组合来识别顾客。

2) 具备顾客数据库

企业网络营销平台中的顾客数据库主要由两类数据构成：一是顾客在网络营销平台中的网络浏览行为数据，即点击流数据(Clickstream Data)，点击流数据不但包括顾客点击网页的"点"(Page)数据，而且还包括顾客浏览网站先后次序的"线"(Session)数据，这些数据通常会被企业网络服务器记录在 WEB 日志中。二是顾客在网络营销平台中的运营数据(Outcomes Data)，主要指顾客在网站中应用服务或者购买产品时记录下来的数据。

 网络营销视野

顾客数据的"点"数据与"线"数据

点(Page)的信息：URL、点击时间(Hit Time)、页面停留时间(Time on Page)、位于 Session 的第几步(Step)，等等。

线(Session)的信息：唯一标识符(Sessionid)、访问来源(Referrers)、进入页面(Entrance)、离开页面(Exit)、开始时间(Begin Time)、结束时间(End Time)、访问时长(Time on Site)、访问页面数(Depth of Visit)、访问顾客(Cookie)，等等。

资料来源：百度百科. 点击流数据[EB/OL]. http://baike.baidu.com/link?url=WUZuBKpHmGszSxwvkgPYcAIDtFLXUrCUY622wljyB013hap2HzWj3PgYqI6NC6RQTxO97YiEgBcVcq0UoQkchq [2015-8-22].

3) 拥有数据分析能力

数据分析能力主要体现在企业是否拥有掌握了数据分析方法的数据分析师。相对于传统营销来讲，网络营销的最大优点在于企业在开展网络营销的过程中，可以积累到大量关于顾客行为的详细数据，而通过对这些数据的分析和挖掘，企业可以实施精准营销、个性化营销。这是企业网络营销提升转化率、客单价和重购率的基本前提。因此，具备数据分析知识与能力是未来网络营销人员需要具备的基本能力与素质。

4. 交叉销售分析的基本方法

1) 交叉销售分析的变量

在进行交叉销售分析之前，企业需要具备一些基本的可以反映顾客交叉销售能力的研究变量。通常这些变量分两类：一是顾客的人口统计特征变量，主要包括年龄、性别、职业、收入,以及教育程度等数据。人口统计数据能直观地反映顾客的交叉销售机会,也可以预测顾客交叉销售机会。但是,有些人口统计数据涉及顾客的个人隐私,有些顾客会因为保护隐私而不愿意提供,或者提供虚假的数据,从而给分析带来困难。二是顾客的购买行为数据,主要包括购买产品目录、购买量、购买频率、购买顺序等数据。借助于网络工具的优势,这些数据较人口统计数据更容易获取且更为真实。基于顾客购买行为,分析交叉销售机会的效果更好。例如,如果知道了顾客的购买顺序数据,就可以根据顾客当前的购买行为,预测其未来可能的购买意愿,从而可以向顾客进行产品或服务的推荐。

2) 交叉销售分析方法

在拥有了数据基础之后,就可以借助相关的分析方法对顾客数据进行数据挖掘分析,找到交叉销售机会。主要有三种方法:相关分析、聚类分析和预测模型。[12]

(1) 相关分析。相关分析可以被用来确定属性之间的相关关系,因而可以回答"哪些产品经常一起购买?"的问题。相关分析可以得出规律,指出顾客购买某种产品或服务组合的可能性。相关分析的结果可以用在交叉销售的两个方面:一是发现购买频率较高的产品或服务组合,然后找到购买了这些组合中某些产品或服务的顾客,向他们推销"遗漏的"产品或服务。二是对每个顾客找出比较适用的相关规律,向他们推销对应的产品或服务组合。

(2) 聚类分析。聚类分析可以回答"哪些产品经常被同类型的顾客购买?"的问题。简单地讲,聚类分析就是按照"物以类聚,人以群分"的思想,基于顾客属性的相似性,对顾客进行分组,确定属于某一类的顾客经常购买的产品或服务,并向没有购买此类产品的顾客推销这些产品或服务。

(3) 预测模型。预测模型主要回答"购买与不购买某类产品或服务的顾客之间有何区别?""某类顾客购买某种产品或服务的可能性有多高?"的问题。有三种方法可以计算是否购买的可能性:决策树、回归和神经网络。

① 决策树。根据顾客的各个属性,划分出不同的比例部分,使得各部分能够以比较简单的规律进行解释。

② 回归方法。首先假定顾客的购买可能性能够通过其属性加权计算出来。回归算法使得顾客的属性被有效地加权,以反映顾客真实的购买可能性。

③ 神经网络。也像回归那样计算某些变量的加权获得顾客的购买可能性,然而这些变量并不是实际的顾客属性,而是一些线性组合并经过非线性变换得到的。这些变换使得神经网络成为一个强大的模型,比起一些简单的线性回归能提供更精确的预测。

 网络营销视野

当当网的交叉销售

受制于自身业务基础(以图书起家),近几年来客单价一直是当当网运营的最大短板。数据显示,当当网的客单价只有京东的1/5~1/4,大约不到100元;相反,京东的客单价在500元左右。除了不断拓展产品线外,为了提升客单价,交叉销售推荐已经成为当当网提升客单价的重要策略。

当当网的交叉销售大致分四种:一是基于顾客自身数据的交叉销售推荐;二是基于其他顾客数据的交叉销售推荐;三是基于产品属性的关联推荐;四是其他热卖推荐。

基于顾客自身数据的交叉销售推荐。在当当网上,顾客自身的数据主要有两种形式:一是本次购买的浏览记录数据；二是顾客以往浏览商品的记录。具体表现形式分别是"根据您的浏览历史为您推荐"和"您的浏览历史"。

基于其他顾客数据的交叉销售推荐。在当当网上，其他顾客的数据主要有两种形式：一是以往的浏览记录数据；二是以往的购买记录数据。以往的浏览记录数据的具体表现形式是"看过本商品的还看了"。以往的购买记录数据有三种具体表现形式："买过本商品的还买了""购买本书的顾客还关注了"和"最佳拍档"。

基于产品属性的关联推荐。在当当网上，基于产品属性的交叉销售推荐主要有两种形式：一是"同类图书排行榜"；二是换购。换购是指顾客在购买了主商品(顾客准备购买的商品)后，再加上指定金额，即可再购买一件其他商品。换购的商品与主商品一般属于同类型商品。

其他无关热卖推荐。在当当网上，其他热卖推荐一般情况下是与主商品无关的其他品类。具体的表现形式通常是"热卖商品"。

资料来源：作者根据当当网网页整理.

11.2.4 提高客单价的促销手段

在实际的网络营销中，还存在一些促销手段也可以用于提高客单价。

1. "满就××"策略

"满就××"策略通常是指当顾客的客单价达到一定额度后，企业就会给予适当的奖励，具体奖励什么则涉及进一步的营销意图或目标。换言之，"满就××"策略中的"满"意在提高客单价，一般金额要略高于企业当时的客单价，这样既能提升客单价，也不至于对顾客构成压力；而"就××"则取决于企业另外的或进一步的营销意图或目标。

通常的"满就××"策略包括满就送购物券、满就送产品、满就返现等。其中，满就送购物券除了提高客单价，还有吸引顾客回头的营销意图；而满就送新产品则可能意在推广新产品，满就送现有产品则可能意在消化库存等。满就返现则主要意在鼓励顾客下单，促进转化。

2. "买 M 就送 N" 策略

"买 M 就送 N"策略是指如果顾客购买 M 单位的某产品后则企业会赠送 N 单位的同类型产品(一般情况下 $M>N$)。这种方式的最大特点就是买与赠的产品是同质的。例如，图 11.3 中的"买 1 送 1"。各种不同类型的买多赠少的折扣率见表 11-1。

从表 11-1 可以看出：

(1) 所有的折扣比率介于 5 折到 9 折之间；
(2) 当 $M > 2N$ 时，所对应的折扣率多维持在 7 折左右；
(3) 对于顾客来讲，获利折扣的前提是必须购买到一定数量，从而推动顾客多买。

表 11-1 不同类型"买多送少"策略对应的折扣率

送\买	1	2	3	4	5	6	7	8	9	10
1	50.00%									
2	66.67%	50.00%								
3	75.00%	60.00%	50.00%							

续表

送\买	1	2	3	4	5	6	7	8	9	10
4	80.00%	66.67%	57.14%	50.00%						
5	83.33%	71.43%	62.50%	55.56%	50.00%					
6	85.71%	75.00%	66.67%	60.00%	54.55%	50.00%				
7	87.50%	77.78%	70.00%	63.64%	58.33%	53.85%	50.00%			
8	88.89%	80.00%	72.73%	66.67%	61.54%	57.14%	53.33%	50.00%		
9	90.00%	81.82%	75.00%	69.23%	64.29%	60.00%	56.25%	52.94%	50.00%	
10	90.91%	83.33%	76.92%	71.43%	66.67%	62.50%	58.82%	55.56%	52.63%	50.00%

进一步可以推算出，企业通过买多送少策略促进客单价提升时，在什么情况下可以实现多赢利。

假设：n 为产品变动成本占产品原价格的比例；μ 为折扣比率；Q_1 为折扣前的销量；Q_2 为折扣后的销量。

故

$$\frac{1-n}{\mu-n}=\frac{Q_2}{Q_1} \quad (显然，\mu>n)$$

例如，当 $n=0.5$，$\mu=0.7$ 时，$Q_2/Q_1=2.5$，即折扣策略实施后的销量达到实施前的2.5倍以上，即可扩大盈利规模。

3. 买就包邮策略

在网络营销中，包邮常常作为一种促销策略来使用。"买"是指客单价，即顾客需要购买多少额度。对于企业来讲，物流成本常常是许多企业网络营销成本中重要的一个环节。只有提高客单价，才能有效地降低物流成本(包邮)的比例。

4. 套餐优惠策略

套餐优惠策略是企业实施互补型交叉销售的具体表现。例如，一个套餐组合包括A、B、C三个产品，对应的价格分别是 P_1、P_2 和 P_3，套餐价是 P_4，而 $P_4<(P_1+P_2+P_3)$，$P_4/(P_1+P_2+P_3)$ 就是套餐的优惠比率。至于优惠比率是多大，则取决于企业设定的促销力度。而优惠程度的表现形式通常有两种：一是绝对值，即优惠前后的价差；二是相对比率，即优惠前后的比率。在企业网络营销实践中使用哪种形式，主要取决于哪种形式能给顾客带来更大的感观冲击。

5. 第二半价策略

第二半价是指在顾客购买了第一单位的基础上，给予顾客购买第二单位半价优惠的一种促销策略。肯德基、麦当劳经常会有某些饮料或者冰淇淋以"第二杯半价"为卖点。第二半价其实只给了顾客七五折[(1+0.5)/2=0.75]的优惠，但却能"以第二杯五折"给顾客以更优惠的感观冲击。一般而言，采取第二半价这种捆绑销售方式的商品以快餐食品和小商品为主，成本都不高，只要销量可以上升，商家就能有更多地盈利(图11.3)。

6. 换购策略

换购策略是指当顾客购买了某个主产品或服务后,如果再加上指定额度,即可再购买另外一件产品或服务的促销策略(图 11.3)。

图 11.3　肯德基的客单价提升策略

图片来源:肯德基官网.https://www.4008823823.com.cn/kfcios/Html/index.html[2015-8-21].

11.3　提升重购率的策略

对于企业来讲,不仅希望顾客在当期购买企业更多的产品或服务,而且也希望顾客能在未来不断地光顾企业网络营销平台,持续购买产品或服务。这就要求企业在开展网络营销过程中,特别关注提高顾客的重购率(回头率)。研究表明,向老顾客推销产品的成功率(50%)远高于向新顾客推销产品的成功率(5%)。[1]当原有顾客维系 5 年之后,顾客购买量会出现迅速增加的势头,由过去 10%的顾客购买一件产品或服务,转变为高达 80%的顾客会购买 3 件以上产品或服务。[10]通常情况下,企业的新老顾客维持在 7∶3 属于正常范围。因此,提升顾客重购率对于提高企业网络营销效果和企业长远发展具有重要意义。基本营销策略有两个方面:一是基于顾客生命周期进行针对性营销;二是对顾客进行分类,开展精准营销。

11.3.1 基于顾客生命周期的重购率提升策略

1. 顾客生命周期阶段的划分

提升重购率的最重要策略就是基于顾客生命周期，进行顾客关系管理(Customer Relationship Management，CRM)，制定针对性的营销策略。顾客生命周期是指从企业与顾客建立业务关系到关系终止的完整的关系周期。通常需要将这个周期划分为几个不同的阶段，然后基于不同阶段的特征进行针对性管理。通常有两种划分方法：一是从顾客发展过程的角度将顾客生命周期划分为吸引、获得、管理、保留四个阶段。二是从顾客关系提升的角度将顾客生命周期划分为五个阶段：顾客获取阶段、顾客提升阶段、顾客成熟阶段、顾客衰退阶段和顾客流失阶段。从逻辑上讲，这两种划分方法关注于顾客关系管理的不同阶段，存在着前后逻辑关系。前一个视角注重顾客关系的"从无到有"，后一个视角关注顾客关系的"从有到优"。根据本书的内容体系，这里主要关注顾客关系的"从有到优"阶段。所谓的"优"不仅是指顾客与企业关系维持时间的长短，更重要的是提升顾客与企业关系的"质"——交易的频繁程度。

基于研究视角的不同，顾客生命周期阶段有不同的划分依据。这里讨论的重点是如何提升顾客的重购率，因此主要是基于顾客第1次重购(即第2次购买)的时间间隔的长短，按"3331"原则将顾客生命周期划分四个阶段：活跃阶段、沉默阶段、睡眠阶段和流失阶段，并计算各个阶段的重购间隔天数。"3"是指30%，即活跃、沉默和睡眠三个阶段的顾客数量各占30%，"1"是指流失期的顾客比例为10%。

2. 顾客生命周期各阶段的重购率提升策略

1) 活跃期

由于处在活跃期的顾客刚刚完成重购，其对企业的产品或服务需求处于满足状态。因此，基本营销策略是保证接触频次，但这种接触不是刺激购买，而是以关系维护为主。具体的营销策略包括以下内容。

(1) 提醒策略。提醒策略包括购后提醒(即顾客下单后进行下单确认提醒)、物流提醒(即实时向顾客报告或提醒产品的物流进度)、收货确认提醒(即当顾客收到产品后的一定时间内提醒顾客确认收货)和评价提醒(提醒顾客对于企业的产品或服务给予评价，并适当给予奖励)。

(2) 回访策略。在顾客确认收货后的一定时间内，对顾客进行回访，了解顾客对产品的满意度，既可以起到维持顾客关系的作用，同时也可以了解顾客的需求和问题。

(3) 人文关怀策略。人文关怀策略主要包括顾客生日问候、节日问候(包括法定节日和职业节日)。

另外，如果处于活跃期的顾客重购间隔的方差较大(例如，有些顾客重购间隔为2天，而有的顾客重购间隔为20天，两者的重购间隔差距较大)，此时企业网络营销人员还需要了解造成这种现象的原因是什么，是顾客的消费习惯所致，还是其他什么原因。这对于改善活跃期顾客的重购率有重要影响。

2) 沉默期

对于处于沉默期的顾客来讲，基本营销策略是保证接触频次，同时进行少量的营销策略。如果以活跃期为标尺，则处于沉默期的顾客的活跃度明显下降。因此，首先要调查、分析和了解顾客处于沉默期的原因是什么，是顾客自身的消费习惯所致，还是企业的接触策略或营销刺激不到位所致。

如果是顾客自身的消费习惯导致其处于沉默期，则企业网络营销人员需要结合产品或服务特性，思考能改善顾客消费习惯的营销策略。如果是企业的接触营销策略所致，则需要保持适当的营销刺激。通常所采用的营销策略包括以下内容。

(1) 代金券\优惠券。代金券\优惠券通常是企业在顾客第一次(或上一次)购买产品或服务时给予顾客的某种奖励，以吸引顾客回头重购。因此，对于企业来讲，首先要科学确定各类代金券\优惠券的使用期限。通常各类优惠券和代金券以不超过沉默期为限。其次，企业需要在代金券\优惠券到期前的一定时间内及时提醒顾客，以刺激顾客重购。

(2) 积分换购策略。购物积分是企业维持顾客关系的重要策略。通常积分策略的使用方法是当用户积分达到一定阶梯数量后，即可兑换企业指定的产品或服务。因此，当顾客积分达到某个阶梯数量后，企业网络营销人员要及时提醒顾客，以达到刺激顾客回头进店消费的目的。

3) 睡眠期

通常情况下，当顾客进入睡眠期后，即意味着顾客已经很长时间没有到店消费。此阶段的基本营销策略是保持少量接触，通过大折扣策略挽回顾客。具体的折扣策略包括：数量折扣、现金折扣、功能折扣、季节折扣、回扣和津贴等。

4) 流失期

当顾客进入流失期后，甚至是睡眠期后，很大程度上意味着这些老顾客与新顾客基本类似了。因此，基本营销策略就是通过大型促销活动重新激活这些顾客。这些大型促销活动包括：换季促销、企业节日促销、第三方网络营销平台的促销活动(如"双 11")、法定节日促销等。

11.3.2 基于顾客分类管理的重购率提升策略

对老顾客的分类管理是制定针对性营销策略，提升重购率的关键。通常对老顾客的分类从两个方面展开：一是基于老顾客属性的分类管理；二是基于消费行为的老顾客分类管理。

1. 基于老顾客属性的分类管理

基于老顾客属性的分类管理主要是基于对老顾客的人口统计特征变量和心理变量的统计分析，将老顾客划分不同类型。

1) 基于老顾客的人口统计特征变量的分类管理

人口统计特征变量主要包括姓名、性别、年龄、职业、受教育背景、身高、体型、所在地区、气候、家庭规模、家庭生命周期、收入、社会阶层等。在具体统计分析时，需要结合产品或服务类型进行取舍。例如，如果产品是服装，除了上述人口统计特征变量外，还可能包含肤色、三围等变量；如果产品是化妆品，则可能还需要考虑皮质(干性、中性和油性)。

2) 基于老顾客心理特征的分类管理

老顾客心理特征主要包括个性、价值观、生活方式、购买动机等。与人口统计特征变量相比，心理特征变量常常不容易衡量，但其优势在于往往能挖掘到顾客的需求本质。

2. 基于 RFM 模型的老顾客分类管理

消费行为变量主要是指能描述和概括顾客消费行为特征的变量，通常包括购买和消费的时机、产品的购买和使用情景或场景、购买频次(周期)、客单价(量)、利益、使用频率、使用者状况(首次使用者、曾经使用者、经常使用者等)、产品或品牌的忠诚度、态度、所处的购买阶段等。最常用的分类模型是 RFM 模型。

RFM 模型是用三个重要变量来描述顾客的消费行为，并基于这三个重要变量对顾客进行分类管理。此三个变量是近度(Recency)、频度(Frequency) 和值度(Monetary)。近度是指顾客最近一次消费到当前的时间间隔，频度是指顾客在一定时间内的消费频率，值度是指顾客在一定时期内消费的总金额。RFM 分析基于如下的假设：最近有过购买行为的顾客再次购买的可能性要高于最近没有购买行为的顾客；购买频率较高的顾客比购买频率较低的顾客更有可能再次购买企业的产品或服务；总购买金额较高的顾客再次购买的可能性较高并且是价值较高的顾客。由于三个变量的单位不相同，因此在实际运用中需要进行标准化处理。

1) 测量近度(R)

首先，计算出顾客最近一次消费到当前的时间间隔；其次，依据时间间隔，按从小到大的顺序排序；最后，对顾客进行分组，通常分为 5 组。分组有两种方式：一是平均分组，每组顾客数量基本相近(每组各占 20%)。[13]二是停止交易的绝对天数，不考虑每级的顾客数量是否近似而进行划分。[14]时间间隔最小的一组顾客的 R 值为 5，依此类推，时间间隔最大的 R 值为 1。

2) 测量频度(F)

首先，计算出特定时间内(如一年)的消费频率。例如，某位顾客从第一次消费到最后一次消费的时间间隔为 2 年，在 2 年内共消费过 4 次，则消费频率为 4/2=2。其次，将消费频率按从高到低的顺序进行排序；最后，进行分组，尽量将频率相近的分为一组，通常也分为 5 组。频率最高一组的顾客 F 值为 5，依此类推，频率最低的一组的顾客 F 值为 1。有时，某些行业的顾客数量较少，可以适当下调频度分组，如采用 2 或 3 级。

3) 测量值度(M)

首先，计算顾客在特定时间内的消费金额(总数或平均数)；其次，依据金额大小，按从大到小的顺序进行排序；最后，进行分组，尽量将金额相近的归为一组，通常也分为 5 组，金额最高一组的顾客 M 值为 5，依此类推，金额最低的一组的顾客 M 值为 1。有时，某些行业的顾客数量较少，可以适当下调频度分组，如采用 2 或 3 级。

4) 计算权重

计算权重是为近度、频度和值度三个变量赋予一定的权重。有时赋予三个变量相同的权重；有时则赋予不同的权重。赋予三个变量什么样的权重则取决于在实际中三个变量对消费者购买意愿的影响程度。当这种影响程度差别较大时，则需要赋予不同的权重。三个变量的权重赋予方法可以借助于层次分析法等其他方法来完成。

5) 计算顾客的 RFM 值并分类

首先，计算每个顾客的 RFM 值=权重$_R$×R 值+权重$_F$×F+权重$_M$×M 值；其次，依据顾客的 RFM 值按从大到小的顺序进行排序；最后，对顾客进行分类，为后续制订营销策略提供决策基础。

本章小结

本章重点探讨了提升顾客客单价和重购率的基本网络营销策略。

首先，必须明确的是影响企业客单价和重购率的因素很多，其中产品、品牌、网络营销平台的优化与美化等都是非常重要的影响因素，但这些影响因素并不是本章讨论的重点。

其次，对于提升顾客客单价来讲，有三个基本营销策略，即向上营销、对比营销和交叉销售。向上营销是指在顾客既有购买行为的基础上，向其推荐更高价值的产品或服务。对比营销是通过对比、比较向顾客推荐更高价值的产品或服务。交叉销售既有直接效益和间接效益，还存在即时效益和延时效益。要实施交叉销售，企业还需具备三个基本条件，即能有效识别顾客、建立顾客数据库和具备数据分析能力。在具体进行交叉销售分析时，常用的分析方法包括相关分析、聚类分析和预测模型。除了以上三种基本营销策略外，一些常用的包括"满就××"、"买 M 就送 N"、"买就包邮"、"套餐优惠"、"第二半价"和换购等促销手段对于提高客单价也有重要作用。

最后，从两个角度探讨了提升顾客重购率的基本策略：一是基于顾客生命周期进行针对性营销；二是基于顾客分类进行精准营销。根据顾客重购间隔的长短，按"3331"原则将顾客生命周期划分为活跃阶段、沉默阶段、睡眠阶段和流失阶段四个阶段。在活跃期，基本营销策略是以维持关系为主，包括提醒策略、回访策略和人文关怀；在沉默期，通常是保证与顾客的接触，兼顾少量营销刺激策略，主要包括代金券/优惠券、积分换购等；在睡眠期，则主要是通过各种折扣策略来挽回顾客；在流失期，则是通过大型促销来重新激活顾客。基于客户的分类进行精准营销，其前提是需要对顾客进行分类管理，分类的基本思路是基于顾客人口统计特征变量、心理变量和行为变量。在行为变量中，RFM 模型是最常用的分类策略。

习 题

一、名词解释

客单价、重购率、向上营销、对比营销、交叉销售、顾客生命周期、RFM 模型、相关分析、聚类分析、决策树

二、案例分析

海底捞：以惊喜赢得顾客

作为一个来自四川简阳的火锅店，海底捞迅速火遍了全国，同时不断地被顾客和媒体熟知、称赞和传播。超出顾客预期的服务水平是使它从火锅大战中异军突起、立稳脚跟和迅速发展的独特杀手铜。超出预期的服务水平几乎贯穿于海底捞的各个环节。在此，作者在网上查阅的顾客留言资料，整理出海底捞在顾客从进店到离开全过程中各个环节的超预期服务(以下摘自网络的顾客留言，尽量不做删减)。

网络营销：创业导向

停车进店。"我去的那家门店比较偏，同去的姑娘正在唠叨不知道从哪儿进呢，就见一戴着海底捞红条幅的哥哥站在马路边儿，看我们停下来就立刻问是不是去海底捞，我们说是，他就给我们指路，说到那儿会有人接待你们。之后从进大厦门口到摁电梯，每隔十几二十米就有一服务员接待……"

等位。"青岛李沧万达那家，几个月前的那天晚上在那等人，之前一天晚上我从外地飞了1500里路到了这个城市。我等了一会儿无聊了于是开始自己下棋，下了一局又一局，人还是没来，期间服务生又是小吃又是酸梅汤地伺候着，就等着我入座下单呢(人不到我自己咋吃=_=)，弄得我都不好意思了……最后人来不了了。走的时候，我很失望，路过接待台，我问Waitress电梯在哪，那个女服务员欢快地告诉了我，我谢过转身离开，听到耳朵后喊："欢迎下次光临，下次再来我陪你下五子棋。"当时耳机里正在响着Elliott的「Wait for you」，那会儿心里那个感觉啊，真是又酸又甜，什么话也不说不出，就差飙泪了。我回头看着海底捞服务生脸上洋溢的笑容，永生难忘。我觉得一个有情怀的企业不成功没有天理。"

点菜。如果客人点的量已经超过了可食用量，服务员会及时提醒客人。此外，服务员还会主动提醒食客，各式食材都可以点半份。

席间服务。顾客甲："老去牡丹园那家，上次跟同学吃饭，别的服务都习惯了，每次都那么热情，这次服务员特地给我拿了个软坐垫。哈，原来是看出来我是个孕妇了……都是细节啊………全靠观察了~"顾客乙："海底捞居然搬了张婴儿床给儿子睡觉，大家注意了，是床！"

补点餐。"牡丹园那家，服务真是好得没话说！很多细节就不赘述了，说说我印象最深的一次。那次和朋友去得特别晚，到了最后已经快夜里12点了，拉面的师傅已经回家了，你们都知道，那面拉起来就像表演一样。我们想那就算了，谁知道服务员说，您能稍等一会儿吗？15~20分钟，师傅就回来。我们当时就惊了，都说算了算了，既然师傅已经回家了那就下次吧。服务员说那先给您把现有的下了吧，我们说行。结果不到20分钟，拉面师傅真回来了！满脸笑容，说半路听说有客人希望拉面，扭头回来的。服务员说，既然师傅回来了，就再送您四份面吧。我们当时是4个人。那顿饭吃的啊，至今难忘，真是很感动。有时候想想，如果中国的服务业都能达到这个程度，贵一点又有什么呢？"

如果上网查找顾客关于海底捞的各种好评留言，你会有一种感觉，几乎你想要什么，海底捞都愿意也可以提供。此时，如此细致的服务既给企业带来了回头客，也必然给企业内部管理带来巨大挑战，因此，请查阅资料，思考：

1. 海底捞是如何让员工有了如此了得的积极性、主动性和观察力？
2. 在管理上，海底捞是如何解决前台各类体贴入微、千差万别的个性化服务与后台流程化和制度化管理的矛盾的？

(注：文中顾客留言全部摘自互联网)

本章参考文献

[1] 亿邦动力网. 不可忽视的老客户价值[EB/OL].亿邦动力网，http://www.ebrun.com/20120531/46959.shtml[2012-5-31].

[2] 于伯然. 如何提高电商流量的转化率[J]. 广告主，2011(10)：44—45.

[3] 百度百科. 对比营销[EB/OL]. http://baike.baidu.com/[2015-8-21].

[4] [美]菲利普·科特勒，[印度尼西亚]何麻温·卡塔加雅，伊万·塞蒂亚万.营销革命3.0：从产品到顾客，再到人文精神[M]. 毕崇毅，译. 北京：机械工业出版社，2011.

[5] 国家工商行政管理总局. 中华人民共和国广告法[EB/OL]. http://www.saic.gov.cn/zcfg/fl/xxb/201504/t20150428_155581.html[2015-4-28].

[6] 找法网. 广告审查标准. http://china.findlaw.cn/info/jingjifa/guanggao/ggsc/sczd/97635_3.html[2010-3-11].

[7] 中国政府门户网站.中华人民共和国反不正当竞争法. http://www.gov.cn/banshi/2005-08/31/content_68766.htm[2005-8-31].

[8] 郭国庆. 营销理论发展史[M]. 北京：中国人民大学出版社，2009.

[9] Bandyopadhyay, S. A dynamic model of cross-category competition: theory, tests and applications[J]. Journal of Retailing, 2009,85(4):468—479.

[10] 程岩. 电子商务中商品交叉销售效果分析及其在促销决策中的应用研究[J]. 管理评论，2012(10)：59—66.

[11] 刘朝华，蔡淑琴. 分析客户交叉销售能力的方法[J]. 商场现代化，2007(8):190.

[12] 吕彦儒，吕巍，周颖. 以升级销售与交叉销售提升客户价值[J]. 市场营销导刊，2007(1)：29—32.

[13] Hughes M A. Boosting response with RFM[J]. American Demographics, 1996(5): 4—9 .

[14] Stone B. Successful Direct Marketing Methods[M].Lincolnwood : NTC Business Books, 1994.

第 6 篇

管 理 篇

政治路线确定以后,干部就是决定的因素。

——毛泽东

第 12 章 创业管理团队的构建与管理

第12章 创业管理团队的构建与管理

学习目标

◆ **知识目标**

- 试举例说明五种创新类型;
- 以所了解的现实创业团队案例,说明该创业团队成员所承担的团队角色;
- 陈述目标管理的理论内涵。

◆ **能力目标**

- 能根据一份创业事业,规划该创业团队的角色结构、技能结构,并策划出招聘所对应的团队成员的招聘简章;
- 以目标管理理论为指导,为创业团队的某次任务进行目标管理,包括团队目标与成员目标确定、目标执行和目标考核。

导入案例

作为一个创业项目。在完成了创业规划和策略制订后，亟待解决的重要问题就是寻找合适的人，构建创业团队。对于电邦项目来讲，其创业团队的基本情况如下。

首先，从项目计划书上披露的内容来看，主要介绍了创业团队成员的姓名、岗位、学校与专业、工作背景和工作优势。从中可以看出，现有的创业团队共 10 人，都是在校大学生。从年龄上讲，团队成员年龄介于 20～22 岁之间，其中大一 1 人，大二 2 人，大三 7 人；从性别上讲，3 男 7 女；从专业背景上讲，6 人为电子商务专业，4 人为国际经济与贸易专业；从经历与经验上讲，8 人曾担任班级领导职务或参与学生社团工作经历，6 人有在淘宝或天猫开店的经历；从岗位分配上讲，1 人担任总经理，2 人任职于技术部(有网站开发和维持技术背景)，1 人任职于创作部，1 人任职于财务部，1 人任职于市场部，2 人任职于项目运营部，2 人任职于客服部兼仓储物流部。

其次，从项目计划书披露的内容来看，电邦项目还通过校园招聘、内部招聘、外部招聘三种渠道补充新成员，并设置了管理职系(经理、部长)、专业职系(技术专员、营销专员、美工专员、策划专员、推广专员等)、基础职系(仓储物流专员、售前售后专员)，兼职职系(校内学生)四级薪酬激励体系。

最后，在项目计划书中关于团队的介绍部分，电邦如此介绍他们的团队："我们是一群富有激情和梦想的年轻人，有着相同的理念和梦想，因此聚集在一起为了电邦更好的未来而拼搏奋斗。"

结合本章内容，请分析电邦创业团队构建方面的优势与劣势，以及团队管理方面的优点与不足，并给出具体的改进建议。

点评

好团队是好事业的根本

对于任何事业来讲，最终能否成功的根本是人，是团队。"政治路线确定以后，干部就是决定的因素"，这是毛主席对干事业的最精辟的论述。今天，很多互联网大佬和投资人在分享他们的创业经和投资经时，都会无一例外地把团队视为创业成功的根本。好团队不仅要重视技能、经验、专业等显性因素的结构合理，更要重视团队气质结构的合理，要找具有共同价值观，富有创业精神的人。团队成员既要有脚踏实地、注重实效的现实主义精神，也要有"仰望星空"的理想主义情怀。前者关乎创业的执行力和成败，后者能让团队成员超越短期观点分歧，甚至利益纠纷。

"这是一个最好的时代，也是一个最坏的时代。"今天互联网的迅猛发展为创新创业提供了难得机遇，也催生出千千万万的大学生投身到创业大潮。"大众创业，万众创新"已经成为这个时代的重要特征。与大多数营销学教材不同，本章不去关注一般的营销管理问题，如计划、组织、执行、评价和控制问题，而是将内容聚焦到创业团队的构建与管理。因为所有创新创业理想最终都需要人，而且是一群人——团队——去践行。

12.1 创业团队的基本问题

12.1.1 创业、创新与创业团队

1. 创业

《辞海》将创业界定为"开创基业"。"创业是一个发现和捕获机会并由此创造出新颖的产品、服务或实现其潜在价值的过程"[1]。国内有学者将创业理解为"不拘泥于当前的资源约束,寻求机会进行价值创造的行为过程"[2]。

【相关案例】

在创业过程中,首先要有发现机会的眼光和洞察力。纵观古今中外成功的创业史,不难发现创业者都是基于为了解决自己或身边人在生活或工作过程中遇到的"问题"或困扰而开始创业。例如,打车难是我们常常遇到的生活问题,也常常深受打不到车之困扰。在平常人看来,打车难是因为城市出租车太少造成的,但对于开出租车的司机来讲,又常常找不到需要打车的人,而满城空跑。而对于 Uber、滴滴打车、快的打车的创业者看来,这种问题和困扰不是简单的出租车太少或者是打车的人太少造成的,而是出租车市场的供求错位,即在某个时间点上,打车的人和出租车司机找不到彼此。因此,看到打车难是发现机会的眼光,而看到出租车市场的供求错位则需要洞察力。

其次,创业还需要捕获机会的能力。捕获机会的能力主要体现在两个方面:一是创造出的新产品或服务,这是捕获机会的根本。产品或服务要对应所发现的机会,即能真正解决所发现的市场问题或困扰。二是资源整合能力。对于创业者来讲,几乎不可能具备创业所需的一切资源。创业需要面对资源难题,设法突破资源束缚。因此,需要创业者具备很强的资源整合能力,这不仅关系到能否创造出新的产品或服务,还关系到能否高效地将所创造出的新产品或服务提供给所需之人。

再次,创业者需要冒险精神。创业即意味着风险。与风险规避型的常人相比,创业者应该是风险偏好型的人,他们常常不惧风险,勇于承担风险。因为创业本来就是在做一件前无古人的事。风险是创业的应有之义,创业风险意味着创业者能坚忍不拔地去努力。高回报则是创业者的最好回报。

最后,创业需要创造价值。人类的一切有意义的活动都是在创造价值。与一般的劳动创造价值相比,创业的价值创造就其本质来讲应该是革新性、创新性的价值创造。

2. 创新

创新往往与创业并行。如前所述,创业是创立新事业,"新"即意味着创新。创新的概念最早是由著名经济学家约瑟夫·熊比特提出来的。熊比特认为,创新就是运用发明与发现的方法促进经济发展。其创新理论的最大特色就是强调生产技术的革新和生产方法的变革是推动经济社会发展的根本力量,也是导致社会经济周期性变化的重要原因。熊比特的创新理论影响了后世经济学研究的发展,也影响了人们对社会经济发展动力的认识。今天,世界各国都将创新视为国家和社会发展的根本

动力正是受到熊比特对创新的开创性研究的影响。

在熊比特之后，大量的学者关注创新研究，产生了大量的研究成果，使得人们对创新的认识也在不断深化，创新对人们认识微观和宏观的经济行为的影响也在不断扩大或深化。

熊比特指出有以下五种创新情况。[3]

(1) 产品创新：采用一种新产品或为某产品发现一种新特性。

(2) 技术创新：采用新的生产方法、工艺方法，以及在市场上为现有产品发现新的用途等。

(3) 市场创新：开辟一个新市场。

(4) 资源配置创新：获得原材料或半制成品的一种新的供应来源，不论是这种供应来源业已存在而过去没有注意到或者认为无法进入，还是需要创造出来。

(5) 组织与制度创新：实现任何一种工业的新组织，即找到新的工商业的组织方式。

从创业的角度来看，在工商业活动所有环节出现的创新行为都可能导致创业的产生。在今天互联网创业环境中，技术尤其是网络技术的发展不仅仅会导致产品和技术的创新创业活动，而且会导致市场、资源配置或组织与制度的创新创业等。麦肯锡的一则调查发现，中国的创新能力并不像通常人们所想象的那样落后，在某些领域——聚焦顾客和效率驱动——已经达到了引领全球的水平，但在基于工程的创新和基于科学的创新方面则需要付出很多努力。[4]从中可以看出，中国企业更擅长市场创新、资源配置方式创新和组织创新。

3. 创业团队

"团队就是由两个或两个以上的，相互作用、相互依赖的个体，为了特定目标而按照一定规则结合在一起的组织。"[5]简单地讲，团队就是指一群人有组织地在一起工作。[6]基于研究视角的不同，对于创业团队的定义，学者之间存在一些分歧，但分歧中仍有共性：一是创业团队不同于成熟企业的高管团队。二是创业团队应该针对新创企业或者企业的新创阶段。[7]三是创业团队应该有共同的愿景和目标，愿意共担风险。四是创业团队成员应该与创业企业有直接的利益关系，这些利益既可能是财务上的，也可能是管理权限上的，或者是两者皆有的。五是既然是团队，则其成员数量应该是两个及两个以上。

基于以上分析，本书将创业团队界定为，创业团队是由两个及两个以上有共同愿景与目标，愿意共担创业风险且与新创企业有直接财务或其他重大利益关系的人构成的团队。

通常情况下，作为一个创业团队，需具备以下4个要素。

1) 目标

目标既是创业团队前行的"启明星"，也是创业团队团结的"黏合剂"。在规划创业目标时需要注意以下三点：一是长短目标相结合。既要有长远目标，也要有短期目标，短期目标是长远目标在时间维度上分解到当前的子目标，没有短期目标的达成，就谈不上长期目标的实现。短期目标既为了当下生存，更为了企业的长远发

【知识拓展】

展而积累资源和能力。二是虚实目标相结合。所谓"实目标",主要是财务、经济和效率等具体的目标。作为创业者,经济回报是必须考虑的重要事情。经济上的回报是创业团队自身价值的一个重要衡量指标,但如果创业成员过多地关心个人经济目标,而忽视团队或新事业本身的目标,则团队的凝聚力和战斗力往往会被打折,甚至会危及大家的共同事业。而"虚目标"是非财务或非经济目标,它应该是指创业愿景,这种愿景体现了创业团队,尤其是核心成员对未来"企业应该成为一个什么样的企业"的立场和信仰。这种信仰对于创业团队的凝聚力和创业企业的发展至关重要。因为对于创业团队来讲,创业是具有巨大风险的,创业之途也必定不会一帆风顺,需要精神力量去凝聚成员的意志,去克服创业过程中的困难。三是团队目标和个人目标相结合。不论是"实目标",还是"虚目标",都应该首先是新事业(团队)的目标,其次才是创业成员的个人目标。

2) 角色

创业团队成员的角色是指与成员在创业团队中的地位、身份相一致的一整套权利、义务的规范与行为模式。它体现了团队成员在团队中的定位,也体现了团队整体对身处团队特定地位的成员的某种行为期望,这种期望往往伴随着相应的责权利的配置。

3) 成员

一份新事业需要人去创造和完成。找到志同道合的创业成员是创业成功的首要前提。创业团队成员包括最初的发起人、召集人和主要参与者,也包括在创业阶段后加入的其他核心成员。共同的愿景、互补的经历与技能往往是创业团队的重要特征。

4) 计划

计划既包括了创业团队对未来要努力的新事业的规划,也包括为这种规划落实到每个时期、每个成员身上的具体计划,它需要创业团队共同努力去完成。

12.1.2 创业精神

1. 创业精神的内涵

创业精神是创业者在创业过程中所表现出来的开创性的思想、观念、个性、意志、作风和品质等重要思想和行为特征的高度凝练,其所反映在创业者身上的具体体现就是勇于创新、敢于冒险、团结合作、坚持不懈等优秀品质。[2]

1) 创新是创业精神的灵魂

对于创业者来讲,不论是要在已有竞争对手生存的领域打开新局面,还是发现一片"处女地",都需要具备强烈的创新精神。如前所述,这种创新精神不仅仅是发明一种新技术,更重要的是意识到新技术的市场化机会;同时,创新精神还体现在发现新市场,找到新的商业组织方式,尤其是在互联网背景下创业,利用技术改变原有商业运作模式,已经成为重要的创新战场。

2) 敢于冒险是创业的天性

敢于冒险是创业者最异于常人的地方。通常情况下,人们都能看到某些市场机会,但敢于冒险却不是人人都具备的特质。敢于冒险不仅体现了创业者的胆量,更重要的是它反映了创业者具备比常人有更多的行动力。做,才有可能成功。

3) 合作是创业精神的精华

大量研究发现,团队创业的成功率远远高于个人创业。因此,要实现成功创业必须具备团结创业所需人才的能力。这种能力不仅体现在创业的发起人,同时也体现在创业的其他参与者。合作是创业团队成员心的相向而行。

4) 坚韧是创业精神的本色

创业的风险与困难是创业成功的孪生兄弟。创业过程中所遇到的困难和艰辛会远远超出创业者在创业之初的预想。唯有坚持不懈才可能成功。"只有偏执狂才能生存"就是创业者的生动写照。

2. 创业精神的来源

创业精神既是个人素质与个性的产物,也是创业氛围的产物。而创业氛围往往是创业者本身之外的各种环境因素作用的结果。这些环境因素包括文化环境、产业环境和生存环境等。

【知识拓展】

1) 文化环境

特定的文化环境往往会催生出一种创业氛围,而这种创业氛围又会孕育出创业精神。一般来讲,在一些商业文化浓厚的地区与环境相对容易孕育出创业精神,反过来,创业精神又会反哺某个地区的文化环境。例如,我国浙江的温州、福建的泉州。

2) 产业环境

一般来讲,封闭垄断的产业环境往往会抑制创业精神,而开放竞争的产业环境相对容易催生出创业精神。但从另外一个角度来看,封闭垄断的产业环境往往会不自觉地孕育出自己的"掘墓人",但这些"掘墓人"往往产生于封闭垄断的产业环境之外,"体制外"的创业精神带给产业的冲击常常是颠覆性的。

3) 生存环境

古人云:"穷则思变,变则通。"在资源贫瘠的地方,由于生存问题迫使人们必须通过奋斗寻求新的生存和发展机会,激发出创业精神。我国的浙江温州和福建泉州地区人们的创业精神既是当地商业文化氛围作用的结果,也跟当地资源贫瘠有密切的关系。

12.2 创业团队的角色分工与构建

创业团队的构建主要涉及两个方面的问题:一是创业团队成员的构成;二是创业团队的构建方式和过程。前者主要探讨选择什么样的创业团队成员更有利于事业的发展。后者则主要探讨如何构建创业团队,通常有两种基本方式:一是根据创业事业的客观需要,在选择创业团队成员时强调选择的实用性标准,如互补性技能和工作经验等。二是在构建创业团队时,更多地从团队内部和谐和顺畅动作,考虑如何筛选团队成员。显然在实际构建创业团队时,既要从实用性角度考虑成员的技能、经验对创业团队的贡献,也要从人本主义的角度考虑创业团队内部和谐人际关系对创业事业的积极影响。

12.2.1 创业团队的角色分工与结构

1. 创业团队的角色分工

一个较为完备的创业团队应具备五种角色：组织角色、动议角色、监督角色、执行角色和设计角色。

1) 组织角色

组织角色是创业团队中的核心角色，对创业团队的发展具有重要作用。简单地讲，组织角色的主要职责是树立和维护团队目标，组织团队活动，协调团队行为，预防和管理团队冲突，保持团队凝聚力，鼓舞和提高团队士气。他是一个指挥者，是创业团队关系网络的核心节点。承担组织角色的团队成员往往都是创业团队的精神领袖。

2) 动议角色

简单地讲，动议角色常常最早提出某些创新性建议和建议性意见，它是创业团队中的"小诸葛"，常常是创业团队的战术大师。承担动议角色的成员往往具备较强的创新意识。与组织角色的创新意识相比，他们往往是策略或战术层面的。

3) 监督角色

在创业团队中，监督角色并不简单是字面意义上的"监督"，而是创业团队中的风险提醒者。与动议角色相比，其思维更加理性和全面。如果动议角色常常是战术进攻大师，那么监督角色就是战术防御大师。他常常扮演创业团队行动的"压舱石"。

4) 执行角色

执行角色是创业团队计划的执行者。如果说动议角色是创业团队的战术提出者，那么执行角色就是创业团队的战术执行者。他虽没有动议角色的创新意识，但其最大特点就是执行力强。他是创业团队各类计划落地的最大保障。

5) 设计角色

设计角色在创业团队中能运用自己的专业知识，提出建议性意见或建议，供其他团队参考。与动议角色相比，虽然都是建议提供者，但其创新意识弱。

2. 创业团队的结构

创业团队的结构是创业团队成员的组成成分。这种组织成分由团队成员的知识、阅历、能力、背景等各种特征构成。学者们认为，创业团队的结构可以归结为三个维度：角色结构、技能结构和权力结构。[8]

1) 角色结构

如上所述，创业团队的角色有组织、动议、监督、执行和设计五种。研究表明，团队创业的绩效要好于单枪匹马的、单一技术或技能的单独创业者的效果，新创事业的成功与创业团队的完整程度呈正相关关系。[9]虽然创业团队的角色最终都需要由特定的人来承担，但角色与具体成员是两个概念，五种角色并不一定意味着创业团队就由五个人组成，常常的情况是创业团队中某个人承担好几种角色，或一个角色由好几个人承担。但不论哪种情况，创业团队成员的角色不仅要尽可能完备(完整性)，还需要重视角色的清晰性和明确性。团队各角色的清晰和明确不仅对于管理现有创业团队具有重要意义，更重要的是它为创业团队构建指明了方向，即为了保证创业成功，未来创业团队需要引进承担哪类角色的人才。

2) 技能结构

技能结构是由创业团队中各成员的不同技能禀赋所构成的。强调创业团队的技能结构是因为开创一份新事业需要完成不同的职能,这些职能需要特定对应技能的人来承担。例如,研发、生产、营销、财务等。显然,创业团队成员的技能的完整性、异质性、互补性和对位性(技能与岗位的匹配)对于保证创业成功具有重要影响。

3) 权力结构

创业团队的权力结构是指创业决策权力在创业团队成员中的分布。权力的分布取决于创业团队成员的角色(角色匹配)、技能(技能匹配)与职责的相匹配性,即权责技的匹配。

通常创业团队中的角色结构是随着创业活动的深入和进行,逐渐演化出来的,而不是人为设定的,但技能结构和权力结构需要在创业之时明确设定,尤其是权力结构。

12.2.2 创业团队的构建

构建创业团队没有一个通行的方法或策略。世界上有多少创业团队,就有多少种构建创建团队的方法。但不论是什么样的具体方法或策略,都需要坚持一些基本的原则。

1. 共同理念原则

创业团队的共同理念可以体现在许多方面,此处主要强调以下两点。

1) 对创业目标和企业发展方向的共同认可

如前所述,这些目标和方向要长短结合、虚实结合及团队与个人相结合。要特别重视虚目标对创业团队的凝聚作用。

2) 对待金钱的态度

创业能否成功的一个重要标志是创业团队的财务回报的大小,但金钱又不是衡量创业成功与否的唯一标准。对待金钱的态度和信念常常是影响创业团队稳定的重要因素。因为创业永远不会一帆风顺,肯定会出现暂时的财务困难,甚至是创业失败。创业团队成员能否看淡金钱,看重事业是创业团队共同理念的重要体现。

2. 合作信任原则

合作信任是任何人做任何事都需要坚持的做人做事原则。在创业团队中特别强调合作信任原则是因为创业团队在做一件风险极大,而当前几乎看不到结果和未来的新事业,而且在创业之初,人员缺乏,分工不甚明确,常常一个人干好几份工作,在此情境下,特别需要团队成员相互信任,相互合作。合作信任要特别注意以下几点。

1) 正视自己的付出,懂得吃亏

正视自己对团队的付出和贡献,一方面是为了自己的成长;另一方面更是为了团队整体利益。在创业之初,常常需要团队成员能为了团队利益,舍弃个人利益。斤斤计较,往往会打击自己的积极性,也会破坏团队整体利益。

2) 忠诚于团队

忠诚于团队就是要团队中每一个成员清醒地认识到自己是团队的一分子,当面对外部的攻击和诱惑时,能坚持和维护团队利益。

3) 真诚相待，开诚布公

创业之初的团队成员常常都是相熟之人，中国人又有好面子的传统。因此，在面对问题时，特别是涉及人的问题，不好意思提出来，这恰恰会影响团队的团结。因此，创业团队要从一开始就形成自由和公开的交流氛围，团队成员能及时、理性、客观地交流意见和看法，这才是团队成熟的重要标志。

3. 优势互补原则

俗话说："三个臭皮匠，顶个诸葛亮。"此道理成立的前提是三个"臭皮匠"应该是各有优势，优势互补。互补的优势体现在创业团队成员的经验、知识、阅历、技能、性格等各个方面。

创业团队负责人可以根据前述的创业团队的"三大结构"(角色结构、技能结构和权力结构)，结合创业的岗位配置，从使创业团队的"三大结构"尽量合理的角度出发，为创业企业的各个岗位安排合适的人。

除此之外，创业团队还需要有较强的学习能力。因为在启动创业时，创业团队往往不可能具备创业所需要的全部技能、知识、经验、社会网络等，而且环境本身也在不断变化和发展。这就要求创业团队必须具备较好的学习能力，才能支撑创业事业的发展。要具备学习能力，除了要有学习的积极性和主动性，还需要有开放的胸怀，善于接纳一切对创业有帮助的知识和资讯。

4. 团队需要"核心"

创业团队的构建及以后的发展都离不开团队的"核心"——团队领袖。团队领袖可能是创业团队开始组建时，就已经默认的，也可能是随着创业的深入、团队的磨合，逐步形成和诞生的。但不论是哪种方式，任何一个创业团队都必须诞生一位属于团队成员公认的领袖。创业团队的领袖承担团队的组织角色，在团队内部主要是起决策、组织、协调的作用。创业之初，团队领袖的领导力主要源于其个人魅力。这种个人魅力则源于其道德与操守、牺牲与奉献、自信与担当、机智与果决等，这些魅力都使得团队成员愿意追随和信任他。团队领袖是创业团队内部的黏合剂、鼓吹机，也是团队对外的传播者和资源的争取者。

12.3 创业团队的管理

创业团队管理是一个涉及多个方面的复杂管理课题。本节不会面面俱到地探讨创业团队的所有管理问题，而是探讨三个与创业团队密切相关的管理问题，即目标管理、过程管理和绩效管理。

12.3.1 目标管理

目标管理是管理大师彼得·德鲁克最重要，也是贡献最突出的管理思想。德鲁克认为"所谓的目标管理就是管理目标，也就是依据目标进行的管理。"[10]

1. 对目标管理的理解

目标管理理论强调团队的每个员工的努力都应该朝着同一个方向，虽然每个人的贡献各不相同，但都应该融为一体，都成为企业业绩的一部分。其思想实质就是共同的责任感和团队合作。与成熟企业相比，对于创业团队来讲，目标、责任感和团队合作对于创业团队的存在和创业事业的实现都尤为重要。其中，目标是一个创业团队存在的根本，而共同的责任感和团队合作则是创业目标得以实现的根本保障。目标管理的主要内容有以下几点。

1) 目标是管理的起点，也是终点

组织活动的开始起于目标的制定，终于对目标实现的考核。目标就是绩效考核的标准。首先，基于绩效考核公平、有效的考虑，目标的制定要具体、可衡量、可执行，与任务相关和时限性(即符合 SMART 原则)。

2) 目标制订时的参与式管理

目标管理的核心思想之一就是参与管理。参与式管理的具体体现就是目标的制定不是上级向下级的摊派，而是上下级或团队成员沟通的结果。上下级沟通制定的目标不仅包括组织目标，同时也包括基于团队目标分解到个人身上的个人目标。在这种沟通过程，团队成员不仅在团队目标上达成一致，形成共识，增强了团队的团结和凝聚力，而且对个人目标，以及个人目标与团队目标的关系有了更明确和深刻的了解，从而增强了团队成员执行目标的自觉性和主动性。

3) 目标实现过程中的自我管理

当团队成员明确了团队目标和个人目标的具体含义以及对于团队与个人的重要意义后，在目标实现过程中，任务的执行更多的是依赖团队成员的自我管理。在这个过程中，团队中成员不仅仅是简单意义上的"观众"，更是"演员"，团队原有的监督者(管理者或领导者)就不仅仅是团队和个人活动结果的裁定者和评判者，而且是协调者和教练员。

4) 目标管理的人性假设

目标管理的两大核心(参与式管理和自我控制)和思想精髓(共同的责任感和团队合作)都暗含着对人性的基本假设，即团队中的领导者和一般成员都是自治的、有责任感的和富有创新精神的人(简言之，员工都是具有企业家精神的个性)。这种基本的人性假设是由员工的个人需要、愿望和对员工参与的渴望所决定的，[11]对团队成员的这种人性假设不仅仅是指员工"天然地"就是具有企业家精神的人，同时包括着团队成员具备企业家精神的可塑性。因此，团队就可以通过参与式管理在团队生活的各个方面塑造员工。这就要求团队成员需要自我变革，需要培养主动性、冒险精神，需要在团队内部凡事都要依靠自己以及自己为自己及自己的行为承担责任，[11]要"构建自身的资源，而不是依赖别的资源"。[12]如果团队成员具备了这种团队发展需要的"企业家精神"，那么在团队目标和个人目标实现过程中，就可以赋予员工自我管理的权力。

相比于成熟企业的员工来讲，创业团队更需要团队成员的参与精神和自我管理的能力。从某种意义上讲，创业团队成员"天然地"应该是符合自治的、富有责任感和创新精神的人性假设的人，否则创业事业的成功无从谈起。

第 12 章　创业管理团队的构建与管理

 学习链接

关于目标管理理论，可查阅彼得·德鲁克的《管理的实践》(机械工业出版社，2009)；关于管理中的人性假设研究，可查阅道格拉斯·麦克里戈的《企业的人性面》(中国人民大学出版社，2008)。

2. 创业团队的目标管理过程

根据前述的目标管理理论内涵，可以看出对于创业来讲，实施目标管理不仅是创业团队管理的需要，而且是一种必须。创业团队实施目标管理，可以遵循以下过程(图 12.1)。

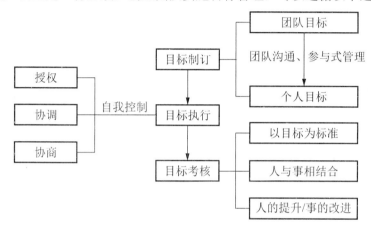

图 12.1　创业团队的目标管理过程

1) 目标制订

目标管理的第一步就是制订目标。通常的目标包括三个层次：一是企业整体目标；二是部门或岗位目标；三是个人目标。对于创业团队来讲，尤其是初创团队来讲，由于团队内部分工不细，目标主要是团队目标和个人目标，个人目标往往与岗位或部门目标重合。

根据目标管理理念，目标需要团队内部通过沟通来制定，这种沟通主要解决两个方面的问题：一是确定整体目标，对于创业团队来讲，就是创业事业的整体目标；二是整体目标如何分解为个人目标。在分解过程中，不是简单的自上而下，而是上下互动，从而使整体目标既能有效分解为个人目标，又能实现个人目标与整体目标的融合。

通过沟通制订目标对于创业团队尤其重要。因为在创业开始阶段，团队的目标往往不是特别明确，即使是设想明确了，在实际执行过程中，还需要大量的调整来适应现实环境，因此特别需要通过团队内部的沟通来明确创业目标。在这个沟通过程中，不仅在创业目标上达成了共识，更重要的是教育了团队成员，凝聚了人心。

2) 目标执行

当完成了目标制订之后，创业团队目标管理的第二步就是目标达成。根据目标管理理论，目标执行更多地依赖于成员的自我管理与控制。在执行目标过程中，创业团队内部需要完成三件事。

(1) 授权。授权不仅是目标管理执行的必要条件，也是创业团队的现实需要。因为在创业过程中，团队内外环境复杂多变，创业团队必须具备极大的灵活性去应对环境变化带来的机遇和挑战，而创业团队的灵活性取决于创业团队内部的授权程度。

(2) 协调。创业团队核心人物的重要工作就是在团队创业主动作为的过程，通过协调，将创业团队成员的努力导向到创业事业的主要目标上，尽管这些主要目标和问题在目标制定过程中已经通过内部沟通达成共识，但目标执行过程中的协调还是必须的。

(3) 协商。目标管理强调转变传统管理中的监督为指导。虽然团队成员拥有了团队给予的授权和主动作为的积极性，但并不代表团队成员具备了实现目标的所有资源和能力，因而就需要团队领袖给予指导和支撑。对于创业团队来讲，这种指导更多体现为创业团队内部的协商。因为对于创业团队来讲，团队成员"术业有专攻"，在层级上没有明显的划分，团队成员在目标执行过程中遇到的问题需要"商量着来"，需要集思广益。必须强调的是，这种协商并不否定和削弱创业团队领袖的决断权，否则就会导致议而不决。

3) 目标考核

目标管理中的目标考核主要强调三个方面：一是以目标作为执行结果的考核依据。这样创业团队管理从目标制定开始，到以目标为依据进行考核结束，从而形成了完整的管理上"闭环"。二是考核是人与事的考核并重。传统管理强调对人的考核，目标管理则强调对事的考核——目标的达成程度。对于创业团队来讲，创业事业的发展主要体现为创业团队本身的发展力和创业事业的发展两个方面。前者是人的发展，后者是事的发展，两者不能偏废。三是以人的发展与事的改进为目的。传统管理的考核目的主要是奖惩，目标管理的考核强调绩效改进。对于创业团队来讲，目标考核的目的主要是人的提升和事的改进相结合。通过目标考核，发挥团队成员的能力，挖掘团队成员的潜力，寻找团队成员的短板，甚至是汰劣进优，完善创业团队，增加团队发展力；同时，通过考核查找目标执行过程中的漏洞与不足，总结经验与教训，寻求问题的解决方法。

12.3.2 过程管理

过程管理主要涉及冲突管理和团队执行力打造两个环节。

1. 冲突管理

对于一个有创造力的创业团队，团队内冲突是在所难免的，但不论是什么冲突也应该控制在一定范围内，这就涉及冲突管理。传统的冲突管理思维认为，冲突是具有破坏性的，冲突是危机，冲突应该被消除。现代冲突管理思维认为，冲突的后果和影响是双重性的，既具有破坏性和负面性，也具有建设性和正面性。

冲突管理是创业团队管理的基本问题。对于创业团队来讲，一定程度和性质的冲突有利于团队内部对某个问题的集思广益，在冲突中，团队成员逐步达成对问题解决的共识，也相互了解了彼此；而出格的冲突往往会导致创业团队的分裂，从而危及创业事业。

1) 创业团队的冲突类型

简单地讲，冲突有两种基本类型：一是关系冲突，即人际关系之间的矛盾；二是任务冲突，即团队成员对工作内容或构想有不同意见。[13]按中国人的"人与事"的思维逻辑，关系冲突可以概言之为"人"的冲突；而任务冲突则可以概括为"事"的冲突。在大多数情形下，团队成员都希望人事分离，对事不对人，但更现实的是事都是由人做出来的。因此，对于创业团队来讲，志同道合和内部沟通就至关重要。

2) 创业团队的冲突管理策略

(1) 冲突管理准则。为了有效地管理创业团队的冲突，需满足以下三个基本准则：[12]一是团队学习。设计的冲突管理策略应该用来加强团队学习，团队学习可以促进团队及团队事业的长远发展。为了实现此目标，应该将冲突管理导向到加强团队内部的批判和创新思维，以及学习问题的正确对话流程和正确干预机制上。二是考虑利益相关者的需求。冲突的产生往往是利益相关者的需要或期望的冲突，因此冲突管理策略应该满足利益相关者的需要或在他们之间取得平衡，但前提是为正确的问题找到正确的利益相关者。三是考虑相关的道德与伦理。所有冲突的解决与管理都应该被纳入一个更广阔的平台上去思考，这个平台就是社会道德与伦理。随着社会经济的发展，行为的道德与伦理标准越来越受到人们的关注，这也应该成为新时代创业者需要重视的问题。如果创业团队不能在决策创业事业问题的同时，考虑伦理与道德问题，创业团队就无法走得更远。要以符合道德与伦理的原则开展行动就需要团队成员，尤其是团队核心人物具有开放的胸怀，并在团队内部设计相应的机制，鼓励团队内外成员能顺畅地表达自己对创业过程中的冲突所涉及伦理与道德的意见。

(2) 冲突管理策略。依据管理方格理论，从对人的关心和对事的关心两个维度，国外学者提出了冲突管理的五种类型：合作、竞争、折中、调和及回避。每一种冲突管理风格都有其适应的情景，而合作型冲突管理最适合解决复杂的非常规型任务。[14]也有学者将冲突管理类型分为三类：合作型、竞争型和回避型。[15]合作型代表团队成员希望满足各方利益，采取相互合作以追求共赢结果的冲突管理策略；竞争型则指的是团队成员在冲突中寻求自我利益的满足，而不考虑冲突对其他人影响的冲突管理策略；回避型是指团队成员意识到了冲突的存在，但希望逃避或抑制的冲突管理策略。

2. 团队执行力打造

"三分战略，七分执行"。创业既需要有创新创意，更需要有较强的执行力。若无极强的执行力，创业则"如逆水行舟，不进则退"，甚至被淘汰。简单地讲，执行力就是贯彻战略意图，有效利用资源，保质保量地完成预期目标的操作能力。

1) 团队成员执行力

团队成员执行力的大小或强弱取决于两个要素：执行意愿和执行能力。

(1) 执行意愿。有无意愿去完成某项任务是具备执行力与否的第一要素。能够反映执行意愿三种水平的执行包括：被动执行、主动执行和创造性执行。显然对于创业团队来讲，最需要的执行力就是创造性执行。执行意愿强烈与否取决于三个方面：一是对目标或任务认识是否到位，即个人是否能清晰地理解任务或目标的重要性和对团队的价值与意义。对于个人来讲，准确理解任务与目标的重要性和价值首先要树立积极的心态和健康的观念；其次是树立责任感。具有高度责任感的人通常都会有高度的执行力。二是目标实现或任务完成对个人的价值，这种价值是任务完成或目标实现本身带给个人的成就感。此两方面的认识水平决定了团队成员对所从事的任务的热爱程度。三是目标实现或任务完成的相关后果。相关后果是指目标实现或任务完成后带来的间接效果，如经济奖惩、个人升迁等。

学习链接

关于对执行力的理解,推荐查阅阿尔伯特·哈伯德的《致加西亚的信》(哈尔滨出版社,2004)。

(2) 执行能力。只有意愿而无能力,执行力是会打折扣的。对于创业团队来讲,成员执行能力取决于四个方面:一是任务与已有经验、知识和专业的相关性。通常情况下相关性越强,完成任务的能力就越强。二是学习能力。创业常常面对许多突如其来的非常规的任务,往往超出了团队成员现有的知识和经验范畴,需要团队成员具备较强的学习能力,通过边学边干,完成任务。三是任务的结构化程度,即任务的目的、方法和绩效标准越清楚、明晰,团队成员的执行力就越强。四是个人的工作习惯与方式。良好的工作习惯也是执行力的重要保证。这些良好的工作习惯包括个人的时间管理与分配习惯,是否掌握任务所需的工作方法等。

2) 团队执行力

团队执行力是建构在团队成员执行力基础之上的,但团队成员执行力强,并不代表着团队执行力强。团队执行力是指一个团队把战略决策持续转化成结果的精确度、速度和满意度。团队执行力的强弱取决于四个方面:人岗(任务)的匹配度;二是奖惩制度的严格实施;三是团队成员的协作能力;四是团队文化的构建。

(1) 人岗(任务)的匹配度。人岗匹配就是将对的人安排到适合他的知识、能力与素质的对应岗位。对了创业团队来讲,"缺人手"几乎是一种常态。在此情形下,往往是一个人需要同时承担好几个岗位的工作,因此需要团队成员是一个多面手式的人才,同时还需要有很强的学习能力。

(2) 奖惩制度的严格实施。制度是提高执行力的第一层保障。对于创业团队来讲,尽管常常没有细化的制度,但并不代表制度对于团队建设并不重要。创业团队的制度常常表现为一种不成文、潜移默化中形成的团队共识与约束。加强团队建设就是将这些默认的共识与约束及时转化为明文的制度。制度不仅仅是奖惩制度,还包括决策、贯彻等环节的制度。奖惩制度的前提是考核制度。没有考核几乎谈不上执行力。"强调什么,就检查什么,不检查不考核就等于不重视。"

(3) 团队成员的协作能力。与个人执行力不同,团队执行力不仅仅反映在团队成员个人的执行力方面,而且还反映在团队成员之间是否愿意协作和是否具备协作能力。团队成员的协作意愿首先反映在团队成员是否意识到协作对于团队生存与发展的重要意义,要树立"大河有水,小河满"的价值观,要认识到个人价值只有在团队价值实现的前提下才能更好地彰显。沟通是协作的前提,具备了沟通能力,才有协作的可能。对于创业团队来讲,沟通要强化问题导向,要积极构建适合本团队的正式与非正式沟通机制和方式,如例会制度、工作总结与汇报制度、现场观察与指导、检查与反馈制度、学习与分享制度等。沟通与协作要强化客户意识导向。客户不仅仅指团队外部的企业客户,还包括团队内部客户。内部客户就是团队工作流程中下一个工序的团队成员。聆听与明确团队内部客户的期望并予以满足是提高团队协作力和执行力的重要前提。

(4) 团队文化的构建。对于创业团队来讲,一开始形成的团队文化对于团队生存和发展具有重要意义。创业团队的团队文化主要取决于团队核心领导的个人价值观和做事风格。

第 12 章　创业管理团队的构建与管理

创业团队的核心领导会为创业团队注入文化基因，从而影响到团队后续的成长和发展。对于创业团队来讲，团队文化建设应该着重围绕学习、开放、规则意识、结果导向四个重要关键词展开。

12.3.3 绩效管理

与一般的绩效管理相比，创业团队的绩效管理不仅涉及创业事业的绩效(事的绩效)，还涉及创业团队本身的表现(人的绩效)。谢科范等认为，创业团队的绩效主要涉及三个维度：创业团队的发展力、创业团队的凝聚力和创业团队的业绩。[14]前两者涉及人的绩效；后者则涉及事的绩效。

1. 创业团队发展力

创业团队的发展力主要是指创业团队本身的成长性。从创业事业的角度来看，如果创业顺利，则可能面临的情形是创业企业的高速成长；如果创业遇到困难和挫折，则可能面临的情形是创业企业的艰难。不论顺境还是逆境，都需要创业团队能有与时俱进的自我发展力，以支撑企业的高速成长和克服创业的困难。这种成长性可以从创业团队的"三大结构"进行考察和衡量，主要考察和衡量创业团队"三大结构"的合理性和成长性。从合理性的角度来看，在创业之初，往往很难为创业事业构建一个结构合理的创业团队，但为了创业事业的健康发展，逐步吸纳能承担团队短缺角色，拥有团队短缺技能和权力的成员，以及在现有成员中发展团队各方面的短板是创业过程中构建创业团队发展力的重要任务之一；从成长性角度来看，创业团队"三大结构"不仅要合理，而且还要支撑创业事业的发展，有与时俱进的成长能力。

2. 创业团队凝聚力

创业团队的凝聚力主要反映了创业团队内部的和谐、团结和积极向上的状态。和谐团结不是一团和气，不是"各扫门前雪"的息事宁人，而是能积极主动地解决问题的团结和和谐。创业团队内部有没有一种健康的"对事不对人"的做法风格和氛围是衡量创业团队凝聚力的重要体现，即针对创业团队的问题，有人愿意主动提出，有人愿意积极听取。

3. 创业团队业绩

创业团队业绩是创业团队发展力、凝聚力和努力程度的函数。创业团队业绩不仅体现在财务绩效上，更重要的是反映在创业事业的竞争优势和核心竞争力的构建方面。因为在创业前期，为了事业的长远发展，往往要牺牲眼前的短期利益，积极构建竞争优势和核心竞争力；要为建立竞争优势与核心竞争力明确业绩指标，强化创业行动结果的可衡量性。

 本章小结

创业是一个发现机会、捕获机会和转化机会的过程。在这个过程中，需要创业者具备一定的冒险精神和创造精神。创业离不开创新，创新是全方位创新，不仅是指技术创新，还包括组织创新、产品创新、市场创新、资源配置创新。创业离不开团队，创业团队需要具备四个要素，即明确的且超越但又包含利益的发展目标、清晰明确的团队角色、为角色配置对应的团队成员，以及实现创业目标的创业计划。

通常一个创业团队包含组织、动议、监督、执行和设计五个角色。构建创业团队要首先明确创业团队的角色分工；其次，根据创业需要搭配创业团队的技能结构；最后，根据团队的角色结构、技能结构设计，安排团队的权力结构，实现创业团队内部角色、技能和职责及权力的匹配。构建有生命力和战斗力的创业团队需要坚持共同理念原则、合作信任原则、优势互补原则和核心领袖原则。

创业团队管理是一个涉及多个方面的复杂管理课题。其中，目标管理、过程管理和绩效管理是其中的三个重要问题。目标管理是将目标贯彻于团队管理的各个环节。首先，目标制定需要团队成员进行沟通，共同确定团队目标，进而将团队目标分解到个人，转化为个人目标，以实现团队目标与个人目标的融合；目标执行过程中，要特别重视和强调授权、协商和协调。目标考核是指以目标作为团队及团队成员行动与执行结果的考核依据，在考核过程中，既要重视对事的考核，以强化结果导向，也要重视对人的考核，以促进成员进步和成熟。

创业团队的过程管理要重视冲突管理和执行力打造。冲突可以分为事的冲突(任务冲突)和人的冲突(关系冲突)。面对冲突，可以采取的冲突管理策略包括合作、竞争和回避。

再美好的事业都离不开强大执行力的支撑。创业团队的执行力可以在两个层面上进行塑造：一是团队成员个人执行力的打造；二是团队执行力的打造。个人执行力的打造取决于团队成员是否具备执行意愿和执行能力。团队执行力构建于团队成员执行力的基础之上。团队执行力的强弱取决于四个方面：一是人岗(任务)的匹配度；二是奖惩制度的严格实施；三是团队成员的协作能力；四是团队文化的构建。创业团队的绩效考核包括创业团队的发展力、创业团队的凝聚力和创业企业的业绩。前两者涉及人的绩效；后者则涉及事的绩效。

习　　题

一、名词解释

创业、创新、创业团队、目标管理、执行力、冲突管理、创业团队绩效

二、阅读材料

雷军：花点时间找合伙人吧，雇佣时代已经是过去时

1. 团队第一，产品第二

创业成功最重要的因素是什么？最重要的是团队，其次才是产品，有好的团队才有可能做出好产品。面对小米这家刚起步的创业公司，有些面试候选人还会犹豫，这时候怎么办？雷总和我们创始人团队，轮番上阵面谈，有很多都是一聊就近10小时。

2. 创始人最重要的工作之一就是找人

在小米成立第一年，雷总花绝大多数时间做的事情就是找人！其中搭建硬件团队花了最多时间。因为我们刚开始的几个创始人都来自互联网行业，不懂硬件也没有硬件方面足够的人脉。在第一次见到现在负责硬件的联合创始人周光平博士之前，我们已经和几个候选人谈了两个多月，进展很慢。有的人还找了"经纪人"来和我们谈条件，不仅要高期权而且还要比现在的大公司还好的福利待遇，有的时候甚至谈到凌晨。

3. 合伙人制：8个各挡一面的合伙人

创业其实是个高危选择。大家看到，成功的创业公司背后都倒了一大片。不少今天很成功的企业，当

第 12 章 创业管理团队的构建与管理

初都经过九死一生。例如，阿里巴巴最有价值的不是淘宝、支付宝和天猫等明星产品，而是背后的团队，尤其是马云和他的 18 个联合创始人。

做老板的要负责把整个班子团队搭好，小米今天的合伙人班子在今天是各管一块，如果没有什么事情的话，基本上都不知道彼此在干嘛，也不会彼此干扰。大家都是自己的事情自己说了算，这样保证整个决策非常非常快。

4. 用最好的人：一个靠谱的工程师顶 100 个

员工招聘上，我们的做法是，要用最好的人。我一直都认为研发本身是很有创造性的，如果人不放松，或不够聪明，都很难做得好。你要找到最好的人，一个好的工程师不是顶 10 个，是顶 100 个。

5. 寻找最合适的人：要有创业心态

在小米创办四年后，我们市场估值 100 亿美元，业界把我们看作创业的明星公司。但在这种前提下，我们找人依然花费巨大的精力。主要因为我们想找的人才要最专业，也要最合适。最合适，则是他要有创业心态，对所做的事情要极度喜欢。员工有创业心态就会自我燃烧，就会有更高主动性，这样就不需要设定一堆的管理制度或 KPI 考核什么的。

6. 天理即人欲：给足团队利益，让员工"爽"

雷总感触最深的一句话是王阳明的"天理即人欲"。因此，团队的激励就是一个"爽"字，让员工爽就好，不要追求什么条条框框，也不要生搬硬套。雷总跟我们合伙人、核心员工一进来就讲明白，把很多事情都摆在桌面上。今天人才竞争这么激烈，没有足够的利益驱动，纯粹讲兄弟感情的话，其实很难。不是想不通，关键是看你舍得不舍得的问题。

7. 解放团队：忘掉 KPI，组织结构扁平化

小米内部讲忘掉 KPI，我们没有 KPI，这个背后是以用户反馈来驱动开发，响应快速。做得好不好，不是由企业内部来评判，而是由用户投票选出来，大家公认的好设计才是好。我们要做整个互联网转型的时候，一定要由内而外，先把我们的产品架构和我们的组织结构给梳理好。

8. 人比制度重要：让员工发自内心地热爱工作

传统做客户服务都强调制度，但是对于小米的客户服务，我认为人比制度重要，要让客服人员发自内心地热爱客户服务这份工作。

9. 人是环境的孩子：用环境塑造人

我们每个人都可能会在荒郊野外随地吐痰，但是当我们穿上西装打上领带到铺着红地毯的酒店里去的时候，就没人会这么做了，这是环境给人的暗示。让员工身心愉悦不仅仅是给员工更好的福利这么简单，还要给他们良好的工作环境。当员工在一个非常舒适漂亮的工作环境中工作的时候，他有自己漂亮的换衣间、高端大气上档次的咖啡壶、整洁明亮的内库，员工会从内心感觉到他所做的这份工作所需要的那种品质。

资料来源：

黎万强. 参与感：小米口碑营销内部手册[M]. 北京：中信出版社，2014. 有删改。

本章参考文献

[1] 郁义鸿. 创业学[M]. 上海：复旦大学出版社，2000.

[2] 李家华，等. 创业基础[M]. 北京：清华大学出版社，2015.

[3] 徐则荣. 创新理论大师熊彼特经济思想研究[M]. 北京：首都经济贸易大学出版社，2006.

[4] Woetzel J. 中国创新能力的真实水平[EB/OL]. http://www.investbank.com.cn/Information/Detail.aspx?id=54469[2015-11-1].

[5] [美]斯蒂芬·P. 罗宾斯, 蒂莫西·A. 贾西. 组织行为学[M]. 12版. 李原, 孙健敏, 译. 北京: 中国人民大学出版社, 2008.

[6] 哈佛商学院出版公司. 团队管理[M]. 王春颖, 译. 北京: 商务印书馆, 2012.

[7] Huovinen S Pasanen M. Entrepreneurial and management teams: what makes the difference? [J]. Journal of Management & Organization, 2010, 16(2):436—453.

[8] 谢科范, 陈刚, 郭伟. 创业团队结构的三维模型及其实证分析[J]. 软科学, 2010, 24(3): 78—82.

[9] Roure J B, Maidique M A. Linking prefunding factors and high-technology venture success: an exploratory study[J]. Journal of Business Venturing, 1983(1):295-306.

[10] [美]彼得·德鲁克. 管理的实践[M]. 齐若兰, 译. 北京: 机械工业出版社, 2009.

[11] 罗珉. 目标管理的后现代管理思想解读[J]. 外国经济与管理, 2009(10): 1—7.

[12] Paul D G. Consumption and Identity at Work[M].London: Sage Publications, 1996: 183 .

[13] Amason A C. Distinguishing effects of functional and dysfunctional conflict on strategic decision making: resolving a paradox for top management Teams[J]. Academy of Management Journal, 1996, 39(1): 123—148.

[14] Rahim M A. toward a theory of managing organizational conflict[J]. International Journal of Conflict Management, 2002,13(3): 206—235.

[15] Tjosvold D, Hui C, Yu Z. Conflict management and task reflexivity for team in-role and extra-role performance in china[J]. International Journal of Conflict Management, 2003, 14(2): 141—163.

[16] 谢科范, 陈刚, 马颖, 吴倩. 创业团队的理论与实践[M]. 北京: 知识产权出版社, 2011.

北京大学出版社本科电子商务与信息管理类教材(已出版)

序号	标准书号	书名	主编	定价
1	7-301-12349-2	网络营销	谷宝华	30.00
2	7-301-12351-5	数据库技术及应用教程(SQL Server版)	郭建校	34.00
3	7-301-28452-0	电子商务概论(第3版)	庞大莲	48.00
4	7-301-12348-5	管理信息系统	张彩虹	36.00
5	7-301-26122-4	电子商务概论(第2版)	李洪心	40.00
6	7-301-12323-2	管理信息系统实用教程	李松	35.00
7	7-301-14306-3	电子商务法	李瑞	26.00
8	7-301-14313-1	数据仓库与数据挖掘	廖开际	28.00
9	7-301-12350-8	电子商务模拟与实验	喻光继	22.00
10	7-301-14455-8	ERP原理与应用教程	温雅丽	34.00
11	7-301-14080-2	电子商务原理及应用	孙睿	36.00
12	7-301-15212-6	管理信息系统理论与应用	吴忠	30.00
13	7-301-15284-3	网络营销实务	李蔚田	42.00
14	7-301-15474-8	电子商务实务	仲岩	28.00
15	7-301-15480-9	电子商务网站建设	臧良运	32.00
16	7-301-24930-7	网络金融与电子支付(第2版)	李蔚田	45.00
17	7-301-23803-5	网络营销(第2版)	王宏伟	36.00
18	7-301-16557-7	网络信息采集与编辑	范生万	24.00
19	7-301-16596-6	电子商务案例分析	曹彩杰	28.00
20	7-301-26220-7	电子商务概论(第2版)	杨雪雁	45.00
21	7-301-05364-5	电子商务英语	覃正	30.00
22	7-301-16911-7	网络支付与结算	徐勇	34.00
23	7-301-17044-1	网上支付与安全	帅青红	32.00
24	7-301-16621-5	企业信息化实务	张志荣	42.00
25	7-301-17246-9	电子化国际贸易	李辉作	28.00
26	7-301-17671-9	商务智能与数据挖掘	张公让	38.00
27	7-301-19472-0	管理信息系统教程	赵天唯	42.00
28	7-301-15163-1	电子政务	原忠虎	38.00
29	7-301-19899-5	商务智能	汪楠	40.00
30	7-301-19978-7	电子商务与现代企业管理	吴菊华	40.00
31	7-301-20098-8	电子商务物流管理	王小宁	42.00
32	7-301-20485-6	管理信息系统实用教程	周贺来	42.00
33	7-301-21044-4	电子商务概论	苗森	28.00
34	7-301-21245-5	管理信息系统实务教程	魏厚清	34.00
35	7-301-22125-9	网络营销	程虹	38.00
36	7-301-22122-8	电子证券与投资分析	张德存	38.00
37	7-301-22118-1	数字图书馆	奉国和	30.00
38	7-301-22350-5	电子商务安全	蔡志文	49.00
39	7-301-28616-6	电子商务法(第2版)	郭鹏	45.00
40	7-301-22393-2	ERP沙盘模拟教程	周菁	26.00
41	7-301-22779-4	移动商务理论与实践	柯林	43.00
42	7-301-23071-8	电子商务项目教程	芦阳	45.00
43	7-301-23735-9	ERP原理及应用	朱宝慧	43.00
44	7-301-25277-2	电子商务理论与实务	谭玲玲	40.00
45	7-301-23558-4	新编电子商务	田华	48.00
46	7-301-25555-1	网络营销服务及案例分析	陈晴光	54.00
47	7-301-27516-0	网络营销:创业导向	樊建锋	36.00
48	7-301-28917-4	电子商务项目策划	原娟娟	45.00

如您需要更多教学资源如电子课件、电子样章、习题答案等,请登录北京大学出版社第六事业部官网www.pup6.cn搜索下载。

如您需要浏览更多专业教材,请扫下面的二维码,关注北京大学出版社第六事业部官方微信(微信号:pup6book),随时查询专业教材、浏览教材目录、内容简介等信息,并可在线申请纸质样书用于教学。

感谢您使用我们的教材,欢迎您随时与我们联系,我们将及时做好全方位的服务。联系方式:010-62750667,63940984@qq.com,pup_6@163.com,lihu80@163.com,欢迎来电来信。客户服务QQ号:1292552107,欢迎随时咨询。